Eberhard Hermes

Interpretationshilfen
Ideal und Wirklichkeit

Lessing ‚Nathan der Weise‘
Goethe ‚Iphigenie auf Tauris‘
Brecht ‚Der gute Mensch von Sezuan‘

D1726752

Ernst Klett Verlag
Stuttgart Düsseldorf Leipzig

Es wird nach folgenden Textausgaben zitiert:

Gotthold Ephraim Lessing: Nathan der Weise. Ein dramatisches Gedicht in fünf Aufzügen, Reclam UB 3, Stuttgart 1984.

Johann Wolfgang von Goethe: Iphigenie auf Tauris. Ein Schauspiel mit Materialien. Editionen für den Literaturunterricht, hg. v. Dietrich Steinbach, Stuttgart: Klett 1988. (Die Verszählung ist aus der Hamburger Ausgabe, Bd. 5, S. 7–67 übernommen.)

Bertolt Brecht: Der gute Mensch von Sezuan. Parabelstück, edition suhrkamp 73, 12. Aufl., Frankfurt am Main 1995.

Gedruckt auf Papier,
das aus Altpapier hergestellt wurde.

Die Deutsche Bibliothek – CIP-Einheitsaufnahme

Hermes, Eberhard:
Interpretationshilfen Ideal und Wirklichkeit – Lessing ‚Nathan‘ /
Goethe ‚Iphigenie‘ / Brecht ‚Der gute Mensch von Sezuan‘
Eberhard Hermes. – 1. Aufl. – Stuttgart: Klett, 1999
ISBN 3-12-922612-5

1. Auflage 1999
Alle Rechte vorbehalten
Fotomechanische Wiedergabe nur mit Genehmigung des Verlages
© Ernst Klett Verlag GmbH, Stuttgart 1999
Internetadresse: http://www.klett-verlag.de
Satz: Hahn Medien GmbH, Kornwestheim
Druck: W. Röck, Weinsberg
Einbandgestaltung: Gabriele Jakobi, Altenkessel
ISBN 3-12-922612-5

Inhaltsverzeichnis

Zusammenfassung und Überblick

Gesamtliteraturverzeichnis

Einleitung

In diesem Buch werden drei Dramen aus verschiedenen Epochen interpretiert und miteinander verglichen:
- das dramatische Gedicht ‚Nathan der Weise‘ von Gotthold Ephraim Lessing (1779),
- das Schauspiel ‚Iphigenie auf Tauris‘ von Johann Wolfgang von Goethe (1787) und
- das Parabelstück ‚Der gute Mensch von Sezuan‘ von Bert Brecht (1943).

Die Thematik, die den drei Stücken gemeinsam ist und einen Vergleich nahe legt, lässt sich mit dem Begriff ‚Der gute Mensch‘ aus dem Titel des jüngsten der drei Texte bezeichnen.

1. Die Aufgabe

Zur *Begründung des Vorhabens* sollen folgende Überlegungen dienen:
(1) Der Literaturunterricht bietet den Schülern wie kein anderes Fach Gelegenheit, ihre Kultur und deren Geschichte kennen zu lernen. Im Vergleich älterer und jüngerer literarischer Werke wird der historische Weg deutlich, auf dem sich die Kultur, in der die Schüler leben, entwickelt hat. Denn die Gegenwartskultur kann nur verstanden werden, wenn man die Veränderungen kennt, welche die kulturellen Normen, Werte und Konventionen auf diesem historischen Werdegang erfahren haben. Unser Vergleich der drei Stücke schlägt eine Brücke vom 20. Jahrhundert, das durch Werteverlust, Orientierungskrise und Zukunftsangst gekennzeichnet ist, zurück zum 18. Jahrhundert, dem Zeitalter der Aufklärung, das sich gegen die Sinnlosigkeit der Geschichte aufgelehnt und versucht hat, die historische Realität durch ideale Gegenentwürfe in den Griff zu bekommen.

Weitergabe der Kultur im Literaturunterricht

(2) Mit dem Thema vom ‚guten Menschen‘ wird ein Gebiet berührt, auf dem sich Werteverlust und Orientierungskrise besonders ausgewirkt haben. Es ist der Bereich der Ethik, in dem es um die Normen geht, welche für das Verhalten des Menschen sich selbst, dem Mitmenschen und der Natur gegenüber gelten bzw. um die Verantwortung, die jedem Menschen aufgegeben ist. Weil die Veränderungen, die es zwischen dem Zeitalter der Aufklärung und der Gegenwart auf diesem Gebiet gegeben hat, zahlreiche Probleme mit sich gebracht

Gegenwärtiges Interesse an Fragen der Ethik

und bei den Menschen zu Unsicherheit und Desorientierung geführt haben, stoßen Fragen der Ethik heute auf ein breites Interesse. Die meisten Menschen empfinden allerdings die theoretischen Erörterungen von Fragen der Ethik, wie sie in der akademischen Philosophie üblich sind, als wenig hilfreich für die Lösung ihrer persönlichen Probleme. Wo aber in der Literatur, vor allem wenn es auf der Bühne geschieht, Fragen der Ethik an konkreten Beispielen veranschaulicht werden, fühlen sich die Menschen eher persönlich angesprochen.

Orientierungs-punkte in der Geschichte der Ethik

(3) Die drei Dramen, die hier für den Vergleich ausgewählt wurden, zählen zu den Spitzenleistungen der Literaturgeschichte. Sie gehören immer noch zum Theaterrepertoire und bilden auf dem historischen Weg, auf dem unsere gegenwärtige Kultur mit ihren ethischen Orientierungsproblemen entstanden ist, unübersehbare Orientierungspunkte. Würden wir diesen Weg aus den Augen verlieren, so wüssten wir nicht mehr, wer wir eigentlich sind, d. h. wir hätten keine kollektive Identität mehr. Der ‚Nathan' gilt zu Recht als das wichtigste Bühnenwerk der Aufklärung, deren Ideen in den Grundrechtsartikeln der modernen demokratischen Verfassungen weiterleben. Die ‚Iphigenie' wird als repräsentative Dichtung der Klassik angesehen, die mit ihrem Ideal der individuellen Menschenbildung noch immer das Konzept unserer allgemeinbildenden Schulen bestimmt. Brechts Sezuan-Stück aber wird als das hervorragendste Beispiel des sogenannten ‚epischen Theaters' gefeiert, mit dessen Hilfe der Dichter die Widersprüche unserer kapitalistischen Gegenwartsgesellschaft veranschaulichen und den Theaterbesucher dazu bringen will, über deren Veränderung nachzudenken.

Die drei Dramen als Modelle für das Nachdenken über aktuelle Probleme

(4) Man hat oft versucht, die Thematik jedes der drei Stücke auf einen einzigen Begriff zu bringen. So hat man als Leitidee des ‚Nathan' die *Toleranz* bezeichnet, die ‚Iphigenie' als Drama der *Humanität* aufgefasst und den Grundgedanken von Brechts Sezuan-Stück in seinem Appell an die *Solidarität* der Menschen erkannt. Diese Begriffe klingen sehr abstrakt, berühren jedoch ganz konkrete Probleme, welche sich den Menschen in der heutigen Weltsituation stellen. Auf dem Balkan bekämpfen sich z. B. christlich-orthodoxe Serben und muslimische Bosnier oder Albaner, die bisher nachbarschaftlich miteinander gelebt und sogar untereinander geheiratet, also Toleranz gegeneinander geübt hatten. In der Welt des Islam bezeichnet man diese Kämpfe als einen neuen Kreuzzug. Auch zwischen Juden und Arabern in Palästina gerät der Friedensprozess immer wieder ins Stocken. Hier ist also Lessings Gegenentwurf eines Friedens zwischen den Religionen so aktuell wie je. Fast überall auf der Welt werden heutzutage Konflikte mehr oder weniger unter Anwendung von Gewalt und List ausgetragen. Dieser durchschnittlichen Realität kann man Goethes Humanitätsdrama entgegenhalten, in dem eine Verhandlungslösung vorgeführt wird, in welcher sich die Partner in ihrer

Menschenwürde gegenseitig achten. Der Vertrauensvorschuss, wie ihn Iphigenie durch das Aufdecken der Wahrheit leistet, hat mit der Verpflichtung zu „vertrauensbildenden Maßnahmen" auch Eingang in die Sprache heutiger internationaler Verträge gefunden. Nachdem die Wohlstandsphase, die von 1945 bis weit in die 70er-Jahre dauerte, zu Ende gegangen ist, leben wir heute in einer wirtschaftlichen Krise, welche die längst überwunden geglaubten sozialen Gräben wieder aufgerissen hat. Hier gewinnt Brechts Aufruf zur Solidarität neue Bedeutung. Die drei Stücke gehen uns also sehr wohl auch heute noch etwas an und lohnen eine aufmerksame Lektüre.

(5) Der Titel des Buches ‚Ideal und Wirklichkeit' hat eine doppelte Bedeutung. Er betrifft einmal die Spannung, mit der es die Ethik grundsätzlich zu tun hat. Sie kommt in der oft wiederholten Frage zum Ausdruck, warum ich gut sein und gut handeln soll in einer Welt, in der es allzu oft dem bösen Menschen gut und dem guten Menschen schlecht geht, d. h. in der das Gutsein nicht belohnt wird und oft zum Nachteil des guten Menschen ausschlägt. Zwischen dem Anspruch, den die ethischen Gebote an den Menschen stellen, und der Wirklichkeit, in welcher er sie befolgen soll, klafft also ein Widerspruch. Der Titel ‚Ideal und Wirklichkeit' bezieht sich aber auch auf den Verlauf der Geschichte des Nachdenkens über den ‚guten Menschen', insofern sich der Akzent des Nachdenkens vom Ideal auf die Wirklichkeit verschoben hat. Im 18. Jahrhundert wurde von der Aufklärung und von der Klassik die Ethik des bürgerlichen Zeitalters ins Leben gerufen, die im Grunde heute noch gilt und durch keine neue Tradition abgelöst wurde. Ihre obersten Werte sind Selbstbestimmung (Humanität) und Duldung des Anderen (Toleranz), wie sie in den Dramenfiguren Iphigenie und Nathan verkörpert und als moralischer Anspruch an uns literarisch tradiert sind. Wenn wir Brechts Begriff der ‚Verhältnisse' aus der ‚Dreigroschenoper' zu Hilfe nehmen, können wir den grundlegenden Unterschied seines Parabelstücks ‚Der gute Mensch von Sezuan' zu den Dramen von Lessing und Goethe auf eine einfache Formel bringen: Bei den Dichtern des 18. Jahrhunderts siegt der ‚gute Mensch' über die ‚Verhältnisse', bei Brecht aber siegen die ‚Verhältnisse' über den ‚guten Menschen' Shen Te. Erst bei Brecht aber wird auch der tiefe Widerspruch, der zwischen Ideal und Wirklichkeit klafft, eigentlich zum Thema gemacht, indem das Ideal auf den Prüfstand gehoben wird. Dabei zeigt sich, dass dieser Widerspruch nicht mehr harmonisch aufgelöst werden kann, wie es die Dichter des 18. Jahrhunderts gemacht haben.

Zwischen dem 18. und dem 20. Jahrhundert hat nämlich ein Paradigmenwechsel stattgefunden, durch den die Glaubwürdigkeit des Ideals der neuen Ethik des bürgerlichen Zeitalters zutiefst erschüttert wurde. Schon Georg Büchner hat in seinem nachgelassenen Drama ‚Woyzeck' den moralischen Anspruch der Ethik nicht mehr Idealge-

Die Spannung zwischen Ideal und Wirklichkeit: Ein Grundproblem der Ethik

Akzentverschiebung vom Ideal auf die Wirklichkeit

stalten wie Nathan oder Iphigenie anvertraut, sondern einfachen Bürgern in den Mund gelegt, die unfähig sind, diesem Anspruch in ihrem Verhalten zu genügen, ja ihn überhaupt intellektuell zu begreifen. Diesen Figuren entsprechen in Brechts Sezuan-Stück die drei Götter, die sich zum Schluss ins Nichts verflüchtigen.

Der geistesge-
schichtliche Ein-
schnitt um 1830

Das historische Datum, das durch Büchners Drama markiert wird, ist schon vom zeitgenössischen Publikum als ein tiefer Epocheneinschnitt erlebt worden. Den Tod des Philosophen Hegel 1831 hat man als ‚das Ende der Metaphysik‘ interpretiert, das die Austreibung Gottes aus der Philosophie zur Folge gehabt habe. Mit Goethes Tod 1832 sah Heinrich Heine die „Kunstperiode“ zu Ende gehen, in der die Dichter „eine unabhängige zweite Welt“ neben der „ersten wirklichen Welt“ aufgebaut hätten.

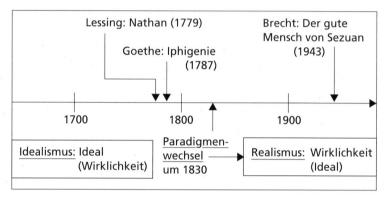

2. Zur Vorgehensweise

Zum thematischen
Vergleich gehört die
Berücksichtigung
der Epochengebun-
denheit

Zu einem *thematischen* Vergleich gehört mehr als die Interpretation des jeweiligen Handlungsverlaufs als Modell für eine bestimmte Idee, also Toleranz oder Humanität oder Solidarität. Denn deren Darstellung geschieht jeweils aus einem begrenzten *historischen Kontext* heraus, der nicht mit dem geschichtlichen Horizont übereinstimmt, in dem der Leser oder Zuschauer das Stück kennen lernt. Deshalb müssen wir prüfen, ob wir nicht unsere eigenen Ideen in das Drama hineingelegt haben. Die unterschiedliche *Epochengebundenheit* von Produktion und Rezeption des Werks muss in Rechnung gestellt werden. Da spielt auch der *Sprachwandel*, der zwischen beiden eingetreten ist, eine Rolle. In der Epoche, in der Lessing die Idee der Toleranz zu seinem Thema machte, sprach man anders über diese Dinge als heute, da diese Idee schon lange zu unserer Überlieferung gehört. Wenn Lessing von ‚Schwärmern‘ spricht (V. 360 u. 3587), so ist nach

Auch der Sprach-
wandel ist zu
berücksichtigen

damaligem Wortverständnis von religiös Irrgläubigen, ja von Ketzern die Rede. Heute hätte er vermutlich von ‚religiösen Fundamentalisten' gesprochen. Wenn Goethe seiner Iphigenie mit besonderem Akzent die Verben „fühlen" (V. 1992) und „empfinden" (V. 1945) in den Mund legt, so spiegelt sich darin der Sprachgebrauch der Dichter der ‚Empfindsamkeit', welche Gefühl und Empfindung als höchste geistig-seelische Fähigkeit des Menschen ansahen. Die Wörterbücher führen dafür meist eine Stelle aus Goethes Roman ‚Die Wahlverwandtschaften' (1809) als Beleg an, wo es von Ottilie heißt, sie habe etwas *„eingesehen,* ja was noch *mehr* ist, *empfunden"* (I 6, HA 6, 282). Auch im Hinblick auf die *Form* hatte es der Dichter des 18. Jahrhunderts mit anderen Möglichkeiten der dramatischen Gattung zu tun als heute. Weil Goethe sein Stück für eine Privataufführung am herzoglichen Hof schrieb, wählte er die Form der fünfaktigen klassischen Tragödie mit Standesklausel, Einheit von Ort, Zeit und Handlung sowie nur fünf Bühnenfiguren, wie sie französischer höfischer Tradition entsprach. Lessing schrieb für ein anderes, breiteres Publikum und richtete sich, da es sich um eine Familienzusammenführung handelt, nach der hierfür üblichen Gattung des Rührstücks *(Comédie larmoyante)*. All diese zeitgenössischen Muster müssen berücksichtigt werden, weil sie die Vergleichbarkeit mit einem Stück erschweren, dessen Autor sich mit seinem ‚epischen Theater' die passende Form selbst geschaffen hat, um dem Zwang der Theatertradition zu entgehen.

Auch die Theatergeschichte spielt beim Vergleichen eine Rolle

Nach diesen grundsätzlichen Überlegungen zur Aufgabe des Literaturvergleichs sind Entscheidungen darüber erforderlich, wie man im Einzelnen methodisch vorgehen will. Es gilt zunächst festzustellen, welche Gemeinsamkeiten die drei Dramen haben und in welchen Punkten sie also vergleichbar sind. An eben diesen Punkten müssen auch die spezifischen Unterschiede offenbar werden, auf die es bei einem Vergleich ankommt. Man kann diese Vergleichsaspekte nach *Inhalt* und *Form* ordnen und daraus einen Katalog von Leitfragen gewinnen, den man – gleichsam als Handwerkszeug – dazu benutzt, die Arbeit zu organisieren.

Wie kann man im Einzelnen vorgehen?

1. Leitfragen zur Thematik

1.1 Wie wird die Figur des ‚guten Menschen' charakterisiert? Welche *Eigenschaften* hat sie?

Katalog von Leitfragen als Arbeitshilfe

1.2 Wie handelt der ‚gute Mensch' im Drama? Worin besteht seine *gute Tat* ?

1.3 Wie sind die *Gegenfiguren* (Antagonisten) charakterisiert?

Wie handelt der ‚schlechte Mensch' und welche Wirkungen zeigt sein Handeln?

1.4 Welche Bedeutung hat das Handeln des ‚guten Menschen' für ein friedliches *Zusammenleben der Menschen?* Welche soziale und politische Relevanz hat der Appell, den der Dichter durch die Leitfigur des ‚guten Menschen' jeweils an den Zuschauer richtet?

1.5 Wie ist die *Realisierbarkeit* dieses Appells im heutigen historischen Kontext zu beurteilen? Kann man die Verhaltensweisen der Leitfigur im Alltag der Gegenwart in der Rolle eines Durchschnittsbürgers nachahmen?

1.6 Lassen sich Handlungsmaximen des jeweiligen ‚guten Menschen' in unseren *gegenwärtigen Verhaltensnormen* oder Rechtsvorschriften wiedererkennen? Welche Gebote der traditionellen Ethik haben überlebt und wie haben sie überlebt?

2. Leitfragen zur literarischen Gestaltung

2.1 Für welches *Publikum* hat der Dichter geschrieben? Wie zeigt sich das an der Sprachform und an anderen Merkmalen des Textes?

2.2 Wie kommt dabei die *didaktische Tendenz* – offen oder verhüllt – jeweils zur Geltung?

2.3 Wie hat jeder Dichter das *Gattungsproblem* gelöst, um seinen Zweck zu erreichen? Wie innovativ geht er dabei vor?

2.4 Alle drei Dichter setzen das Bühnengeschehen in zeitliche und räumliche Distanz zu ihrer jeweiligen Gegenwart. Welche Funktion hat diese ‚*Verfremdung*' jeweils?

2.5 In allen drei Stücken wird das *Handlungsschema der Wiedererkennung* verwendet. Welche Wirkung wird damit jeweils erzielt?

2.6 In allen drei Stücken bleibt jeweils eine Hauptfigur allein zurück. Was für eine *Problematik des Dramenschlusses* ergibt sich daraus?

1. Leitfragen zur Thematik (Inhalt)	2. Leitfragen zur literarischen Gestaltung (Form)
1.1 Wie wird der ‚gute Mensch' *charakterisiert*?	2.1 Für welches *Publikum* hat der Dichter geschrieben?
1.2 Worin besteht seine ‚*gute Tat*'?	2.2 Wie kommt die *didaktische Tendenz* zur Geltung?
1.3 Wie sind *Gegenfiguren* zum ‚guten Menschen' gezeichnet?	2.3 Wie hat der Dichter das *Gattungsproblem* gelöst?

1.4 Welche Bedeutung hat das Handeln des ‚guten Menschen' für das *Zusammenleben* der Menschen?

2.4 Welche Funktion hat die *räumliche und zeitliche Distanzierung* der Handlung?

1.5 Wie ist die *Realisierbarkeit* des dichterischen Appells im Alltag der Gegenwart zu beurteilen?

2.5 Zu welchem Zweck wird das *Handlungsschema der Wiedererkennung* verwendet?

1.6 Wie steht es mit dem *Weiterleben* der bürgerlichen Ethik in unserer Gegenwartskultur?

2.6 Worin besteht die *Problematik des Dramenschlusses?*

Erster Teil: Lessing ‚Nathan der Weise' (1779)

1. Zur Entstehung des Werkes

In einer Anmerkung zur Vorrede seiner epochemachenden ‚Kritik der reinen Vernunft' hat Immanuel Kant 1781 die Ära der Aufklärung mit den folgenden Sätzen treffend charakterisiert:

> Unser Zeitalter ist das eigentliche Zeitalter der *Kritik,* der sich alles unterwerfen muss. *Religion,* durch ihre Heiligkeit, und *Gesetzgebung,* durch ihre Majestät, wollen sich gemeiniglich derselben entziehen. Aber alsdann erregen sie gerechten Verdacht wider sich und können auf unverstellte Achtung nicht Anspruch machen, die die *Vernunft* nur demjenigen bewilligt, was ihre freie und öffentliche Prüfung hat aushalten können.

Bündnis zwischen Religion und Politik

Mit diesen Worten ist zugleich der historische Kontext genau beschrieben, in dem das Nathan-Drama entstanden ist. Denn gerade das Zusammenwirken von Theologie („Religion") und Politik („Gesetzgebung") bei dem Versuch, sich der Kritik zu „entziehen", hat Lessing dazu veranlasst, seine Gedanken über die Religion und ihre Geschichte in Form eines Theaterstücks zu veröffentlichen. Beide Instanzen, die evangelisch-lutherische Kirche und der absolutistische Staat, waren am Ende der Religionskriege ein enges Bündnis eingegangen, als 1648 im Westfälischen Frieden das Landeskirchentum eingeführt wurde, das den Territorialherrn zum Vorgesetzten der Geistlichkeit machte. In Lessings Fall wirkte dieses Bündnis sogar über die Landesgrenze hinweg.

Der Fragmentenstreit

Lessing hatte, nachdem er 1770 als Bibliothekar in den Dienst des Herzogs von Braunschweig getreten war, einige Arbeiten aus dem Nachlass des Hamburger Orientalisten Samuel Reimarus (1694–1768), mit dessen Familie er befreundet war, unter dem Titel ‚Wolfenbütteler Fragmente herausgegeben und kritisch kommentiert, um für Toleranz gegenüber abweichenden Meinungen zu werben. Reimarus vertritt in diesen Arbeiten eine natürliche Vernunftreligion und unterzieht die biblischen Wunderberichte einer historischen Kritik. Nach Lessings Auffassung ging Reimarus dabei in seinen Forde-

Lessing um 1767. Gemälde von Georg Oswald May.

AKG, Berlin

rungen, die christliche Religion betreffend, zu weit. Deshalb fügte er der Publikation einen kritischen Kommentar bei („Gegensätze des Herausgebers“). Auf diese Veröffentlichung reagierte der Hamburger Hauptpastor Johann Melchior Goeze (1717–1786) mit Empörung und warf Lessing vor, er habe die strittigen Fragen, anstatt sie auf Latein zu behandeln, „durch den Druck in deutscher Sprache dem großen Haufen in die Hände gegeben, ihm selbst zur Prüfung überlassen“. Es kam nun zu einem ausgedehnten literarischen Briefwechsel zwischen Lessing und Goeze, der sich von 1774 bis 1778 hinzog, dem sogenannten ‚Fragmentenstreit‘, der am 3. 8. 1778 durch eine herzogliche Order gewaltsam beendet wurde, welche Lessing weitere Veröffentlichungen in dieser Frage verbot.

Der sogenannte ‚Fragmentenstreit‘

Das Verhältnis von Offenbarung und Vernunft

In dem Streit ging es grundsätzlich um das Verhältnis von *Offenbarung* und *Vernunft* und um die Frage, ob der Christ die Offenbarung annehmen müsse, ohne seine *Vernunft* zu betätigen und ihre literarische und institutionelle Überlieferung, d. h. Bibel und Kirche, der *Kritik* zu unterwerfen. Goeze war der Auffassung, dass Gott den Verfassern der Heiligen Schriften den Text Wort für Wort eingegeben habe (Verbalinspiration). Lessing und mit ihm andere Vertreter der Aufklärung wehrten sich dagegen mit dem Argument, dass ein Glaube, der am Buchstaben hängt, nur zu einem krampfhaften Für-wahr-Halten führen, aber nie zu einer persönlichen Glaubenshaltung und einer subjektiven Lebensorientierung werden könne. Der Mensch könne den Offenbarungsglauben nicht den historischen Urkunden entnehmen, sondern er kann vielmehr diese Urkunden erst mit Hilfe des Offenbarungsglaubens angemessen verstehen:

Widersprüche im Bibeltext

In seinem Reimarus-Kommentar formuliert Lessing dieses Argument einmal folgendermaßen: „Der Buchstabe ist nicht der Geist; und die Bibel ist nicht die Religion. Folglich sind Einwürfe gegen den Buchstaben, und gegen die Bibel, nicht eben auch Einwürfe gegen den Geist und gegen die Religion". Goeze weist dieses Argument schärfstens zurück mit der Behauptung, dass es dem Menschen nicht zustehe, den Bibeltext historisch-kritisch zu untersuchen, und dass – um es mit den Worten des Patriarchen im ‚Nathan' zu formulieren – er sich nicht unterstehen dürfe, „die Willkür des, der die Vernunft erschaffen, nach Vernunft zu untersuchen" (V. 2486 ff.). Doch würde, wer diesem Prinzip folgen wollte, schon bei einfacher Bibellektüre auf Befunde stoßen, die seine *Vernunft* herausfordern und ohne *Kritik* nicht zu verstehen sind. Das geht schon bei den Zeit- und Ortsangaben der Evangelisten los. Die jahreszeitlichen Hinweise bei den Synoptikern (Matthäus, Markus, Lukas) ergeben für das Wirken Jesu einen Zeitraum von knapp einem Jahr, bis er zum Passahfest nach Jerusalem zieht (Mk 11). Bei Johannes zieht Jesus bereits zu Anfang seiner Laufbahn nach Jerusalem zum Passahfest (Joh 2,13). Vor seinem letzten Passahfest (Joh 11,55; 13,1; 18,28) wird sogar noch ein weiteres gefeiert (Joh 6,4), sodass sich für Jesu öffentliches Wirken mehr als zwei Jahre ergeben. Während dieses Wirken nach Johannes sich größtenteils in Judäa abspielte, fand es nach den Synoptikern vor allem in Galiläa statt.

Eine poetische Einlage Lessings im Disput

Um den Disput zu versachlichen und Goeze seinen eigenen Standpunkt zu verdeutlichen, verfasste Lessing die folgende Parabel, die ‚Palast-Parabel', die als ein Vorläufer der ‚Ringparabel' angesehen werden kann (G 8, 118–120):

Eine Parabel

Ein weiser tätiger König eines großen großen Reiches, hatte in seiner Hauptstadt einen Palast von ganz unermeßlichem Umfange,
von ganz besonderer Architektur.

5 Unermeßlich war der Umfang, weil er in selbem alle um sich ver-
sammelt hatte, die er als Gehülfen oder Werkzeuge seiner Regierung brauchte.

Sonderbar war die Architektur: denn sie stritt so ziemlich mit allen
angenommenen Regeln; aber sie gefiel doch, und entsprach doch.

Sie gefiel: vornehmlich durch die Bewunderung, welche Einfalt und
10 Größe erregen, wenn sie Reichtum und Schmuck mehr zu verachten, als zu entbehren scheinen.

Sie entsprach: durch Dauer und Bequemlichkeit. Der ganze Palast
stand nach vielen vielen Jahren noch in eben der Reinlichkeit und
Vollständigkeit da, mit welcher die Baumeister die letzte Hand an-
15 gelegt hatten: von außen ein wenig unverständlich; von innen überall Licht und Zusammenhang.

Was Kenner von Architektur sein wollte, ward besonders durch die
Außenseiten beleidiget, welche mit wenig hin und her zerstreuten,
großen und kleinen, runden und viereckten Fenstern unterbrochen
20 waren; dafür aber desto mehr Türen und Tore von mancherlei Form
und Größe hatten.

Man begriff nicht, wie durch so wenige Fenster in so viele Gemä-
cher genugsames Licht kommen könne. Denn daß die vornehmsten
derselben ihr Licht von oben empfingen, wollte den wenigsten zu
25 Sinne.

Man begriff nicht, wozu so viele und vielerlei Eingänge nötig wären,
da ein großes Portal auf jeder Seite ja wohl schicklicher wäre, und
eben die Dienste tun würde. Denn daß durch die mehreren kleinen
Eingänge ein jeder, der in den Palast gerufen würde, auf dem kür-
30 zesten und unfehlbarsten Wege, gerade dorthin gelangen solle, wo
man seiner bedürfe, wollte den wenigsten zu Sinne.

Und so entstand unter den vermeinten Kennern mancherlei Streit,
den gemeiniglich diejenigen am hitzigsten führen, die die wenigste
Gelegenheit gehabt hatten.

35 Auch war da etwas, wovon man bei dem ersten Anblicke geglaubt
hätte, daß es den Streit notwendig sehr leicht und kurz machen
müsse; was ihn aber gerade am meisten verwickelte, was ihm gerade zur hartnäckigsten Fortsetzung die reichste Nahrung ver-
schaffte. Man glaubte nämlich verschiedene alte Grundrisse zu ha-
40 ben, die sich von den ersten Baumeistern des Palastes herschreiben
sollten: und diese Grundrisse fanden sich mit Worten und Zeichen
bemerkt, deren Sprache und Charakteristik so gut als verloren war.
Ein jeder erklärte sich daher diese Worte und Zeichen nach eignem
Gefallen. Ein jeder setzte sich daher aus diesen alten Grundrissen ei-
45 nen beliebigen Neuen zusammen; für welchen Neuen nicht selten
dieser und jener sich so hinreißen ließ, daß er nicht allein selbst darauf schwor, sondern auch andere darauf zu schwören, bald be-
redte, bald zwang.

50 Nur wenige sagten: „Was gehen uns eure Grundrisse an? Dieser
    oder ein andrer: sie sind uns alle gleich. Genug, daß wir jeden Au-
    genblick erfahren, daß die gütigste Weisheit den ganzen Palast er-
    füllet, und daß sich aus ihm nichts als Schönheit und Ordnung und
    Wohlstand auf das ganze Land verbreitet."

55 Sie kamen oft schlecht an, diese Wenigen! Denn wenn sie lachen-
    den Muts manchmal einen von den besonderen Grundrissen ein
    wenig näher beleuchteten, so wurden sie von denen, welche auf
    diesen Grundriß geschworen hatten, für Mordbrenner des Palastes
    selbst ausgeschrien.

60 Aber sie kehrten sich daran nicht, und wurden gerade dadurch am
    geschicktesten, denjenigen zugesellet zu werden, die innerhalb des
    Palastes arbeiteten, und weder Zeit noch Lust hatten, sich in Strei-
    tigkeiten zu mengen, die für sie keine waren.
    Einstmals, als der Streit über die Grundrisse nicht sowohl beigelegt,
65 als eingeschlummert war, – einstmals um Mitternacht erscholl
    plötzlich die Stimme der Wächter: Feuer! Feuer in dem Palaste!
    Und was geschah? Da fuhr jeder von seinem Lager auf; und jeder,
    als wäre das Feuer nicht in dem Palaste, sondern in seinem eigenen
    Hause, lief nach dem Kostbarsten, was er zu haben glaubte, – nach
70 seinem Grundrisse. „Laßt uns den nur retten!" dachte jeder. „Der
    Palast kann dort nicht eigentlicher verbrennen, als er hier stehet!"
    Und so lief ein jeder mit seinem Grundrisse auf die Straße, wo, an-
    statt dem Palaste zu Hülfe zu eilen, einer dem andern es vorher in
    seinem Grundrisse zeigen wollte, wo der Palast vermutlich brenne.
75 „Sieh, Nachbar! Hier brennt er! Hier ist dem Feuer am besten bei-
    zukommen. – Oder hier vielmehr, Nachbar, hier! – Wo denkt ihr bei-
    den hin? Er brennt hier! – Was hätt es für Not, wenn er da brennte?
    Aber er brennt gewiß hier! – Lösch ihn hier, wer da will. Ich lösch ihn
    hier nicht. – Und ich hier nicht! – Und ich hier nicht! –"
80 Über diese geschäftigen Zänker hätte er denn auch wirklich abbren-
    nen können, der Palast; wenn er gebrannt hätte. – Aber die er-
    schrockenen Wächter hatten ein Nordlicht für eine Feuersbrunst ge-
    halten.

Lessing zur Inter-
pretation der Para-
bel

Goeze hat die Parabel allein auf den Fragmentenstreit mit Lessing bezogen und das Bild vom „Nordlicht" als Metapher für den Hamburger Autor Reimarus interpretiert (G 8, 201 ff.). Doch Lessing erklärt
diese Interpretation im Nachwort zu einer geplanten Neuauflage der
Parabel für „albern", denn er habe sie vielmehr dazu „bestimmt, die
ganze Geschichte der christlichen Religion darunter vorzustellen"
(G 8, 379). Wenn man diesem Hinweis folgt, kann man die Palastpa-
rabel folgendermaßen auflösen: Der „unermeßliche" Palast (4) steht
für die christliche Religion, der „weise tätige König" (1) für Gott, dessen weise Tätigkeit Lessing in der ‚Erziehung des Menschengeschlechts' (§ 91) „Vorsehung" nennt. Entscheidend aber für den Sinn

Außenseite und
Inneres des Palastes

des Gleichnisses ist es, dass dieser Palast „von *außen* ein wenig unverständlich" ist, jedoch „von *innen* überall Licht und Zusammenhang"
bietet (15/6). Unter der Lichtmetapher wird damals in ganz Europa

aus: Ibn Tufail, Der Ur-Robinson, Matthes & Seitz Verlag, München 1987, S. 170

Die Lichtmetapher:
Haiy Ibn Yaqzan auf seiner Insel, vom Licht der Vernunft belehrt.

die *Aufklärung* verstanden (enlightenment, lumières). Der Unterscheidung von innen und außen entspricht nun die Einteilung der Menschen in die *„wenigen"*, welche „jeden Augenblick erfahren, daß die gütigste Weisheit den ganzen Palast erfüllet" (51 ff.), und den *„Kennern von Architektur"* (17), die sich „durch die *Außenseiten"* des Palastes irritiert fühlen. Sie begreifen z. B. nicht, warum die Fenster so klein sind, denn sie merken nicht, dass die wenigen, die *„innerhalb des Palastes"* arbeiten (61/2), „ihr Licht von oben" empfangen (24), d. h.

Die Lichtmetapher
für die Aufklärung

Die Vernunft als Organ der Gottes-erkenntnis

ohne Vermittlung einer Kirche mit Hilfe ihrer natürlichen *Vernunft* zur Gotteserkenntnis gelangen. Sie wundern sich auch über die vielen „kleinen Eingänge", auf denen „ein jeder" geradewegs, d. h. ohne einer bestimmten Konfession anzugehören, zum Ziel zu gelangen vermag (29 f.). Sie haben vielmehr „ein großes Portal auf jeder Seite" erwartet (27), weil sie sich die Gläubigen nicht als selbstständige Individuen, sondern als unmündige Kollektive vorstellen, die ihrer Führung bedürfen. Deshalb entstand „unter den vermeinten Kennern mancherlei Streit" (32). Denn sie setzten aus „alten Grundrissen", d. h. unterschiedlichen Bibelauslegungen und Dogmen, „einen beliebigen Neuen zusammen" (44/5) und bildeten jeweils besondere Glau-

Spaltung der Christenheit in verschiedene Glaubensgemeinschaften

bensgemeinschaften. Die Leute aber, die „innerhalb des Palastes arbeiteten" (61/2), schauten sich zuweilen „einen von den besonderen Grundrissen" (56) kritisch an und wurden von dessen Anhängern sogleich als „Mordbrenner" (58) des ganzen Palastes beschimpft. Die Schlusspassage mit dem Feueralarm (67–83) ist nach Lessings eigenen Worten nicht auf die Reimarus-Fragmente gemünzt, sondern soll dem Leser klarmachen, dass sich während der „Geschichte der christlichen Religion" die Gewichte verschoben haben. Statt den Pa-

Der Palast kann über dem Streit zugrunde gehen

last, d. h. die Wahrheit des Glaubens, durch gemeinsame Anstrengung zu bewahren, streitet man sich über die „Grundrisse", d. h. über die Auslegung der historischen Offenbarungsurkunden, sogar auf die Gefahr hin, dass inzwischen der ganze Palast abbrennt (80–83). Dass es sich aber bei der schwer zu verstehenden Außen-

Die Christenheit hat eine Außen-und eine Innenseite

seite (15) und dem Inneren, aus dem sich „nichts als Schönheit und Ordnung und Wohlstand auf das ganze Land verbreitet" (53/4), um den gleichen Palast handelt, soll deutlich machen, dass die Theologen, welche die Offenbarung in ihren unterschiedlichen „Grundrissen" weitergeben, und die Leute, die durch das „Licht von oben" Gott erkennen und für ihn tätig sind, irgendwie zusammengehören. Sie sind beide Christen und müssten sich eigentlich miteinander verständigen können. *Vernunft* und *Offenbarung* bilden keinen Gegensatz, sondern sind zwei Seiten des gleichen Christentums.

Eine arabische Vorlage für die Vereinbarkeit von Vernunft und Offenbarung

Was Lessing in seiner Parabel auf Außenseite und Innenraum eines Palastes verteilt, nämlich den Weg zu Gott durch die Vernunft oder aufgrund von Offenbarung, ist in einem Roman der islamischen Aufklärung auf zwei Inseln angesiedelt. Es handelt sich um den arabischen Arzt Abu Bakr Ibn Tufail aus Andalusien (gest. 1185) und seine Erzählung von Haiy Ibn Yaqzan, den „Ur-Robinson", die Lessing schon als Dreißigjähriger kannte (vgl. Kuschel, S. 118 ff.). Die Aufklärung war ja auch die erste Blütezeit der europäischen Orientalistik. Der Inhalt des Romans ist folgender:

Haiy Ibn Yaqzan wächst, von einer Gazelle gesäugt, allein auf einer Insel auf und gelangt nur mit Hilfe seiner Vernunft, ohne von einem Priester oder Lehrer angeleitet zu werden, von selbst zur Erkenntnis des Schöpfergottes und seiner Weltordnung. Er wird schließlich zum Mystiker, der sich in die Betrachtung Gottes versenkt. Auf einer Nachbarinsel leben die Menschen nach dem Gesetz einer geoffenbarten Religion. Zwei Männer ragen dort aus der Masse hervor, Salaman, ein führender Geistlicher, und Absal, ein Weiser, der die Wahrheit hinter den Riten und Symbolen der offiziellen Religion zu erkennen vermag. Absal gelangt auf die Insel, auf welcher der Romanheld lebt, und bringt ihm die Sprache bei, die auf der Nachbarinsel gesprochen wird. Beide verstehen sich in religiösen Dingen, der eine mit Hilfe der natürlichen *Vernunft,* der andere aufgrund der *Offenbarung.* Einen Gegensatz zwischen ihnen thematisiert Ibn Tufail nicht, wohl aber einen Konflikt zwischen Elite und Masse. Denn als Absal und Haiy Ibn Yaqzan auf die von Salaman beherrschte Insel fahren, um den Leuten von ihrer Gotteserfahrung Mitteilung zu machen, stoßen sie auf Unverständnis und Ablehnung. Nun begreifen sie, dass ihr Weg nur für wenige Menschen gangbar ist, dass die Masse der Menschen feste Regeln und sichtbare Zeichen benötigt, um auf dem Wege Gottes zu wandeln. Enttäuscht kehren die beiden als Einsiedler auf die Insel des Haiy Ibn Yaqzan zurück. Die Übereinstimmungen von Lessings Parabel mit dem arabischen Roman sind nicht von der Hand zu weisen und können Lessings Auffassung verdeutlichen.

Was Lessings Parabel allerdings von der arabischen Vorlage unterscheidet und im Hinblick auf die Ringerzählung des ‚Nathan‘ im Gedächtnis behalten werden muss, ist die soziale Auswirkung der tätig ausgeübten Religion, die „nichts als Schönheit und Ordnung und Wohlstand auf das ganze Land verbreitet" (53/4).

Bei ihm hat die Elite, die „wenigen", eine Gemeinschaftsaufgabe. *Bei Lessing hat die* Darin drückt sich das Erziehungsdenken der Aufklärung aus, genauer gesagt: die optimistische Ansicht, dass man den Menschen auf dem Wege der ‚richtigen‘ Erziehung zum ‚guten Menschen‘ bilden *Elite eine Aufgabe* könne, so dass er am Ende „das Gute tun wird, weil es das Gute ist, *Der Erziehungs-* nicht weil willkürliche Belohnungen darauf gesetzt sind" (Die Erzie-*gedanke der* hung des Menschengeschlechts, § 85). *Aufklärung*

Der Maulkorb

Zu dieser Auffassung stellt Goeze mit seiner Bewahrungspädagogik das genaue Gegenteil dar. Er lässt Bibelkritik nur unter den akademischen Fachleuten und auf Latein zu, hält also alle anderen Bürger in ihrer Unmündigkeit fest und hindert sie daran, „sich ihres Verstandes ohne Anleitung eines anderen zu bedienen", wie es Kant in seinem Aufsatz „Was ist Aufklärung?" am 5. 12. 1783 ausgedrückt hat. In dieser Beziehung stimmt Goeze ganz mit der Politik der absolutistischen Landesherren überein, die nichts so sehr fürchten wie „der freien und *Kirche und Lan-* öffentlichen Prüfung" unterzogen zu werden. Deshalb wittert Goeze *desfürst fürchten* in Lessings vor aller Öffentlichkeit geübten historischen Bibelkritik *Kritik* ein Vorbild für eine politische Kontrolle fürstlicher Regierungsmaßnahmen:

*Goeze verbindet
Bibelkritik mit
Regimekritik*

Siehet aber Herr Lessing nicht ein, was aus diesem Grundsatz fließt, oder will er es nicht einsehen? Was will er dem antworten, der sagen würde: das Regierungssystem der besten und gerechtesten Regenten verdient nicht eher Beifall, bis alle möglichen Lästerungen und Verleumdungen der Person des Regenten im Drucke dargelegt und den Untertanen in die Hände gegeben, bis seine besten und heilsamsten Handlungen von der schwärzesten Seite, die nur möglich ist, vorgestellet und seine Ministers dadurch aufgefordert werden, die Ehre ihres Herrn, seines Regierungssystems und seiner Handlungen zu retten und zu verteidigen ... (G 8, 258 f.)

*Publikationsverbot
für Lessing*

Die Folgen dieser Furcht der Vertreter von „Religion" und „Gesetzgebung", sich der Kritik, unangenehmen Fragen, kurz: „der freien und öffentlichen Prüfung" ihrer Autorität zu stellen, bekam Lessing schnell zu spüren. Mit Order vom 3. 8. 1778 verbot der Herzog von Braunschweig seinem Hofbibliothekar ab sofort weitere Veröffentlichungen im Fragmentenstreit. Lessing musste gehorchen. Ein Widerstandsrecht gab es zwar schon, nachdem es Thomas Jefferson in der Unabhängigkeitserklärung der Vereinigten Staaten von Amerika vom 4. 7. 1776 so formuliert hatte:

> Wenn aber eine lange Reihe von Missbräuchen und Übergriffen, die stets das gleiche Ziel verfolgen, die Absicht erkennen lässt, die Menschen absolutem Despotismus zu unterwerfen, so ist es ihr Recht, ist es ihre Pflicht, eine solche Regierung zu beseitigen ...

*Lessing weicht auf
das Theater aus*

An eine solche Möglichkeit wagt Goeze nicht einmal zu denken. Kritik am Fürsten und seiner Regierungsarbeit kann er sich nur als persönliche Ehrabschneidung und Schwarzmalerei vorstellen. Die Aufklärung hatte zwar in Amerika, aber noch nicht in Deutschland gesiegt. Lessing musste also der herzoglichen Order Folge leisten und einen Ausweg suchen, bei dem man ihm nicht den Mund verbieten konnte. Er nahm einen alten Dramenplan aus der Schublade und begab sich mit seinem Anliegen auf die Bühne:

> Ich muß versuchen, ob man mich auf meiner alten Kanzel, auf dem Theater wenigstens noch ungestört will predigen lassen,

schrieb er am 6. 9. 1778 an die Witwe Reimarus in Hamburg. Schon im April 1779 ist das Stück fertig und wird auf der Leipziger Buchmesse vorgestellt. Eine Bühnenaufführung fand allerdings erst zwei Jahre nach Lessings Tod am 14. 4. 1783 in Berlin statt.

2. Der inhaltliche Aufbau des Dramas

Die drei Stoffelemente

Der Inhalt des Dramas ist aus drei ganz unterschiedlichen Stoffelementen gebildet:

Stoffelemente des „Nathan'-Dramas

(1) Der Kern der Ringparabel stammt aus einer alten *Novelle*. Es ist die Erzählung I, 3 aus dem Zyklus ‚Il Decamerone' von Giovanni Boccaccio (1313–1375) von dem Juden Melchisedech, den der Sultan Saladin durch die Frage, „welches von den drei Gesetzen" er für das wahre halte, „das jüdische oder das sarazenische oder das christliche", in Verlegenheit setzt, um ohne Gewaltanwendung an sein Geld heranzukommen. Lessing gibt ihm den Namen Nathan, welcher bei Boccaccio (X, 3) als „Exempel unübertrefflicher Freigebigkeit" hingestellt wird. Die Novelle I, 3 mit der Überschrift:

> Der Jude Melchisedech entgeht durch eine Geschichte von drei Ringen einer großen Gefahr, die ihm Saladin bereitet hat,

liefert das Schema für den Religionsvergleich.

(2) Die Szene in Jerusalem, das Christen, Muslimen und Juden als heilige Stadt gilt, ist nach *historischen Quellen* gestaltet. Sie spielt 1192, als der dritte Kreuzzug durch einen Waffenstillstand zwischen Richard Löwenherz und Saladin sein Ende gefunden hatte. Den Figuren des Sultans, des Patriarchen und auch des Tempelherrn liegen geschichtliche Gestalten zugrunde. Die im Dramentext erwähnten Gräueltaten, die Abschlachtung der Tempelritter (V. 572–591) und das Judenpogrom in Gath (V. 3025–66), sind tatsächlich geschehen. Diese geschichtliche Wirklichkeit bildet den realen Hintergrund, vor dem Lessing seinen idealen Gegenentwurf gesehen wissen will.

Historische Quellen

(3) Der Aufbau des Dramas ist durch das uralte *Komödienmotiv* der Familienzusammenführung bestimmt. Darin dient die allmähliche Klärung unbekannter Herkunft der Zusammenführung durch widriges Schicksal getrennter Familienmitglieder und der Beseitigung von Hindernissen auf dem Wege zum Liebesglück. Die familiären Beziehungen überschneiden sich mit den unterschiedlichen Kollektiven, denen die sich wiederfindenden Komödienfiguren auf ihrer Lebensreise angehört haben. Daher eignet sich dieses Handlungsschema für Lessing besonders dazu, die Kategorie der ‚Menschheit' der Menschen von ihrer Rolle als Angehörige unterschiedlicher Völker, Religionsgemeinschaften und sozialer Stände zu unterscheiden.

Komödienmotiv der Familienzusammenführung

Familie als Bild für die Kategorie ‚Menschheit'

Durch die Kombination dieser unterschiedlichen Stoffelemente wird der Zusammenhang sehr verwickelt. Denn das jeweils gegenwärtige Bühnengeschehen wird immer wieder von der schrittweisen Enthül-

Verwickeltes Handlungsgefüge

lung früherer Ereignisse überlagert, wodurch auch das Verhältnis der Figuren zueinander in jeweils neuem Licht erscheint. Denn unterschwellig läuft ja der Prozess der Wiedererkennung der Angehörigen der Sultansfamilie ab, von dem nur hin und wieder eine Andeutung gegeben wird. Eine solche ist z. B. das Rätselwort des Tempelherrn zu Nathan: „Der Blick des Forschers fand nicht selten mehr, als er zu finden wünschte" (II, 7 V. 1383/4). Nachdenklich wiederholt dann Nathan den Satz und fügt hinzu: „Ist es doch, als ob in meiner Seel' er lese!"

In III, 9 wird der Faden wieder aufgenommen.

Inhaltsangabe

Zu Beginn kehrt Nathan von einer überaus erfolgreichen Geschäftsreise zurück. Er erfährt, dass sein Haus inzwischen gebrannt habe und seine Tochter Recha fast in den Flammen umgekommen wäre, wenn sie nicht ein junger Tempelritter aus dem Feuer gerettet hätte. Von ihm wird berichtet, dass er von den muslimischen Truppen gefangen worden sei. Der Sultan habe ihn aber, im Unterschied zu seinen Mitgefangenen, die er wegen Bruch des Waffenstillstandsabkommens hinrichten ließ, kaum dass er ihn sah, begnadigt. Nathan gelingt es mit einiger Mühe, den Lebensretter in sein Haus zu holen, um ihm seinen Dank abzustatten und auch Recha Gelegenheit zu geben, sich bei ihm zu bedanken. Der Tempelherr, der sich zunächst fast geschämt hatte, ein Judenmädchen gerettet zu haben, entbrennt – wie es sich gehört – sogleich in heftiger Liebe zu Recha, die von ihr – ebenso selbstverständlich – auch erwidert wird. Nathan bremst das Ungestüm des jungen Mannes, was dieser aber nicht verstehen kann. Während der Tempelherr sich nämlich für einen Curd von Stauffen hält, wird Nathan durch ihn an den gefallenen Freund Wolf von Filnek erinnert. Inzwischen hat Saladin, der in Geldnöten ist, angeordnet, dass der reiche Jude an den Hof gebeten werde. Auch möchte er den Tempelritter bei sich sehen, von dessen tapferer Rettungstat er gehört hat. Er ist nämlich durch ihn an einen Bruder erinnert worden, der vor vielen Jahren das Land verlassen hatte, um einer Christin nach Europa zu folgen. Das war der Anlass der Begnadigung des jungen Mannes durch Saladin gewesen. Doch erscheint Nathan zunächst allein beim Sultan, der ihn in ein längeres Gespräch über die wahre Religion verwickelt, worüber fast der eigentliche Zweck der Unterredung, die Gewährung einer Finanzhilfe an Saladin durch Nathan, vergessen wird. Diese Sache wird jedoch in einer dem Religionsgespräch folgenden Episode schnell erledigt. Währenddessen hat sich der Tempelherr mit der Bitte um ein Rechtsgutachten an den Patriarchen gewandt. Daja, Nathans Haushälterin hatte ihm nämlich verraten, dass Recha als Christin getauft sei, doch Nathan sie weder als Christin noch als Jüdin erziehe, sondern sie nur sehr allgemein in den Glauben an den einen Gott einführe, der über alle Dogmen erhaben sei. Nun will der Tempelherr wissen, wie ein solcher Fall zu beurteilen sei. Der Patriarch entscheidet ohne Zögern, dass ein Jude, der ein Christenmädchen bei sich hält, zu verbrennen sei. Dieses Schicksal will der Fragesteller seinem Wohltäter ersparen und bemüht sich, dessen Identität unbedingt geheim zu halten. Der Patriarch aber ist misstrauisch geworden und schickt einen Klosterbruder aus, um Nathan zu überprüfen. Dieser aber ist ein schlichter und wahrhaft frommer Mann, dem die Geschäfte seines Oberhirten nicht gefallen. Er enthüllt Nathan, was gespielt wird. Im Verlauf des Gesprächs gibt er sich selbst als der Reitknecht zu erkennen, der Nathan damals Recha als Säugling übergeben hatte. Sie sei das Kind eines Kreuzritters, dem er gedient und der ihm befohlen habe, es seinem Freund Nathan zu übergeben. Er händigt Nathan ein Büchlein mit arabischen Notizen aus, das er verwahrt habe und welches alle Auskünfte über die Herkunft des Mädchens enthalte. Nathan studiert das Büchlein, behält aber für sich, welche Erkenntnisse er daraus gewonnen hat. Die Auflösung, d. h. die Wiedererkennung (Anagnorisis), erfolgt in der letzten Szene am Sultanshof: Assad, der verschollene Bruder des Saladin, hat seine Geliebte, eine geborene von Stauffen, in Deutschland geheiratet und den Namen Wolf von Filnek angenommen. Ihr Sohn ist bei einem Bruder der Mutter aufgewachsen und wie dieser dem Templerorden beigetreten. Er ist also ein Neffe des Sultans. Assad aber hatte noch eine Tochter, die er bei seiner Rückkehr ins Heilige Land mitgenommen und, bevor er in die Schlacht aufbrach, die ihn das Leben kosten sollte, seinem Reitknecht übergeben hatte, der sie zu Nathan bringen sollte. Recha und der Tempelherr sind also Geschwister. Der Zuschauer bzw. Leser, der die beiden als glücklich verheiratetes Paar erwartet hatte, muss – genau wie Recha und ihr Bruder – umdenken. Das geht bei den beiden jungen Leuten überraschend leicht und schnell, so dass am Ende vollkommene Harmonie zwischen Jude, Muslim und Christ herrscht.

Diese komplizierte Geschichte wird dem Zuschauer auf der Bühne in einer Folge von 41 Szenen vorgeführt, die zu fünf Akten gebündelt sind:

Erster Aufzug

Einführung der Figur Nathans (I, 1–3):

1. Auftritt (1–168)	Nathan, Daja	Nathan kehrt von einer Geschäftsreise nach Jerusalem zurück und erfährt von Daja, dass sein Haus gebrannt und ein junger Tempelritter seine Tochter Recha aus den Flammen gerettet habe.
2. Auftritt (169–375)	Nathan, Daja, Recha	Recha hält ihren Retter für einen Engel, ihre Rettung daher für ein Wunder. Nathan fragt nach den tatsächlichen Einzelheiten und erfährt von Daja, wie es dazu kam, dass der Sultan den jungen Tempelherrn begnadigt hat. Nathan wendet sich gegen Schwärmerei und Wunderglauben in der Religion und fordert auf, dem Retter durch Handeln zu danken, indem man sich um ihn kümmert.
3. Auftritt (376–505)	Nathan, Al-Hafi	Der Derwisch Al-Hafi ist Schatzmeister beim Sultan geworden und bittet Nathan um Geld. Dieser will wohl dem Derwisch, nicht aber dem Schatzmeister helfen. Denn Al-Hafi tadelt Saladins Umgang mit Geld und wirft ihm vor, durch Freigebigkeit Gottes Milde imitieren zu wollen.

Einführung der Figur des Tempelherrn (I, 4–6):

4. Auftritt (506–531)	Nathan, Daja	Daja meldet Nathan, sie habe den Tempelherrn in der Nähe des Hauses gesehen, der Datteln von den Palmen bricht, um seinen Hunger zu stillen. Nathan schickt Daja hinter ihm her.

5. Auftritt (532–714)	Tempelherr, Klosterbruder	Der Klosterbruder wendet sich an den Tempelherrn im Auftrag des Patriarchen, der diesen als Spion und Führer eines Kommandounternehmens zur Beseitigung Saladins zu gewinnen hofft. Doch zeigt er durch ironische Wendungen über den von der Obrigkeit geforderten Gehorsam, dass er das Ansinnen selbst ablehnt und sich über die empörte Weigerung des Tempelherrn freut.
6. Auftritt (715–787)	Daja, Tempelherr	Daja lädt den Tempelherrn zu einem Besuch im Hause Nathans ein. Der aber möchte in Ruhe gelassen werden und will mit einem Juden nichts zu tun haben.

Zweiter Aufzug

Einführung der Figur des Sultans Saladin (II, 1–3):

1. Auftritt (788–915)	Saladin, Sittah	Saladin und seine Schwester Sittah sind im Palast beim Schachspiel. Das Gespräch wendet sich der Politik zu. Der Sultan will durch eine Doppelhochzeit des englischen Königs Richard Löwenherz mit Sittah und seines Bruders Melek mit Richards Schwester Frieden zwischen den Kreuzzugsparteien stiften. Doch fordert die Gegenseite die Konversion der muslimischen Partner, sodass Sittah einwendet, es komme den Christen nur auf Machtzuwachs an. Saladin sieht dagegen den Waffenstillstand nur durch die Intrigen des Templerordens gefährdet.
2. Auftritt (916–1094)	Saladin, Sittah, Al-Hafi	Der sehnlichst erwartete Schatzmeister Al-Hafi meldet leere Kassen und verrät, dass Sittah heimlich von dem Geld, das der Bruder sie beim Schachspiel gewinnen ließ, die Hofhaltung finanziert habe. Al-Hafi gibt zu, dass er sich bereits um ein Darlehen an Nathan gewandt habe.
3. Auftritt (1095–1145)	Saladin, Sittah	Sittah erzählt ihrem Bruder, was sie von Al-Hafi über den Reichtum und die Persönlichkeit Nathans erfahren hat. Sie deutet an, dass sie etwas mit Nathan vorhabe.

Begegnung zwischen Nathan und dem Tempelherrn (II, 4–8):

4. Auftritt (1146–1190)	Nathan, Recha, Daja	Nathan und Recha warten unter den Palmen auf den Tempelherrn, dessen Nahen von Daja gemeldet wird. Als er kommt, schickt Nathan die Frauen ins Haus.
5. Auftritt (1191–1326)	Nathan, Tempelherr	Der Tempelherr wehrt Nathans Dank ab, lässt sich aber, als dieser einen Brandfleck auf dessen Habit küsst, auf ein Gespräch ein, in dem es Nathan gelingt, die konfessionellen Barrieren einzureißen und von Mensch zu Mensch mit dem Christen zu reden, worauf sie Freundschaft schließen.
6. Auftritt (1327–1339)	Die Vorigen, Daja	Daja, die mit Recha am Fenster gelauscht hatte, kommt mit der Meldung, dass der Sultan nach Nathan geschickt habe. Sie macht sich Sorgen um ihn, während er gelassen bleibt.
7. Auftritt (1340–1402)	Nathan, Tempelherr	Die Dankbarkeit gegenüber Saladin verbindet Nathan und den Tempelherrn. Denn durch dessen Begnadigung ist – so sieht es Nathan – Rechas Rettung überhaupt möglich gewesen. Als sich der junge Mann nun als Curd von Stauffen vorstellt, wird Nathan an seinen gefallenen Freund Wolf von Filnek erinnert. Er nimmt sich vor, dieser Ahnung nachzugehen.

| 8. Auftritt (1403–1420) | Nathan, Daja | Nathan lässt Recha durch Daja bestellen, dass sie mit dem Besuch des Tempelherrn rechnen könne, und bittet sie, ihm nichts in seinem Plan zu verderben. |

Al-Hafis Abschied (II, 9):

| 9. Auftritt (1421–1516) | Nathan, Al-Hafi | Al-Hafi kommt, um sich zu verabschieden, um wieder am Ganges als Derwisch zu leben. Er erzählt, dass Saladin Geld von Nathan borgen wolle, und ist besorgt, dass er durch dessen Verschwendung ruiniert werden könnte. |

Dritter Aufzug

Begegnung zwischen Recha und dem Tempelherrn (III, 1–3):

1. Auftritt (1517-1602)	Recha, Daja	Daja sieht in einer Verbindung Rechas mit dem Tempelherrn eine Möglichkeit, in das christliche Europa zurückzukehren, wohin sie auch Recha mitnehmen will. Doch diese schämt sich, dass sie sich von Dajas Schwärmerei hat anstecken und sich einreden lassen, ein Engel habe sie gerettet (vgl. I, 2).
2. Auftritt (1603–1693)	Die Vorigen, Tempelherr	In ihren Dankesworten spielt Recha auf Gedanken an, die der Tempelherr nur Daja gegenüber geäußert hatte (vgl. I, 6). Er bemerkt die Veränderung, die in Recha vorgegangen ist, und ist verwirrt, weil er nicht mehr das kleine Mädchen vor sich sieht, das er aus dem Feuer gerettet hat. Recha fragt ihn nach seiner Tätigkeit als Fremdenführer am Sinai aus, doch er verabschiedet sich, weil er in Sorge um Nathan ist, der sich auf dem Weg zum Sultan befindet.
3. Auftritt (1693–1731)	Recha, Daja	Im Unterschied zu der Unruhe, die der Tempelherr zeigte, hat Recha die Begegnung zu innerer Ruhe verholfen. Diese Wirkung des Besuchs ist für Daja eine große Enttäuschung.

Das Religionsgespräch (III, 4–7):

4. Auftritt (1732–1796)	Saladin, Sittah	Saladin folgt widerstrebend Sittahs Plan, dem reichen Nathan eine Falle zu stellen, um über sein Geld verfügen zu können. Er bittet seine Schwester aber darum, nicht zu lauschen.
5. Auftritt (1797–1865)	Saladin, Nathan	Saladin spricht Nathan als den Weisen an, der den Begriff durch die Unterscheidung von Klugheit (= Wahrnehmung des eigenen Vorteils) und Weisheit (= Wissen um die wahren Vorteile des Menschen) problematisieren lässt, bis der Sultan mit seiner Frage herausrückt, welche der drei Religionen Nathan am meisten eingeleuchtet habe und warum er Jude geblieben sei. Denn von den dreien könne doch nur eine die wahre Religion sein.
6. Auftritt (1865–1890)	Nathan	Überrascht, dass Saladin Wahrheit statt Geld von ihm wolle, wägt Nathan in einem ‚Grübelmonolog‘ die Folgen der möglichen Antworten ab und findet schließlich einen Ausweg. Er will den Sultan mit einem „Märchen" abspeisen.
7. Auftritt (1891–2110)	Saladin, Nathan	Saladin ist einverstanden, sich ein „Geschichtchen" erzählen zu lassen. Nathan erzählt die Ringparabel in fünf Abschnitten: 1) Ein Ring mit der Kraft, „vor Gott und den Menschen angenehm zu machen", wird vom Vater jeweils dem Lieblingssohn vererbt.

(2) In der Generationenfolge gab es nun einen Vater, der seine drei Söhne gleichermaßen liebte und sich nicht entscheiden konnte. Der ließ zwei weitere Ringe anfertigen, die vom echten nicht zu unterscheiden waren.

(3) Die drei Söhne streiten über die Echtheit der Ringe wie Juden, Christen und Muslime über den rechten Glauben.

(4) Schließlich gehen sie mit ihrem Streit vor Gericht.

(5) Der Richter aber trifft keine Entscheidung, sondern erteilt den Rat, die Echtheit des Ringes durch Gottergebenheit und vorurteilslose Nächstenliebe zu erweisen und am Ende der Zeiten wieder vor Gericht zu entscheiden. Dann werde ein weiserer Richter auf seinem Stuhl sitzen.

Der Sultan ist beeindruckt, sieht ein, dass er nicht dieser Richter sein kann, und bittet um Nathans Freundschaft, der ihm sein Vermögen zur Verfügung stellt. Zum Schluss kommt die Sprache auf den Tempelherrn, den der Sultan umgehend sehen möchte.

Der Konflikt des Tempelherrn (III, 8–10):

8. Auftritt (2111–2159)	Tempelherr	Der Tempelherr wartet auf Nathan und ist zwischen seiner Zuneigung zu Recha und seinen Ordenspflichten hin und her gerissen. Er kennt sich selbst nicht mehr.
9. Auftritt (2159–2227)	Nathan, Tempelherr	Nathan berichtet dem Tempelherrn vom Wunsch des Sultans, ihn zu sehen. Der Jüngling wirbt um Recha und umarmt Nathan mit den Worten: „Mein Vater!" Da dieser jedoch zurückhaltend reagiert, vermutet der Tempelherr religiöse Gründe und hält ihm seine eigene Devise entgegen, sich doch wie ein Mensch zu verhalten. Nathans Frage nach seinem Vater irritiert ihn.
10. Auftritt (2228–2378)	Tempelherr, Daja	Daja verfolgt weiter ihren Heimkehrplan und verrät dem Tempelherrn, als sie von Nathans Zurückhaltung hört, dass Recha gar nicht seine leibliche Tochter, sondern ein adoptiertes Christenkind sei. Nun ist das Vertrauen des Tempelherrn in Nathans Weisheit erschüttert.

Vierter Aufzug

Der Tempelherr sucht Rat beim Patriarchen (IV, 1–2):

1. Auftritt (2379–2453)	Tempelherr, Klosterbruder	Der Klosterbruder schließt aus dem Kommen des Tempelherrn, dass dieser den Auftrag des Patriarchen (vgl. I, 5) doch übernehmen will. Doch will dieser nur einen Rat einholen, wie er sich bei seiner Werbung um Recha verhalten soll.
2. Auftritt (2454–2600)	Die Vorigen, Patriarch	Der Patriarch ist bereit, Rat zu erteilen, fordert aber, dass dieser auch gehorsam – ohne Einwände der Vernunft – befolgt werde. Als der Tempelherr nun den Fall eines Juden vorträgt, der ein Christenkind aufzieht, erklärt der Patriarch, dieser gehöre auf den Scheiterhaufen. Daraufhin verabschiedet sich der Tempelherr mit der Begründung, er sei zum Sultan gerufen worden. Der Patriarch weist den Klosterbruder an, der Sache, von welcher der Tempelherr sprach, nachzugehen.

Der Tempelherr sucht Hilfe beim Sultan (IV, 3–5):

3. Auftritt (2601–2650)	Saladin, Sittah	Während der Sultan und seine Schwester den Tempelritter erwarten, wird Nathans Geld in den Palast gebracht. Sittah hat ein Bild des verschollenen Bruders Assad gefunden, das Saladin mit dem Aussehen des Tempelherrn vergleicht.
4. Auftritt (2651–2821)	Saladin, Tempelherr	Der Tempelherr erscheint und erklärt sich auf Saladins Bitte bereit, bei ihm zu bleiben. Der Sultan fragt nach Nathan, den der junge Mann in seiner Enttäuschung einen „toleranten Schwätzer" nennt. Der Sultan weist ihn zurecht, verspricht ihm aber Unterstützung bei seiner Werbung um Recha.
5. Auftritt (2822–2857)	Saladin, Sittah	Den Geschwistern fällt die Ähnlichkeit des Tempelherrn mit Assad auf. Sittah will, um ihm zu helfen, zunächst Recha in den Palast einladen.

Die Vorgeschichte der Adoption Rechas durch Nathan (IV, 6–8):

6. Auftritt (2858–2912)	Nathan, Daja	Daja bittet Nathan, Recha durch eine Heirat mit dem Tempelherrn wieder unter Christen zu lassen. Doch dieser erwidert, sie möge sich noch gedulden.
7. Auftritt (2913–3125)	Nathan, Klosterbruder	Der Klosterbruder gesteht Nathan, dass er den Auftrag habe, einen Juden aufzuspüren, der ein Christenkind als Tochter aufzieht. Das habe ihn daran erinnert, dass er selbst vor 18 Jahren als Reitknecht eines Ritters Wolf von Filnek dessen Kind Nathan übergeben habe, als sein Herr in der Schlacht gefallen war. Er werde aber dem Patriarchen nichts davon sagen. Nun erzählt Nathan, dass er damals gerade in einem von Christen gegen Juden veranstalteten Pogrom Frau und sieben Söhne verloren habe und in tiefer Verzweiflung gewesen sei. Da habe ihm die Aufgabe, für ein fremdes Kind zu sorgen, wieder Lebensmut gegeben. Doch sei er bereit, Recha ihren Verwandten zu überlassen. Der Klosterbruder fügt hinzu, die Mutter sei die Schwester eines Conrad von Stauffen gewesen (vgl. II, 7). Er werde Nathan ein Gebetbuch seines gefallenen Herrn bringen, in dem dieser Eintragungen in arabischer Sprache gemacht habe.
8. Auftritt (3125–3151)	Nathan, Daja	Daja meldet, dass Recha in den Sultanspalast gerufen worden sei, und zerstreut Nathans Verdacht, dass sie ihn beim Patriarchen denunziert habe. Sie nimmt sich aber vor, Recha über ihre Herkunft aufzuklären (vgl. III, 10).

Fünfter Aufzug

Das Ende von Saladins Geldnot (V, 1–2):

1. Auftritt (3152–3207)	Saladin, Soldaten	Der Tribut aus Ägypten kommt an. Saladins Großzügigkeit wirkt bei den Mamelucken als Vorbild.
2. Auftritt (3207-3226)	Saladin, Emir	Saladin schickt den größten Teil des Geldes unter dem Kommando des Emirs Mansor an seinen Vater im Libanon (vgl. I, 5, V. 660–679).

Versöhnung zwischen Nathan und dem Tempelherrn (V, 3–5):

3. Auftritt (3227-3286)	Tempelherr	Der Tempelherr sucht Nathan. Er sieht nun ein, dass er ihm mit seinem Misstrauen (vgl. IV, 4) unrecht getan hat. Als er ihn nun vor dem Haus mit dem Klosterbruder reden sieht, hat er Angst, dass der Patriarch alles weiß, und macht sich Vorwürfe, Nathan in Gefahr gebracht zu haben.
4. Auftritt (3287-3333)	Nathan, Klosterbruder	Nathan erkennt an den Eintragungen in dem Gebetbuch Wolfs von Filnek (vgl. IV, 7), dass er nun Rechas Herkunft nicht mehr zu verbergen braucht, weil sie mit dem Sultan verwandt ist.
5. Auftritt (3334–3518)	Nathan, Tempelherr	Der Tempelherr bittet Nathan um Verzeihung, dass er ihn in Gefahr gebracht habe. Er hätte sich ja denken können, dass der Patriarch wie ein Schurke reagieren würde (vgl. IV, 2). Wenn Nathan sie ihm zur Frau geben würde, wäre Recha vor jenem in Sicherheit. Als Nathan erwidert: „Dank sei dem Patriarchen" und ihn an Rechas Verwandte verweist, versteht er gar nichts mehr. Nathan nimmt ihn mit zum Palast des Sultans.

Enthüllung der Verwandtschaftsbeziehungen (V, 6–8):

6. Auftritt (3519-3639)	Sittah, Recha	Recha eröffnet Sittah, dass sie von der christlichen Eiferin Daja erfahren habe, Nathan sei gar nicht ihr Vater, sie selbst eine getaufte Christin.
7. Auftritt (3640-3688)	Die Vorigen, Saladin	Recha bittet Saladin, ihr Nathan als Vater zu lassen, Blutsbande seien für ein solches Verhältnis nicht nötig. Saladin kündigt ihr das Kommen Nathans und des Tempelherrn an.
8. Auftritt (3689-3849)	Die Vorigen, Nathan, Tempelherr	Als Saladin von der Rückgabe des Darlehens spricht, sieht Nathan Tränen in Rechas Augen und nimmt das als Anlass zum Themenwechsel. Saladin will den Tempelherrn zu Recha führen, da tritt Nathan mit dem Einwand dazwischen, dass ihr Bruder da ein Wort mitzureden habe. Der Tempelherr braust auf, doch Nathan erklärt nun geduldig die Verwandtschaftsbeziehungen, wie sie aus den arabischen Notizen in dem Gebetbuch Wolfs von Filnek hervorgingen (vgl. IV, 7). Danach sei der Name, den der Ritter angegeben (Curd von Stauffen; vgl. II, 7), ein Adoptivname nach dem Bruder seiner Mutter. Tatsächlich heiße er Leu von Filnek und sei der Bruder von Recha, deren wahrer Name Blanda von Filnek laute. Wolf von Filnek aber sei der Bruder von Saladin und Sittah, nämlich Assad, und habe jenen Namen angenommen, als er zum Christentum konvertiert und seiner Frau nach Deutschland gefolgt sei. Saladin erkennt die Handschrift seines Bruders und beglaubigt so Nathans Enthüllungen. Über die Grenzen von Religionen, Nationen und Ständen hinweg hat sich eine Familie wiedergefunden.

3. Zur Thematik

Lessings Quelle und Themenwechsel

Als man von Lessing wissen wollte, was für ein Stück er zu schreiben vorhabe, war die Antwort:

> Ich möchte zwar nicht gern, daß der eigentliche *Inhalt* meines anzu-
> kündigenden Stücks allzu früh bekannt würde, aber doch, wenn Ihr
> … ihn wissen wollt, so schlagt das ‚Decamerone‘ des Boccaccio auf …
> (an Bruder Karl Lessing, den 11. 8. 1778)

Den Stoff entnimmt Lessing Boccaccios Novellensammlung

Die gemeinte Geschichte dort bildet also den *Stoff* für das Nathan-Drama. Aber bei Boccaccio hat sie ein ganz anderes *Thema:*

Sultan Saladin braucht dringend Geld und hofft, es von dem reichen, aber geizigen Juden erhalten zu können, wenn er ihm eine Falle stellt. Er fragt ihn also, welche Religion er für die wahre halte. Hier gibt es keinen Ausweg, denn welche Religion er auch vor den anderen loben würde, der Sultan könnte immer seinen Zweck erreichen. Da der Jude aber klug ist, gelingt es ihm, mit Hilfe der Parabel von den drei Ringen, unter denen der echte nicht mehr unterschieden werden kann, um eine eindeutige Antwort herumzukommen.

Bei Boccaccio dient der Stoff einer anderen Thematik

Die Geschichte wird in der Rahmenhandlung des ‚Decamerone‘ als Exempel dafür bezeichnet, wie Vorsicht und Klugheit in scheinbar ausweisloser Lage vor dem Sturz ins Elend bewahren können. Es handelt sich um eine ‚Halsgeschichte‘, wie sie in der Erzähltradition des Orients gängig ist, die nur den unumschränkten Herrscher kennt, der willkürlich über menschliche Schicksale entscheiden kann und niemandem Rechenschaft schuldig ist. Der Jude beendet seine Ringerzählung bei Boccaccio mit den Sätzen:

Eine Geschichte, mit der man ‚den Hals aus der Schlinge zieht‘

> So sage ich Euch denn, mein Gebieter, auch von den drei Gesetzen, die
> Gott der Vater den drei Völkern gegeben, und über die Ihr mich be-
> fragt: Jedes der Völker glaubt seine Erbschaft, sein wahres Gesetz und
> seine Gebote zu haben, damit es sie befolge. Wer es aber wirklich hat,
> darüber ist, wie über die Ringe, die Frage noch unentschieden.

Ende der Ringparabel bei Boccaccio

Welches *Thema* Lessing mit Hilfe der Vorlage bei Boccaccio darstellen will, hat er in dem Entwurf für eine ‚Ankündigung‘, d. h. eine Aufforderung, das Buch zu subskribieren, angedeutet. Er spricht darin von einem frühen Entwurf zum Nathan-Drama, für dessen nunmehrige Ausarbeitung der „Augenblick des Verdrußes" – gemeint ist das Publikationsverbot – eigentlich unpassend sei, weil man darin eher „vergessen möchte, wie die Welt wirklich ist". Dann aber fährt er entschieden fort:

Lessing deutet sein Thema in der Subskriptionsankündigung an

> Aber mit nichten: die Welt, wie ich sie mir denke, ist eine ebenso na
> türliche Welt, und es mag an der Vorsehung wohl nicht allein liegen,
> daß sie nicht ebenso wirklich ist. (G 2, 749)

Der Widerspruch zwischen der ‚natürlichen' und der ‚wirklichen' Welt

Wie ist Übereinstimmung zwischen Ideal und Wirklichkeit zu erreichen?

Die Welt, wie sie sich Lessing denkt, d. h. wie sie sein könnte, nennt er „ebenso natürlich" wie die empirische Welt, wie sie nun einmal ist. Den Widerspruch zwischen jener denkbaren, „natürlichen" Welt und der historischen Realität dürfe man aber nicht der „Vorsehung" anlasten, also als gottgewollt hinnehmen. D. h. so viel als dass die Übereinstimmung zwischen der denkbaren und somit wünschbaren Welt und der mangelhaften realen Welt, also zwischen *Ideal und Wirklichkeit,* durch menschliches Handeln verhindert wird. Lessings *Thema* ist nun, in einer utopischen Handlung zu zeigen, wie menschliches Handeln aussehen müsse, um jene Übereinstimmung zu erreichen. Wie die Leser oder Zuschauer, die sein Stück kennen lernen, dieses utopische Handlungsmuster in ihrem Leben umsetzen können, vermag er nicht zu sagen. Aber er kann deutlich machen, durch welche Art von Handeln die Übereinstimmung mit Sicherheit verhindert wird. Das Hindernis geht von jenen Kräften aus, welche die Menschen in Unmündigkeit halten und von ihnen kritiklosen Gehorsam verlangen, kurz: sie davon abhalten, „sich ihres Verstandes ohne Anleitung eines anderen zu bedienen", wie es Kant ausgedrückt hat (vgl. S. 19).

Das problematische Verhältnis von Vorsehung und menschlicher Handlungsfreiheit

In der kurzen Andeutung in der Subskriptionsankündigung ist als weiteres *Thema,* das mit dem Verhältnis von Ideal und Wirklichkeit zusammenhängt, das *Verhältnis von Vorsehung und Freiheit* angesprochen. Es ist ein problematisches Verhältnis, denn der Gedanke eines göttlichen Plans, in welchem der Weltgeschichte ein Ziel gesetzt ist („Erziehung des Menschengeschlechts"!), widerstreitet der Forderung nach Freiheit des individuellen menschlichen Handelns. Denn angesichts der nicht abreißenden Serie von Barbarei und Unvernunft, Misswirtschaft und Schreckensherrschaft, Betrug und Gewalt in der Geschichte bleibt die Frage, wieso das menschliche Handeln so wenig zur Erreichung des von Gott geplanten Ziels der Geschichte beiträgt. Lessing hat offenbar diese Frage für nicht so unbeantwortbar gehalten, wie wir es heute tun. Denn sein Nathan bewertet nicht nur Rechas Rettung aus dem Feuer (V. 270 ff.) als ein Werk der Vorsehung, sondern sieht sogar den Patriarchen mit seinen Mordplänen von den „Fäden" der Vorsehung geführt, die sein abscheuliches Handeln zum Guten lenken (V. 3449). Das Böse wird also dadurch gerechtfertigt, dass es am Ende zum Guten führt. Selbst der Verlust seiner gesamten Familie im Pogrom von Gath vermag Nathan nicht von seinem Glauben abzubringen, dass alles Böse am Ende zum Guten ausschlagen muss. Dieser Optimismus aber wird ihm durch die ‚Stimme der Vernunft' vermittelt, als er „der Christenheit" in sei-

Das Böse schlägt am Ende zum Guten aus

nem Schmerz „den unversöhnlichsten Haß zugeschworen" hatte (V. 3050/1):

> Doch nun kam die Vernunft allmählich wieder.
> Sie sprach mit sanfter Stimm': „und doch ist Gott!
> Doch war auch Gottes Ratschluß das! Wohlan!
> Komm! Übe, was du längst begriffen hast,
> Was sicherlich zu üben schwerer nicht,
> Als zu begreifen ist, wenn du nur willst.
> Steh auf!" – Ich stand! und rief zu Gott: ich will!
> Willst du nur, daß ich will! (V. 3052–59)

Die Vernunft ver-mittelt zwischen der Vorsehung und dem Handeln des Men-schen

Lessings Vernunftbegriff unterscheidet sich von dem uns heute ver-trauten Vernunftbegriff. Der Aufklärer fasst die menschliche *Vernunft* als ein Organ der Gotteserkenntnis auf. Sie wirkt auch als Sprachrohr Gottes, verbindet „Gottes Ratschluß" mit dem Willen des Menschen, ohne Hass, d. h. in Übereinstimmung mit dem Willen Gottes weiter-zuleben. Lessing bringt das problematische Verhältnis zwischen *Vor-sehung* und der *Freiheit* des handelnden Menschen in Ordnung. Es ist seine ganz persönliche Theodizee, d. h. Rechtfertigung Gottes gegen den Vorwurf, dass er auch für das Übel und das Böse in der Welt ver-antwortlich sei. Das Böse in der Welt geht vielmehr von dem Han-deln jener Menschen aus, die sich gegen eine – nach Lessings Auffas-sung durchaus mögliche – Übereinstimmung zwischen ethischem *Ideal* und empirischer *Wirklichkeit* stellen. Lessings Religionskritik entspringt also religiösen Beweggründen.

Lessings Anwort auf die Frage der Theodizee

Religionskritik aufgrund von Religion

Das Religionsgespräch zwischen Nathan und Saladin

Diese komplexe Thematik des Nathan-Dramas ist leicht anhand ei-ner einzigen großen Szene zu überblicken, welche auch das Zentrum der ganzen Handlung bildet, des Religionsgesprächs zwischen Na-than dem Weisen und dem Sultan Saladin (III, 7). Diese Szene kann man in drei Teile einteilen, denen eine Art Vorwort vorangeht und eine Rückführung in die Handlung der Familienzusammenführung angeschlossen ist:

Gliederung der Szene III, 7

1. *Vorwort:* V. 1891–1910 (Nathan. „Möcht' auch doch die ganze Welt uns hören"; er bittet, „ein Geschichtchen" erzählen zu dür-fen.)
2. *Ringparabel:* V. 1911–1964 (Nathan beginnt: „Vor grauen Jahren lebt' ein Mann im Osten…" und endet mit den Worten: „Der rechte Ring war nicht erweislich… fast so unerweislich, als uns itzt – der rechte Glaube.")
3. *Religionsdisput:* V. 1964–1992 (Saladin besteht auf dem Unter-schied der Religionen „bis auf die Kleidung, bis auf Speis' und

Trank", während Nathan auf dem gemeinsamen Merkmal besteht, dass sie sich alle „auf Geschichte" gründen, „geschrieben oder überliefert")

4. *Nathans Fortsetzung der Ringparabel:* V. 1992–2054(Die drei Söhne gehen vor Gericht – Der Rat des Richters)

5. *Fortsetzung der Rahmenhandlung:* V. 2054–2110 (Saladin zieht seine Frage zurück; Nathan bietet dem Sultan Kredit an; dieser fragt nach dem Tempelherrn und bittet um dessen Besuch.)

Bei Lessing dient die Ringparabel der Vorbereitung eines Religionsgesprächs

Während der Sultan bei Boccaccio nur von der Intelligenzleistung des Juden begeistert ist und ihm deshalb Gnade gewährt, zeigt er sich bei Lessing von Nathans Erzählung zutiefst betroffen. Damit es nicht – wie bei Boccaccio – mit der ‚Unerweislichkeit‘ des echten Ringes sein Bewenden hat, sondern ein theologisches Gespräch möglich wird, das an die Grundlagen geht, hat Lessing bei der Vorlage eine kleine Änderung vorgenommen. Bei ihm hat der Ring nicht nur materiellen Wert, sondern eine Eigenschaft, die von der Person des Trägers abhängt:

> Und hatte die geheime Kraft, vor Gott
> Und Menschen angenehm zu machen, wer
> In dieser Zuversicht ihn trug. (V. 1914 ff.)

Zwei verschiedene Begriffe von Religion

Was die Religionen trennt, ist ihnen in Wirklichkeit gemeinsam

Saladin ist mit Nathans ausweichender Antwort nicht zufrieden; denn er hatte ja erwartet, dass dieser sich „aus Einsicht, Gründen, Wahl des Bessern" (V. 1848) für eine bestimmte Religion entscheiden würde. Deshalb kann er auch Nathans ‚Entschuldigung‘ nicht verstehen, dass der Vater die drei Ringe „in der Absicht machen ließ, damit sie nicht zu unterscheiden wären" (V. 1965–69). Hier stoßen zwei Begriffe von Religion aufeinander. Saladin geht von der Religion als einem geschichtlichen Gebilde aus, das auf einer *Offenbarung* beruht, die in einer Heiligen Schrift niedergelegt ist, aus der man bestimmte Riten und Verhaltensangebote abgeleitet hat („bis auf die Kleidung, bis auf Speis‘ und Trank": V. 1973). Darin unterscheiden sich ja die Religionen tatsächlich voneinander. Nathan geht dagegen von der allgemeinen Religion aus, die zur natürlichen Ausstattung jedes Menschen gehört, welche ihm ermöglicht, Gott mit Hilfe seiner *Vernunft* zu erkennen. Deshalb versucht Nathan, dem Sultan klarzumachen, dass das, was jener für das Trennende hält, alle Menschen verbindet und den Religionen gemeinsam ist:

> Denn gründen alle sich nicht auf Geschichte?
> Geschrieben oder überliefert… (V. 1975/6)

Nathan spricht hier nicht nur von dem historischen Ort eines anderen, nämlich des jüdischen ‚Väterglaubens‘ (V. 1976 ff.) her zu dem

Muslim Saladin. Er spricht auch von einem späteren historischen Ort jenes universalgeschichtlichen Prozesses aus, den Lessing in seiner Schrift ‚Die Erziehung des Menschengeschlechts' beschreibt und in dem – seiner Ansicht gemäß – die „geoffenbarten Wahrheiten" nach dem Willen der Vorsehung allmählich zu „Vernunftwahrheiten" werden sollen (a. O. § 76):

Offenbarungs-wahrheiten sollen zu Vernunftwahr-heiten werden

> Sie wird gewiß kommen, die Zeit der Vollendung, da der Mensch… das Gute tun wird, weil es das Gute ist, nicht weil willkürliche Beloh-nungen daraufgesetzt sind… (a. O. § 85)

Eine solche welthistorische Perspektive reißt Nathan in dem dritten Teil des Religionsgesprächs an, in dem er die Ringparabel gleichsam zu Ende dichtet und vom Ende der Zeiten spricht („über tausend tau-send Jahre": V. 2050) sowie den Richter statt eines Urteilsspruchs ei-nen Rat erteilen lässt (V. 2029–54). Der Richter greift nun das Motiv von der „Wunderkraft" des echten Ringes auf (V. 2015 ff.) und stellt fest, dass sich diese in der bisherigen Religionsgeschichte, die von ge-genseitiger Verteufelung und Vernichtung geprägt gewesen sei, nicht bewährt habe:

Der Blick des Richters eilt bis zum Ende der Zeiten voraus

> Jeder liebt sich selber nur
> Am meisten? – O, so seid ihr alle drei
> *Betrogene Betrüger!* Eure Ringe
> Sind alle drei nicht echt. Der echte Ring
> Vermutlich ging verloren. Den Verlust
> Zu bergen, zu ersetzen, ließ der Vater
> Die drei für einen machen. (V. 2022–28)

Nach Nathans Prozessbericht, der im Präteritum gehalten ist (V. 1993 ff.: „die Söhne verklagten sich…"), und dieser Feststellung des Richters, die er im Präsens formuliert, geht die Rede nun in den Konjunktivus optativus über („so glaube jeder… seinen Ring den echten": V. 2034/5), wird die Konsequenz aus dem negativen Ergeb-nis der kritischen Überprüfung der bisherigen Religionsgeschichte gezogen. Dabei geht der Richter nur auf den *Inhalt* ein, welcher den drei Religionen gemeinsam ist, der aber bisher noch nicht seine „Wunderkraft" entfaltet habe. Deshalb beginnt der Rat auch mit der Aufforderung an die drei Söhne, d. h. Christ, Muslim und Jude, sie sollten „die Sache völlig, wie sie liegt" (V. 2032) nehmen, d. h. ihren *Offenbarungsglauben* beibehalten. Denn es sei doch „möglich, daß der Vater nun die Tyrannei des einen Rings nicht länger in seinem Hause dulden wollte" (V. 2035 ff.), dass der Krieg der Religionen nicht der *Vorsehung* Gottes entspreche, der alle Söhne und Töchter gleicherma-ßen liebe. Gott wolle die Wahrheitsfrage nicht in der Geschichte ge-löst haben. Die Menschen sollten vielmehr seiner Vorsehung durch

Der Rat des Rich-ters bezieht sich auf den Inhalt, welcher den drei Religionen gemeinsam ist

Die Wahrheits-frage soll nicht in der Geschichte gelöst werden

den rechten Gebrauch ihrer *Freiheit des Handelns* entsprechen, indem sie das Liebesgebot ihrer Religion in die Tat umsetzen:

> Es eifre jeder seiner unbestochnen
> Von Vorurteilen freien *Liebe* nach!
> Es strebe von euch jeder um die Wette,
> Die Kraft des Steins in seinem Ring' an Tag
> Zu legen! komme dieser Kraft mit *Sanftmut,*
> Mit herzlicher *Verträglichkeit,* mit *Wohltun,*
> Mit innigster *Ergebenheit in Gott*
> Zu Hilf'!(V. 2041–48)

Es soll also nicht auf das Christsein, Judesein, Muslimsein ankommen, sondern auf das Menschsein, auf das Liebesgebot, das den Religionen gemeinsam ist. So werden hier die drei Dimensionen der Thematik miteinander verknüpft: Die Spannung zwischen *Ideal* (Liebesgebot) und *Wirklichkeit* (Religionskriege), *Vernunft* (natürliche Religion) und *Offenbarung* (Geschichte), *Vorsehung* (Erziehung des Menschengeschlechts) und *Freiheit* (Wettstreit der Nächstenliebe).

Verknüpfung der drei Dimensionen des Themas

Der ‚gute Mensch‘ nach der Lehre des Nathan-Dramas zeichnet sich – neben der „Ergebenheit in Gott" (arab. ‚islam‘) – vor allem durch seine *sozialen Tugenden* aus. Er begegnet Andersgläubigen mit vorurteilsfreier Liebe, beherrscht seinen Aggressionstrieb („Sanftmut"), bemüht sich ehrlich um eine Ordnung des Zusammenlebens mit ihnen („herzliche Verträglichkeit") und erfüllt das – allen drei Religionen gemeinsame – Almosengebot („Wohltun"). Statt Ausgrenzung ist *Wettstreit* in der Ausübung dieser Tugenden geraten. Die Zukunftsperspektive aber, die sich diesem Vorsehungsglauben eröffnet, ist die Hoffnung, dass sich „der Steine Kräfte" bei den „Kindes-Kindeskindern" (V. 2049) zeigen und bewähren. Die Wahrheitsfrage wird erst am Ende der Zeit, „über tausend tausend Jahre" (V. 2050), von einem anderen Richter entschieden werden.

Vorrang der sozialen Tugenden

Die Wahrheitsfrage wird erst am Ende der Zeiten entschieden

Es verwundert nicht, dass Lessing dort nach Anregung und Bestätigung seiner Gedanken gesucht hat, wo die Angehörigen der drei Religionen – im Gegensatz zu den Kreuzzügen – jahrhundertelang friedlich zusammengelebt haben, vor allem in der spanisch-arabischen Kultur des Hochmittelalters. Dort fand er nicht nur die Vereinbarkeit von Vernunft und Offenbarung in dem Roman des Ibn Tufail dargestellt (vgl. S. 18f.). Vom Wettstreit der Angehörigen der drei ‚Buchreligionen‘, Juden, Christen und Muslimen, konnte er im Koran, der dort schon im 12. Jahrhundert ins Lateinische übersetzt worden war, die Sätze lesen:

Das Wettstreitmotiv findet sich schon im Koran

> Wenn Gott gewollt hätte, so würde er euch zu einer einzigen Gemeinschaft gemacht haben. Aber er teilte euch in verschiedene Gemeinschaften auf und wollte euch so in dem, was er euch von der Offenbarung gegeben hat, auf die Probe stellen. *Wetteifert nun nach den guten Dingen!* Zu Gott werdet ihr dereinst allesamt zurückkehren. Und dann

wird er euch Kunde geben über das, worüber ihr im Diesseits uneins
wart. (Sure 5, 48)

Die Rede von den „drei Betrügern" (V. 2023/4) geht auf eine jüdische
Diskussion zurück, in der Moses Maimonides aus Córdoba (1135–
1204), der Arzt und Philosoph, folgende Überlegung anstellte:

*Die Rede von den
‚drei Betrügern'
liest man bei Moses
Maimonides*

> Jede Religion hat ihre Berechtigung, ihre besondere Überlieferung
> und ihre Traditionsbeweise. Nun sieht man aber, dass jede Religion
> sich selbst als die einzig wahre darstellt und infolgedessen die Lehre
> der anderen Religionen als falsch verwirft. Daher beginnt der Mensch,
> der die Wahrheit sucht, die Religionen miteinander zu vergleichen.
> Dabei erfährt er dann, dass auch die anderen Religionen Wahrheiten
> enthalten, während die eigene auch Ungereimtheiten enthält. Das
> Wissen um diese Ungereimtheiten aber macht diesen Menschen tole-
> rant den anderen Religionen gegenüber. Die eigenen Anschauungen
> aber sind deshalb unzulänglich, weil erst der Messias die endgültige
> Wahrheit zeigen wird. Bis dahin sind diejenigen, welche ihre Religion
> als die einzig wahre hinstellen, Betrüger und ihre Anhänger, welche
> andere Religionen als Irrlehren verfolgen, statt die Gebote der eigenen
> Religion zu befolgen, betrogene Betrüger. (Niewöhner, S. 203 und pas-
> sim)

Diese Endzeithinweise des Koranverfassers und des jüdischen Den-
kers entsprechen dem Abschluss der Ringerzählung des christlichen
Dichters der europäischen Aufklärung.

Das Problem der Toleranz

Die Botschaft von Lessings Nathan-Drama wird meist mit dem Begriff ‚Toleranz' bezeichnet. Doch kommt dieser Begriff im Text nicht
vor, findet sich auch im Gesamtwerk – abgesehen von den Reimarus-
Fragmenten – nur an einer einzigen Stelle (G 8, S. 953), einer Frühschrift von 1753. Sie mag als Hinweis auf den damaligen Sprachgebrauch genügen:

*Der Begriff findet
sich wörtlich bei
Lessing nur an
einer Stelle*

> Es war den ersten Reformatoren sehr schwer, dem Geiste des Pabst-
> tums gänzlich zu entsagen. Die Lehre von der Toleranz, welche doch
> eine wesentliche Lehre der christlichen Religion ist, war ihnen weder
> recht bekannt, noch recht behäglich. Und gleichwohl ist jede Religion
> und Sekte, die von keiner Toleranz wissen will, ein Pabsttum. (G 3,
> S. 271)

Der Begriff wurde also am Feindbild des gegenreformatorischen Ka-
tholizismus festgemacht, d. h. an dem Anspruch, ‚alleinseligma-
chend' zu sein. Diesen Anspruch ironisiert Recha in ihrem Gespräch
mit Sittah, als sie ihr von Daja, ihrer Gouvernante, erzählt:

*Der Toleranzbe-
griff ist ein Kon-
trastbegriff*

*Schwärmertum
(‚Fundamentalis-
mus') ist intolerant*

> Ach! die arme Frau – ich sag dir's ja –
> Ist eine Christin; – muß aus Liebe quälen; –
> Ist eine von den Schwärmerinnen, die
> Den allgemeinen, einzig wahren Weg
> Nach Gott zu wissen wähnen! (V. 3585–89)

Der Begriff ‚allgemein' ist ja die Übersetzung von ‚katholisch' und weist darauf hin, dass der Toleranzbegriff – wie in der zitierten Frühschrift – ein Kontrastprogramm zu der bisherigen religiösen Praxis bezeichnen soll. Der Tempelherr nennt diese im Gespräch mit Nathan „Menschenmäkelei" (V. 1288) und macht den Juden den Vorwurf, sich zuerst als „das auserwählte Volk" bezeichnet und diesen „Stolz... auf Christ und Muselmann vererbt" zu haben. Die Intoleranz, d. h.

*Das Bewusstsein
der Auserwähltheit
ist den drei Reli-
gionen gemeinsam*

> die fromme Raserei,
> Den bessern Gott zu haben, diesen bessern
> Der ganzen Welt als besten aufzudringen (V. 1297 ff.),

wird also als gemeinsames Merkmal der Offenbarungsreligionen herausgestellt.

Wie wird nun im Stück das Kontrastprogramm ausgeführt? Wie ist Toleranz möglich? In dem Religionsdisput mit Saladin nennt Nathan als Voraussetzung eines toleranten Umgangs mit Andersgläubigen, dass dabei niemand vom anderen verlangen dürfe, seinem Väterglauben abzuschwören, um dem Väterglauben des anderen „nicht zu widersprechen" (V. 1988/9). Der Widerspruch zwischen den Religionen und Kulturen, deren Vertreter sich auf ein Gespräch einlassen, darf also nicht ignoriert, sondern muss vielmehr ausdrücklich akzeptiert werden. Verständigung kann nicht um den Preis erreicht werden, dass einer sich dem anderen unter Aufgabe seiner eigenen religiösen und kulturellen Identität anpasst, ja unterwirft. Verständigung ist vielmehr nur möglich, wenn man gemeinsame Werte hat, auf die man sich einigen kann und die eine Grundlage bieten können, auf der man unter Bewahrung der Unterschiede zusammen leben kann. Diese Grundlage umschreibt Nathan in seiner Antwort auf den erwähnten Vorwurf des Tempelherrn folgendermaßen:

*Toleranz heißt nicht
Aufgabe der eige-
nen religiösen und
kulturellen Identi-
tät*

*Toleranz gelingt
nur auf der
Grundlage gemein-
samer Werte*

> ...Verachtet
> Mein *Volk* so sehr Ihr wollt. Wir haben beide
> Uns unser Volk nicht auserlesen. Sind
> Wir unser *Volk*? Was heißt denn *Volk*?
> Sind Christ und Jude eher Christ und Jude,
> Als *Mensch*? Ah! wenn ich einen mehr in Euch
> Gefunden hätte, dem es genügt, ein *Mensch*
> Zu heißen!(V. 1306–13)

Die Eigenschaft der Gesprächspartner, bei aller Unterschiedenheit nach Sprache, Religion, Nation usw., *Mensch* zu sein, ihre ‚Menschheit' – wie man im Zeitalter der Aufklärung sagte – ermöglicht den toleranten Umgang miteinander. Toleranz bedeutet also im Zusammenleben der Menschen die gegenseitige Achtung der ‚Menschenwürde' d. h. der „Würde des Menschen als eines vernünftigen über alle Erdgeschöpfe erhabenen Wesens", besonders der „sittlichen Würde des Menschen", wie ein Wörterbuch der Aufklärung definiert. Mit diesem Begriff werden heute noch die Grundrechtsartikel unserer politischen Verfassung eröffnet, welche geltendes Recht dar-

Das Menschheitskonzept der Aufklärung

Der Begriff der ‚Menschenwürde' in unserer Verfassung

„Saladin, Sie sinds! sie sind es, (...) deines Bruders Kinder". – *Illustration zum letzten Auftritt. Kol. Kupferstich von 1787.*

stellen. Toleranz aber gibt es nun nach der Lehre des Nathan-Stücks nicht von selbst, sondern nur aufgrund einer Anstrengung der *Vernunft.* Nathan hat diese Haltung aus der *Erfahrung des Leids* erworben, als er dem Hass auf die Christen abschwor, welche ihm seine Familie genommen hatten (V. 3052 ff.). Die anderen Personen des Dramas gewinnen sie durch *Erziehung,* dadurch, dass Nathan sie ihnen beibringt. Wie die Familienzusammenführung (vgl. S. 21), so wird auch dieser Prozess jeweils nur angedeutet. Der Tempelherr z. B., den Nathan als jemanden angesprochen hat, „dem es genügt, ein Mensch zu heißen" (V. 1312/3), wendet das Gelernte gegen seinen Lehrer an, als er enttäuscht ist, dass Nathan ihn nicht sofort als Schwiegersohn umarmt:

Erziehung zur Toleranz in der Handlung des Stücks

> Begnügt Euch doch ein Mensch zu sein! – Stoßt mich
> Nicht von Euch! (V. 2183/4)

Am Schluss des Dramas wird die Darstellung der Gesprächskultur, die da zwischen den Angehörigen der unterschiedlichen Religionen und Völkern entstanden ist, wird die Utopie eines Zusammenlebens in Toleranz, vorurteilsloser Liebe und Verträglichkeit (vgl. V. 2041 ff.) jäh abgebrochen. Man erfährt nicht mehr, wie die persönlichen Verhältnisse der Menschen und die internationalen Beziehungen durch Toleranz verändert werden können. Die historische Wirklichkeit meldet sich zurück, die Kämpfe werden fortgesetzt (V, 2). Eine Familie ist wieder beisammen, während der, der sie zusammengeführt hat, verzichtend zurücktritt. Die letzte Szene ist nicht mehr „Utopia, nur ein Moment des Glücks für ein paar Privilegierte während eines provisorischen Waffenstillstands" (Klüger, S. 226).

Die utopische Handlung wird jäh abgebrochen

4. Handlungsstruktur

Der Auftritt III, 7 mit der Ringerzählung kommentiert die Dramenhandlung

Kombination eines analytischen Dramas mit einem Zieldrama

Die Dramenhandlung des ‚Nathan' ist nichts anderes als die Veranschaulichung der in der Schlüsselszene III, 7 dargelegten Thematik, das Gespräch zwischen Nathan und Saladin, dort der Kommentar zur Dramenhandlung. Deshalb ist die Handlungsstruktur durch die Kombination eines *analytischen Dramas,* in dem anfänglich verborgene Beziehungen allmählich aufgedeckt werden, mit einem synthetischen, einem *Zieldrama,* bestimmt, in welchem eine Handlung Schritt für Schritt auf eine Lösung zusteuert. Denn das Drama der allmählichen Aufdeckung der Verwandtschaftsbeziehungen, die – nach dem Vorbild der antiken Komödie – zur Wiedererkennung der Angehörigen (griech. ‚Anagnorisis') führt, entspricht der *Vorsehung,* dem gehei-

men Plan Gottes, die Menschen zu friedlichem Zusammenleben zueinander zu bringen. Das Zieldrama aber stellt das auf der Willensfreiheit beruhende *menschliche Handeln* dar, das – ohne dass der *Vorsehung und*
Mensch schon das letzte Ziel kennt und die ganze Wahrheit besitzt – *menschliches Han-*
diesen göttlichen Plan in der irdischen Geschichte realisieren soll. In *deln*
dieser Geschichte entwickeln die Menschen in einem unaufhörlichen
Prozess der *Aufklärung* und der gegenseitigen *Erziehung* jene Tugenden, in deren Übung sie – nach dem Rat des Richters (V. 2041 ff.) –
wetteifern sollen.

Die historische Wirklichkeit der Kreuzzüge mit Krieg und Tod, Leid
und Not, bleibt außerhalb des Bühnengeschehens und wirkt nur im
Verhalten und Reden der Figuren nach. Von ihr handeln vier Vorgeschichten, die im analytischen Drama in Umkehrung ihrer chronolo- *Vier Vorgeschichten*
gischen Reihenfolge, in der sie im Folgenden wiedergegeben sind,
aufgedeckt werden:

1. Sultan Saladins Bruder Assad wurde vor fast 20 Jahren Christ, heiratete eine *1. Assad, Saladins*
Christin aus der deutschen Familie von Stauffen und nannte sich danach Wolf *Bruder*
von Filnek (1390–99). In Deutschland wurden dem Paar zwei Kinder geboren,
Leu von Filnek (Leu: arab. ‚asad‘ = Löwe), der spätere Tempelherr, und Blanda
(lat. = die Zarte), die spätere Recha. Assad fiel bei Askalon (V. 2986), die Mutter
verstarb bald darauf (V. 2977/8).

2. Assads Sohn wurde von der Familie der Mutter adoptiert und erhielt nach de- *2. Assads Kinder*
ren Bruder, welcher ihn aufzog, den Namen Curd von Stauffen (kurdisch ‚kurt‘ =
Wolf). Der Adoptivvater fiel als Tempelherr in Palästina (V. 1374 ff.). Später
wurde auch der Sohn Tempelritter und nahm am Kreuzzug teil. Das Mädchen
aber hatte Assads Reitknecht auf Anweisung seines Herrn zu Nathan gebracht,
der mit Assad befreundet gewesen war. Dieser Reitknecht wurde später Eremit
und, nachdem die Araber seine Einsiedelei zerstört hatten (V. 2935 ff.), Laienbru-
der im Kloster zu Jerusalem. Er nahm den Namen Bonafides (lat. = guten Glaubens) an.

3. Nathans Familie, Frau und sieben Söhne, war Opfer eines Pogroms geworden, *3. Nathan adop-*
das die Christen unter den Juden „wenige Tage zuvor" (V. 3038), d. h. bevor *tiert Recha*
Assads Kinder zu Waisen wurden, anrichteten. Als er sich gerade mit Mühe aus
seiner Verzweiflung erhob (V. 3046–59), brachte ihm der Reitknecht das Chris-
tenkind, das ihm zum Zeichen eines Neuanfangs wurde (3065/6). Nathan nannte
es Recha (hebr. = zart, sanft).

4. Der Tempelherr wurde mit anderen Angehörigen des Ordens von Saladins Sol- *4. Saladin begna-*
daten gefangen genommen. Alle anderen ließ der Sultan wegen Bruch des Waf- *digt den Tempelrit-*
fenstillstandsabkommens hinrichten. Nur ihn begnadigte er, „weil er seiner Brü- *ter*
der einem, den er besonders lieb gehabt, so ähnlich sähe" (V. 294/250). Er lief
nun in Jerusalem herum und kam gerade recht, Recha beim Brand von Nathans
Haus „aus dem Feuer" zu retten (V. 80 ff.).

Diese Vorgeschichten geben den dunklen Hintergrund für die auf der
Bühne geführten Gespräche ab. Die Handlung spielt also in einer *Alles tragische*
Oase der Ruhe inmitten einer mörderischen Umgebung. Nathans *Geschehen bleibt*
Versöhnungsspiel findet in einem tragischen Umfeld statt, aus dem *im Hintergrund*

heraus es jederzeit hätte gestört oder unmöglich gemacht werden können. Nicht nur das kriegerische Geschehen ist ausgeblendet, auch von der Realität der orientalischen Herrscherfigur mit ihrer unumschränkten Machtfülle und unkontrollierten Ausübung derselben – wie sie in der Vorlage bei Boccaccio spürbar ist (vgl. S. 29) – wird abgesehen.

Verbindung zwischen analytischem und Zieldrama

Wie die beiden Handlungsstränge, der analytische und der synthetische Dramenverlauf, miteinander verschlungen sind, lässt sich gut an der Figur des Tempelherrn erkennen:

Analytisches Drama:	Zieldrama:
Die *Aufdeckung* der Identität des Tempelherrn („... nach wessen Willen ich mich zu richten habe" V. 1366/7)	Die *Erziehung* des Tempelherrn zu einer „von Vorurteilen freien Liebe" (V. 2042)
Saladin hat ihn verschont, weil er „seiner Brüder einem ... ähnlich sähe" (V. 249/50). Er stellt sich Nathan als Curd von Stauffen vor, doch dieser wird durch sein äußeres Erscheinungsbild an Wolf von Filnek erinnert (V. 1374 ff.). Saladin bemerkt zu Nathan über den Tempelherrn: „Das hätte ... mein Bruder auch getan, dem er so ähnelt" (V. 2098 ff.). Er ist in eine Identitätskrise geraten: „Der Kopf, den Saladin mir schenkte, wär' mein alter?" (V 2138/9). Nathan will erst wissen, „was für ein Stauffen" sein Vater denn gewesen sei (V 2194 ff.). Als Saladin ihn wegen seines Zornausbruchs gegenüber Nathan zurechtweist, überlegt er, wie Assad sich an seiner Stelle verhalten hätte (V. 2788 ff.). Der Klosterbruder gibt sich als der Reitknecht zu erkennen, welcher Nathan die Tochter des Wolf von Filnek übergab, der kurz darauf in der Schlacht fiel. Darauf erzählt ihm Nathan vom Verlust seiner ganzen Fami-	Der Klosterbruder richtet ihm den Auftrag des Patriarchen so aus, dass er das „Bubenstück" erkennt, das jener mit ihm vorhat, und dem Sultan die Loyalität bewahrt (I, 5, V. 684 ff.). Daja gegenüber gibt er sich als Judenverächter (V. 777). Er begründet Nathan gegenüber seine Abneigung gegen die Juden, doch nimmt er das Freundschaftsangebot des Menschen Nathan an (V. 1287 ff.). Er gibt Nathan Auskunft über seine deutsche Familie, bittet, dass er ihm Zeit lasse (V. 1374 ff.). Im Gespräch mit Recha beweist er schon eine „von Vorurteilen freie Liebe" (III, 2). Im Monolog (III, 8) bringt er seine Probleme zum Ausdruck und bemerkt, dass er „in dem gelobten Lande ... der Vorurteile mehr schon abgelegt" habe (V. 2132 ff.). Enttäuscht, dass ihn Nathan nicht gleich als Schwiegersohn umarmt, macht er ihm Vorwürfe und ironisiert dabei den jüdischen „Stammbaum ... bis Abraham" (V. 2212 ff.).

lie beim Pogrom, um zu erklären, warum er das Kind als Gottesgabe angesehen habe (V. 2971 ff.).

Der Klosterbruder übergibt Nathan das arabische Notizbüchlein des gefallenen Wolf von Filnek (V. 3102 ff.). Nathan enthüllt die Identität des Tempelherrn, er sei Assads Sohn und Recha seine Schwester, und zeigt zum Beweis das Büchlein Assads vor (V. 3763 ff.).

Im Gespräch mit dem Patriarchen bleibt er in kritischer Distanz (IV, 2). Im Gespräch mit Saladin wird er aufgrund seiner Enttäuschung wieder ausfallend gegen Nathan (V. 2779 ff.: „Der tolerante Schwätzer...“); Saladin weist ihn zurecht (V. 2816/7).

Er wirbt bei Nathan um Recha, um beide vor dem Patriarchen zu schützen (V, 5).

Noch einmal verleitet ihn seine Enttäuschung zu einem Affront gegen Nathan, was ihm einen strengen Tadel von Saladin einbringt (V. 3753 ff.).

Der Lernprozess, in dem der Tempelherr seine Vorurteile überwinden soll, ist wegen seines aufbrausenden Temperaments (das auch sein Vater Assad gehabt haben soll, wie Saladin sagt: V. 2791) besonders langwierig. Denn es erhält durch seine Identitätskrise, welche ihn emotional belastet, und seine Enttäuschung in der Liebe bis zuletzt neue Nahrung. Die Tatsache, dass Vorurteile den Menschen zur Entladung angestauter Emotionen dienen, stellt ein großes Hindernis bei der Erziehung zur Vorurteilslosigkeit dar.

Vorurteile dienen zur Affektabfuhr

Neben dem großen Religionsgespräch mit Saladin und dem Lehrgespräch mit dem Tempelherrn über die gemeinsame ‚Menschheit‘ (II, 5) muss noch Nathans Gespräch über den Wunderbegriff mit Recha und Daja (I, 2) als für die Handlung wichtig erwähnt werden. Denn es dient der Einführung des Vorsehungsmotivs in das Nathan-Drama. Dem Wunder, welches die fromme Fantasie in die Wirklichkeit hineindichtet, stellt Nathan dort das Wunder gegenüber, das sich dem Vorsehungsgläubigen erschließt, der auf das Wirken Gottes in der Geschichte vertraut (V. 272 ff.). Für ihn ist es viel wunderbarer, dass Recha „ein Mensch gerettet“ hat (V. 228/9) und nicht ein Engel (V. 188). Für Nathan sind „die echten Wunder“ im Alltag zu finden (V. 215 ff.). Die fromme Wundersucht bezeichnet er als „Stolz“ (V. 293 ff.), in dem der Gläubige etwas Besonderes sein will. Doch das ist für Nathan ein Ausweichen vor den Anstrengungen der religiösen Pflichterfüllung:

Drei für die Handlungsstruktur wichtige Gespräche

In dem Gespräch über Wunder kommt der Pragmatismus der Aufklärung zum Ausdruck

> Begreifst du aber,
> Wieviel *andächtig schwärmen* leichter, als
> *Gut handeln* ist? Wie gern der schlaffste Mensch
> Andächtig schwärmt, um nur, – ist er zu Zeiten
> Sich schon der Absicht deutlich nicht bewußt –
> Um nur gut handeln nicht zu dürfen? (V. 359 ff.)

In dieser Auffassung zeigt sich der die Aufklärung kennzeichnende Pragmatismus, der das Wesentliche der Religion in ihrer tätigen Ausübung sieht und für die reine Betrachtung der göttlichen Geheimnisse wenig übrig hat. In diesem Sinne ist auch der Aufruf des Richters mit seiner Betonung der sozialen Tugenden zu verstehen („Wohlan!…“: V. 2040 ff.).

Die Mittelstellung der Ringerzählung

Die Unterbrechung der Bühnenhandlung durch das Religionsgespräch

Ein besonderes Merkmal der Handlungsstruktur ist die Unterbrechung des Geschehens durch das große Religionsgespräch genau in der Mitte des Stücks. Die inhaltlichen Elemente der Vorlage sind aus dieser Mitte verbannt. Der Zweck der Fangfrage nach der ‚wahren Religion‘, nämlich „Geld einem Juden abzubangen“ (V. 1743), spielt bei Lessing keine Rolle mehr. Nathan muss den Sultan nach dem Gespräch erst wieder an diesen Zweck erinnern („Und weiter hätte Saladin mir nichts zu sagen?“: V. 2061/2). Das Religionsgespräch ist

Verhältnis von Religionsgespräch und Bühnenhandlung

also hier nicht mehr – wie bei Boccaccio – ein Handlungselement, sondern eine Unterbrechung der Handlung durch eine dialogische Entfaltung der Thematik, die in der Bühnenhandlung dargestellt wird. Sie führt ja den Wettstreit im „gut handeln“ (V. 361) konkret vor, zu dem der Richter in der Ringerzählung aufgefordert hat. Für den Dichter entstand dadurch die Schwierigkeit, nach dem Höhepunkt des Dramas, von dem aus der Blick zurück in die graue Vorzeit und voraus auf das Ende der Geschichte gerichtet wurde, wieder in die enge Welt des Handlungsverlaufs zurückzukehren und die Handlung erneut in Gang zu bringen. Die Lösung fand Lessing darin, die

Der Tempelherr als zweite Hauptfigur

Figur des Tempelherrn dramaturgisch gleichgewichtig neben die Titelfigur zu stellen. Auch der Tempelherr hat nun – wie Nathan in der Entschluss-Szene (III, 6) – einen ‚Grübelmonolog‘, in dem es um ein entscheidendes Problem der Thematik geht. Denn Nathan hat Saladin klargemacht, dass Verständigung und friedlicher Wettstreit unter den Religionen nur gelingen kann, wenn die Menschen ihre Tradition, ihren Ort in der Geschichte, ihre „kulturelle Identität“, wie man

Zur Toleranz braucht es eine eigene kulturelle Identität

heute sagt, nicht aufgeben (V. 1979 ff.). Von der gleichen Voraussetzung geht deshalb auch der Richter in Nathans Ringerzählung aus, wenn er seinen Rat mit der Aufforderung beginnt:

> … Ihr nehmt
> Die Sache völlig, wie sie liegt. Hat von
> Euch jeder seinen Ring von seinem Vater:
> So glaube jeder sicher seinen Ring
> Den echten… (V. 2031 ff.)

Denn sonst gebe es nur wieder „die Tyrannei des *einen* Rings", also Krieg statt Wettstreit. Der Tempelherr ist nun aber in eine Situation geraten, in der er nicht mehr weiß, wo er hingehört, ob er Christ oder Muslim ist. In dem ‚Grübelmonolog' macht er sich klar, dass er nicht mehr der alte sei („Ich Tempelherr bin tot": V. 2135/6), dass er „so zu denken" beginne, wie sein Vater „hier gedacht muß haben" (V. 2143/ 4). Es ist das Problem, welches das Toleranzgebot in multikultureller Umgebung mit sich bringt, wie es schon Moses Maimonides erlebt hat (vgl. S. 35). Man beginnt zu vergleichen und kann seinen Standpunkt nicht mehr ohne Reflexion auf den übernommenen Väterglauben gründen, sondern wählt ihn, wie Saladin es ausgedrückt hat (V. 1841 ff.), „aus Einsicht, Gründen, Wahl des Bessern", kurz: weil er einem „am meisten eingeleuchtet hat". Doch wird die Darstellung dieses Problems, das sich für den Tempelherrn durch die Familienzusammenführung ergeben hat, von Lessing nicht mehr ausgeführt. Das Tableau der glücklichen Familie mit den vielen Umarmungen in der letzten Szene deckt die Tatsache zu, dass zwar das analytische Drama an sein Ende, die Wiedererkennung (Anagnorisis), gekommen ist, die Handlung des Zieldramas aber, welche die Erziehung zu einer „von Vorurteilen freien Liebe" (V. 2042) zum Inhalt hat, vorzeitig abbricht.

Der Tempelherr verliert seine bisherige Identität

Die religiöse Neuorientierung des Tempelherrn wird nicht zu Ende dargestellt

5. Die Personen der Handlung

Die Handlung des Dramas besteht in einer zunehmenden Verknüpfung von Personen, die von Hause aus gar nichts miteinander zu tun hatten. Sie werden durch bestimmte Ereignisse, sei es in der Vorgeschichte, sei es in der Handlung selbst, in Beziehung zueinander gesetzt. Der junge Tempelherr sowie Nathans Hausdame Daja kommen aus Deutschland, der Patriarch stammt aus Frankreich. Saladins Residenz befindet sich in Kairo. Al-Hafi ist Perser, kurz: Die Personen kommen aus allen Richtungen der damals bekannten Welt zusammen. Doch nur die vier Mitglieder der Sultansfamilie, zu denen sich nach der Wiedererkennung die Geschwister, Kinder des gefallenen Assad, gesellt haben, sowie Nathan, der sie zusammengebracht hat, bleiben bis zur letzten Szene auf der Bühne. Die anderen Figuren, Daja und der Patriarch, der Mönch Bonafides und der Derwisch Al-Hafi, fallen aus unterschiedlichen Gründen aus dem Versöhnungsgeschehen heraus, nachdem sie ihre Funktion erfüllt haben.

Erst die Handlung führt die von überall her kommenden Personen zusammen

Der ursprüngliche Komödienplan

Ursprünglich sollte eine Doppelhochzeit das Stück beschließen

Ursprünglich hatte Lessing vorgehabt, das Stück nach Komödienart mit einer Doppelhochzeit zu beschließen. Saladin sollte Recha heiraten, während der Tempelherr, zum Fürsten von Antiochia erhoben, die Schwester des Sultans zur Frau erhalten sollte (vgl. Demetz, S. 156). Je mehr sich aber das Stück im Laufe des Schaffensprozesses für Lessing mit Symbolik auflud, als Ganzes zur Parabel wurde, desto unbrauchbarer erwies sich ein solcher Schluss. Denn die Familie sollte nun die Zusammengehörigkeit aller Menschen über die Grenzen der Völker, Religionen und Stände hinweg symbolisieren, die ‚Menschheitsfamilie' repräsentieren. Die dafür angemessene Art der „von Vorurteilen freien Liebe" (V. 2042) war aber nicht die Gattenliebe, sondern die Geschwisterliebe, nach deren Muster im 18. Jahrhundert das Gebot menschlicher Solidarität – zuerst in den religiösen Reformbewegungen, dann in der Sprache der Politik – mit dem Begriff der ‚Brüderlichkeit' bezeichnet wurde.

Ideal der Brüderlichkeit

Figuren stellen Idealcharaktere dar

Diese Aufladung des Stücks mit Symbolik, mit Lehrgehalt, mit ethischen Vorbildern und Gegenbildern, hat zur Folge, dass die Personen der Handlung bei aller psychologischen Glaubwürdigkeit, die Lessing bei ihrer Charakterisierung im Reden und Verhalten bewiesen hat, immer auch als *Idealcharaktere* verstanden werden müssen, d. h. als handelnde Personen in einer Welt, die es noch nicht gibt. Lessing, der von der „Welt, wie ich sie mir denke", gesprochen hat (vgl. S. 30), hält diese Welt (das darf auch nicht vergessen werden!) für „ebenso natürlich" wie die empirische Welt des Alltags der Geschichte.

Die einzelnen Figuren des Dramas

Personen nicht nur Träger von Idealen, sondern auch individuell gezeichnet

Trotz ihrer Funktion, bestimmte *Ideale* (oder auch ihr Gegenteil) zu repräsentieren, sind die Figuren aber doch mit konkreten Charakterzügen ausgestattet, die sie auch als *Individuen* erscheinen lassen.

Nathans Sonderstellung

Unter den neun Figuren des Dramas nimmt *Nathan* eine Sonderstellung ein. In ihm ist die Utopie von der Autonomie des Menschen, von der das 18. Jahrhundert träumte, bereits verkörpert. Er ist als einziger schon zu Beginn des Stücks ein fertiger Charakter. Seine Leiderfahrung, die ihn dazu gemacht hat, gehört in die Vorgeschichte, ihr Bericht aber steht in einer Szene, die von entscheidender Bedeutung für die Wiedererkennungshandlung ist (IV, 7). Nathans Judentum ist wenig ausgeprägt. Er kann es nicht, wie Saladin erwartet, mit „Einsicht, Gründen, Wahl des Bessern" (V. 1848) rechtfertigen, sondern nur als die „Geschichte" erklären, in die er hineingeboren wurde (V. 1975–90). Eingeführt wird Nathan in der Rolle des Kaufmanns, der von einer Geschäftsreise heimkehrt, welche den

Nathan als Jude

Nathan als Kaufmann

Zweck hatte, Schulden einzukassieren. So etwas, meint er dazu, sei „kein Geschäft, das… so von der Hand sich schlagen läßt" (V. 10/1). Sittah charakterisiert den Großkaufmann Nathan so:

> Sein Saumtier treibt auf allen Straßen, zieht
> Durch alle Wüsten; seine Schiffe liegen
> In allen Häfen. Das hat mir wohl eh'
> Al-Hafi selbst gesagt; und voll Entzücken
> Hinzugefügt, wie groß, wie edel dieser
> Sein Freund anwende, was so klug und emsig
> Er zu erwerben für zu klein nicht achte. (V. 1116–22)

Nathans Almosenverhalten wird deutlich in Kontrast zu Saladins Freigebigkeit gestellt, der nicht daran denkt, dabei wirtschaftliche Klugheit walten zu lassen. Er achtet nur auf die Bedürftigkeit der anderen, nicht aber – wie Nathan – auf seine eigenen Möglichkeiten zur Hilfeleistung. Deshalb hat er einen Bettler, den Derwisch Al-Hafi, zum Finanzminister (pers. ‚Defterdar' V. 441) gemacht, denn nur ein Bettler könne „mit guter Weise Bettlern geben" (V. 463). Doch Al-Hafi hält es für „Geckerei", des höchsten Gottes Barmherzigkeit, der seinen Segen über Gute und Böse gießt, „nachzuäffen", ohne dessen „immer volle Hand zu haben" (V. 484–89). Deshalb zieht er sich wieder in sein Einsiedlerleben zurück (V. 1482 ff.), macht sich aber Sorgen, dass Saladins „Verschwendung" (V. 1447) Nathan zugrunde richten werde.

Saladin fehlt Nathans wirtschaftliche Klugheit

Al-Hafis Kritik an Saladins Verschwendung

Als Vater, der schon einmal seine ganze Familie verloren hat (V. 3038 ff.), ist Nathan feinfühlig und verletzlich. Er hängt mit ganzer Seele an Recha, fürchtet sie zu verlieren (V. 3372–77), möchte sie als Tochter behalten (V. 3118–20). Er wittert die Intrige des Patriarchen gegen ihn (V. 3121–25). Am Ende ist er glücklich, dass Recha den Sultan bittet, ihr Nathan als Vater zu lassen (V. 3649–51).

Nathan als Vater

Die Figur des *Tempelherrn* ist als Gegenspieler (Antagonist) der Hauptrolle (Protagonist) angelegt. Während Nathan in 20 Szenen die Bühne beherrscht, hat der Tempelherr 14 Auftritte. Seine aufbrausende Heftigkeit, mit welcher er Nathans Dank ablehnt („groß und abscheulich": V. 1221), steht im Gegensatz zu der überlegenen Charakterreife des alten Mannes. Aber nicht nur in Alter, Erfahrung und Temperament unterscheiden sich die beiden Kontrahenten. Auch die Armut des Tempelherrn steht im Kontrast zu Nathans Reichtum (V. 1230 ff.). Dessen Vorurteilslosigkeit steht der Vorwurf des jungen Mannes gegenüber, die Juden hätten mit der „fromme(n) Raserei" begonnen, „den bessern Gott zu haben, diesen bessern der ganzen Welt als besten aufzudringen" (V. 1297–99). Der pädagogischen Geduld, mit der Nathan Recha, Saladin und schließlich auch den Tempelherrn zur Einsicht bringt, steht das Ungestüm gegenüber, mit dem dieser bei Nathan seinen Willen durchsetzen möchte:

Der Tempelherr als Gegenspieler

Gegensätze zwischen dem Tempelherrn und Nathan

> … Und so fiel mir ein,
> Euch kurz und gut das Messer an die Kehle
> Zu setzen… (V. 3393–95)

Typische antisemitische Vorurteile

Noch bei Saladin bricht sein altes Vorurteil gegen die Juden wieder hervor:

> Ich werde hinter diesen jüd'schen Wolf
> Im philosoph'schen Schafspelz Hunde schon
> Zu bringen wissen, die ihn zausen sollen! (V. 2780–82)

Und sogar in der Wiedererkennungsszene geht noch einmal das Temperament mit ihm durch:

> … Er hat
> Ihr einen Vater aufgebunden: – wird
> Er keinen Bruder für sie finden? (V. 3755–57)

Das Wort ‚Toleranz' kommt nicht vor

Interessant ist es auch, dass der Begriff ‚Toleranz', der das Leitthema des Stücks bezeichnet, nur einmal im Text in der Adjektivform und ausgerechnet als Vorwurf gegen Nathan vorkommt:

> Der tolerante Schwätzer ist entdeckt! (V. 2778)

Zu der Antagonistenrolle des Tempelherrn gehört wohl dieser Umstand, dass sein Erziehungsprozess am längsten dauert und Nathan es mit ihm so schwer hat wie mit keinem anderen.

Saladin und der Patriarch

Die beiden Machtzentren in Jerusalem, das islamische und das christliche, werden durch *Sultan Saladin* und den *Patriarchen* repräsentiert. Weil Nathan den Sultan durch das Religionsgespräch (III,7) zum Freunde zu gewinnen vermag (V. 2060) und alles auf die Familienszene im Schlussbild hinausläuft, wird Saladin nicht in der Herrscherrolle eingeführt, sondern im privaten Rahmen, beim Schachspiel und

Sittah, Schwester des Sultans

im Gespräch mit seiner Schwester (II, 1), in dem das Thema der Heiratspolitik (V. 854–865 und 880–900) den Blick auf die reale geschichtliche Welt des Jahres 1192 öffnet. In die Familiensphäre führt auch sein Gespräch mit dem Tempelherrn (IV, 4). Gleichwohl wird Saladin als Herrscher gezeichnet, aber mit menschlichen Zügen und

Saladin und Sittah

Ansätzen von Weisheit. Daher muss *Sittah*, seine Schwester, die Rolle der listigen Person übernehmen:

> Der Löwe schämt sich freilich, wenn er mit
> Dem Fuchse jagt: – des Fuchses, nicht der List. (V. 1786/7)

Sie besitzt politisches Augenmaß und beurteilt daher auch die von Richard Löwenherz geforderte Vorbedingung für die muslimisch-christliche Doppelhochzeit, nämlich den Übertritt der maurischen Partner zum Christentum, als reine Machtstrategie (V. 876/7).

Gegenüber Saladins Bedeutung für die Handlung des Dramas bleibt der Part des *Patriarchen* eine Nebenrolle, die nur eine Auslöserfunktion hat. Er gibt nämlich, ohne es zu wollen, den Anlass dazu, dass Nathan die verwandtschaftlichen Beziehungen zwischen Recha, dem Tempelherrn und Saladin erkennt. Deshalb bezeichnet ihn Nathan als ein Werkzeug göttlicher Vorsehung: „Dank sei dem Patriarchen…" (V. 3449). *Funktion der Patriarchenfigur als Gegenbild und Auslöser*

Der Patriarch bildet den absoluten Gegenpol zum Erziehungsgeschehen der Handlung, weil er mit seinem intoleranten Machtanspruch und den Intrigen gegen alle, die sich ihm nicht beugen wollen, jeden Dialog unmöglich macht, wie der Tempelherr erfahren muss, den er für seine Pläne gegen den Sultan benutzen möchte (V. 2583–94; vgl. V. 669–71, wo er ihn als Mörder dingen wollte).

Zu den beiden Repräsentanten der Macht gehören als Nebenrollen ihre Assistenten, die beide auch über die Probleme des jeweiligen Machtzentrums sprechen. Wie *Al-Hafi* mit seiner Kritik an Saladins Finanzpolitik zur warnenden Stimme des weltlichen Regiments wird, so bildet der *Klosterbruder Bonafides* mit seinem unbestechlichen Gewissen (V. 2967) die kritische Instanz der geistlichen Obrigkeit. Mit raffinierter Naivität („sagt der Patriarch": V. 611/2, 614/5, 617, 619/20, 624, 628 und „meint der Patriarch": V. 683, 686, 689/90, 695) macht er dem Tempelherrn klar, dass der Patriarch ein „Bubenstück" (V. 686) mit ihm vorhat. *Die Assistenten Al-Hafi und der Klosterbruder*

Al-Hafi wie Bonafides fühlen sich im Dienst der Macht überfordert und kehren deshalb in ihre Einsiedelei zurück, d. h. sie verschwinden aus der Handlung, nachdem sie ihre Aufgabe in ihr erfüllt haben. *Al-Hafi und Bonafides verschwinden aus der Handlung*

Recha und ihre christliche Gesellschafterin *Daja* sind insofern als gegensätzliche Figuren gezeichnet, als Nathans Bemühung, ihnen die Schwärmerei auszureden und ihnen das Gebot der ‚natürlichen‘ Religion zu zeigen (V. 359–64), bei Recha Erfolg hat, während Daja bis zuletzt nur daran denkt, sie aus Nathans Einflussbereich herauszuholen und jede Gelegenheit zu nutzen, um nach Europa zurückzukehren (V. 2376/7). Daher merkt sie auch gar nicht, dass Recha sich längst ihrem Einfluss entzogen hat. Recha beklagt, dass Daja den „Samen der Vernunft", den Nathan in ihre Seele gestreut hat, mit ihren „bunten Blumen" vermischt (V. 1564 ff.) und sie durch ihre Rede vom Engel, der sie gerettet habe, „zur Närrin" (V. 1578) gemacht hat. Dem Tempelherrn tritt Recha mit Distanz und Selbstironie gegenüber (V. 1662–66). Souverän und verständnisvoll entwirft sie Sittah gegenüber ein Bild von ihrer „gute(n) böse(n) Daja" (V. 3572, 3574) als eine Fehlform christlicher Religiosität. Dajas Lernunfähigkeit und Lernunwilligkeit steht Rechas Fähigkeit gegenüber, selbst an schwer erträglichen Fehlern von Mitmenschen noch Anlass zum Nachden- *Recha und Daja als gegensätzliche Figuren*

Recha vermag zu lernen

Recha als Muster eines aufgeklärten Mädchens

ken zu finden und dabei auch über eigene Schwächen kritisch zu reflektieren:

> Es brachte mich doch immer auf Gedanken,
> Die gut und nützlich. Und wem schmeichelt's doch
> Im Grunde nicht, sich gar so wert und teuer,
> Von wem's auch sei, gehalten fühlen, daß
> Er den Gedanken nicht ertragen kann,
> Er müss' einmal auf ewig uns entbehren! (V. 3603–08)

Außer diesen neun Personen treten noch auf „Ein Emir nebst verschiedenen Mamelucken des Saladin". Sie haben jedoch keine Funktion für die Dramenhandlung. Die Auftritte V, 1 und 2, in denen sie erscheinen, dienen lediglich der Ausmalung der historischen Szene und bringen dem Zuschauer noch einmal in Erinnerung, wie sehr sich die utopische Welt der „allseitigen Umarmungen" am Schluss des Dramas von der historischen Wirklichkeit der Kreuzzüge unterscheidet.

Recha als ‚Exempel' für das Lernbedürfnis der Aufklärungszeit

Die Ausführungen Rechas über ihr Verhältnis zu Daja enthalten einen Hinweis, der dem Leser von heute helfen kann, sich die Schwierigkeiten zu erklären, die er bei der Lektüre der Aufklärungsliteratur infolge ihres ausgeprägt didaktischen Charakters hat. Recha gibt zwar zu, dass ihr Dajas Verhalten auf die Nerven geht, stellt dann aber fest, dass es sie „doch immer auf Gedanken, die gut und nützlich" sind, gebracht habe. Darin verrät sich ein ganz elementares Lernbedürfnis, welches die soziale Umwelt voller „Exempel" sieht, welche dazu geeignet sind, die Menschen die Unterscheidung von Gut und Böse und die Erkenntnis der eigenen Pflichten zu lehren. Dieses Lernbedürfnis war für die Epoche der Aufklärung bezeichnend, welche ja eine bürgerliche Emanzipationsbewegung darstellte. Die Menschen befreiten sich damals aus der Unmündigkeit, in der sie bisher festgehalten waren, nahmen ihre Verhaltensanweisungen nicht mehr kritiklos von den geistlichen und weltlichen Autoritäten entgegen und mussten nun ihre Handlungsmaximen durch eigenes Nachdenken „ohne Leitung eines anderen" – wie es bei Kant heißt – selbst finden. Daraus war jenes Lernbedürfnis entstanden, welches den Glauben an den „Samen der Vernunft" (V. 1564) und die optimistische Überzeugung von der Erziehbarkeit des Menschen zur Grundlage hatte, wie sie auch Lessings ‚Nathan'-Drama voraussetzt.

6. Zu Sprache und Stil

Die Form des mündlichen Gesprächs

Die Herausbildung eines neuen, bürgerlichen Werte- und Tugend-
systems in der Epoche der Aufklärung, das geeignet war, an die Stelle
der bisher geltenden höfisch-ständischen Wertungen zu treten,
konnte nur gelingen, wenn es in der aufstrebenden Bürgerschicht zu
einem intensiven Gedankenaustausch kam. Dieser Gedankenaustausch führte in kurzer Zeit zu einer Vervielfachung der literarischen
Produktion und zu einer hohen Gesprächskultur in den gebildeten
Kreisen. Diese Gesprächskultur spiegelt sich in der Sprachform von
Lessings Drama. Das Drama besteht ja aus einer Reihe von Verstän-
digungsprozessen, in denen Missverständnisse geklärt, Vorurteile ab-
gebaut und Animositäten beseitigt werden, welche dem friedlichen
Zusammenleben zunächst im Wege standen. Nathan und der Tempelherr, Nathan und der Sultan, schließlich Saladin und sein Neffe,
genauso Recha und Sittah werden zuerst zu Gesprächspartnern,
dann zu Freunden. Wie macht Lessing das sprachlich?

Als Metrum wählt er den der Prosa nahe stehenden Blankvers, einen
reimlosen jambischen Fünfheber, den Vers Shakespeares, den Wieland ins Deutsche übernommen hat und der mit Lessing zum ge-
bräuchlichsten deutschen Dramenvers wurde. Diesen Vers gebraucht
Lessing nun so, dass er den umgangssprachlichen Dialog wiederzu-
geben vermag und den Eindruck von Mündlichkeit und spontaner
Äußerung beim Zuhörer erweckt. Diese Wirkung erzielt der Dichter
vor allem dadurch, dass er die Gesprächspartner zuweilen sich mehrmals in einem Vers das Wort gegenseitig aus dem Munde nehmen
lässt. Mit diesem ständigen Unterbrechen und Ins-Wort-Fallen der
Dialogpartner verbindet er eine bestimmte Art der Wortwiederholung, die man auch als „Scharnier-Technik" bezeichnet hat, „da
sich die Diskussion gewöhnlich um das wiederholte Wort dreht" (vgl.
Heller bei Bohnen, S. 223). Bei der Entwicklung des Kerngedankens
in dem Religionsgespräch zwischen Nathan und Saladin wird der Begriff „Glaube" zunächst im konfessionellen Sinne gebraucht und mit
dem Begriff „Gesetz" gleichgestellt (V. 1840). Dann ist auch von den
„drei Religionen" die Rede (V. 1843/4). Am Ende der Ringerzählung
beginnt die Neuinterpretation des Begriffs:

> ... Umsonst; der rechte Ring war nicht
> Erweislich; – Fast so unerweislich, als
> Uns itzt – der rechte *Glaube*. (V. 1962–64)

*Aufklärung setzt
eine hohe
Gesprächskultur
voraus*

*In den Gesprächen
des Nathan-Dra-
mas spiegelt sich
die bürgerliche
Gesprächskultur*

*Spezifischer
Gebrauch des
Blankverses durch
Lessing*

*Lessings „Schar-
nier-Technik"*

*Funktion der Wort-
wiederholung*

Bei seinem Einwand benutzt Saladin wieder das Synonym:

> ... Ich dächte,
> Daß die *Religionen,* die ich dir
> Genannt, doch wohl zu unterscheiden wären.
> Bis auf die Kleidung, bis auf Speis' und Trank. (V. 1970–73)

Begriffe werden in neuen Kontext überführt

Nun führt Nathan den Begriff der Geschichtlichkeit der Religionen ein (vgl. S. 32 f.) und bringt damit den Glaubensbegriff in einen neuen Kontext:

> Und nur von seiten ihrer *Gründe* nicht. –
> Denn *gründen* alle sich nicht auf *Geschichte?*
> Geschrieben oder überliefert! – Und
> *Geschichte* muß doch wohl allein auf *Treu*
> *und Glauben* angenommen werden? – Nicht?
> Nun, wessen *Treu und Glauben* zieht man denn
> Am wenigsten in Zweifel? Doch der Seinen?
> (...)
> Wie kann ich meinen Vätern weniger
> Als du den deinen *glauben?* Oder umgekehrt. – (V. 1974–86)

Am Ende ist der Glaubensbegriff der positiven Religionen neu definiert als Bezeichnung für die jeweilige geschichtliche Tradition der verschiedenen Religionen, die sich wohl unterscheiden lassen, ohne dass die Unterscheidung etwas für die Beantwortung der Wahrheitsfrage hergibt.

Wie hier durch das Mittel der Wortwiederholung der eine Gesprächspartner dem anderen seine Meinung offenbar macht, so wird am Ende der Ringerzählung durch die Versunterbrechung der Lernprozess angezeigt, der dadurch beim Partner veranlasst wurde:

Funktion der Versunterbrechung

> ... So sagte
> Der bescheidne Richter.
> SALADIN: Gott! Gott
> NATHAN: Saladin,
> Wenn du dich fühlest, dieser weisere
> Versprochne Mann zu sein ...
> SALADIN: Ich Staub? Ich Nichts?
> O Gott!
> NATHAN: Was ist dir, Sultan?
> SALADIN: Nathan, lieber Nathan! –
> Die tausend tausend Jahre deines Richters
> Sind noch nicht um. – Sein Richterstuhl ist nicht
> Der meine. – Geh! – Geh! – Aber sei mein Freund.
> (V. 2053–60)

Lessing stellt die Dinge, die ihm wichtig sind, gern *kontrovers* dar. So hebt er seinen eigenen Vernunftbegriff deutlich von dem Begriffsgebrauch der kirchlichen Orthodoxie ab, die es sich verbittet, dass der Mensch seine Vernunft zur Kritik an ihr benutzt. Der Patriarch sagt z. B., die Vernunft gehöre dort nicht hin, wo ein geistlicher Würdenträger eine Maßnahme zum „Wohl der ganzen Christenheit" für nötig hält:

Lessings kontroverse Darstellungsweise

> … Wer darf
> Sich da noch unterstehen, die Willkür des,
> Der die Vernunft erschaffen, nach Vernunft
> Zu untersuchen… (V. 2476 ff.)

Vor einem solchen negativen Hintergrund kann dem Zuschauer oder Leser das unterscheidende Merkmal des aufklärerischen Vernunftsbegriffs, wie ihn Lessing versteht, verdeutlicht werden, dass sie dem Menschen mit ihrer „sanften Stimme" (V. 3053) – ohne die Vermittlung eines Dieners der Kirche – Gottes Willen mitzuteilen vermag. Ein solcher Diener der Kirche ist auch nicht dazu nötig, dem Menschen durch *Erziehung* beizubringen, auf die Stimme der Vernunft zu hören. Denn Nathan hat seiner Recha „den Samen der Vernunft" in die Seele gestreut (V. 1564/5).

‚Vernunft' in negativer und in positiver Sicht

Auch der Sprachgebrauch, welcher der Verständigung dient und Lernprozesse zur Folge hat, d. h. *Erziehung* bewirkt, wird von einem negativen Gegenbild abgehoben. Es ist die Redeweise, in welcher der Sprecher nicht auf den Partner eingeht, sondern nur seine Affekte zum Ausdruck bringt. Wenn diese sich auf den Partner richten, benutzt er Vorurteilsklischees, d. h. er spricht ihn nicht als Person an. Das zeigt Lessing am Beispiel des Tempelherrn, der immer dann, wenn er sich über Nathan ärgert, in die Rolle des Antisemiten zurückfällt, d. h. die in der Sprache bereit gehaltenen Vorurteile zur Affektabfuhr gebraucht (vgl. S. 41). Es sind vor allem diese drei, bereits aus der Antike stammenden Vorurteile:

Sprechen zur Verständigung oder zur Entlastung von Affekten

- Die Juden halten sich für das auserwählte Volk und verachten die anderen Völker (V. 1287 ff.).
- Die Juden bleiben immer Juden, können und wollen sich nicht ändern (V. 777, 2720, 3249 ff.).
- Den Juden kann man nicht trauen, sie verfolgen immer ihren, vor allem materiellen Vorteil (V. 741/2, 2779 ff., 3754 ff.).

Trotzdem wird der Tempelherr als ein Mensch gezeigt, der selbstkritisch ist und lernen kann. So bekennt er, nachdem ihn Nathan überzeugt hat, dass eine Verständigung über die Grenze zwischen den Völkern und Religionen hinweg möglich sei: „Ich schäme mich, Euch einen Augenblick verkannt zu haben" (V. 1314 f.), d. h. er nimmt sein Vorurteil zurück. Nur dann, wenn er emotional reagiert, vergisst er, was er inzwischen gelernt hat. Er bringt das Problem, das in der Trü-

*Die Vernunft kann
durch die Affekte
getrübt werden*

bung der Ratio durch die Affekte liegt, sogar selbst zur Sprache, als
ihm zu Bewusstsein kommt, in welche Gefahr er Nathan dadurch gebracht hat:

> Was hab ich Querkopf nun gestiftet! – Daß
> Ein einz'ger Funken dieser *Leidenschaft*
> Doch unsers *Hirns* so viel verbrennen kann! – (V. 3281 ff.)

Der Grundsatz der Allgemeinverständlichkeit

*Die Frage nach
dem Verhältnis von
Vernunft und
Offenbarung hat
Lessing zur öffent-
lichen Angelegen-
heit gemacht*

Lessing hat dadurch, dass er die theologische Diskussion, die er
durch die Herausgabe der Reimarus-Fragmente ausgelöst hatte, nicht
auf Latein, sondern in allgemeinverständlicher Muttersprache führte,
die Frage nach dem Verhältnis von Vernunft und Offenbarung zu einer öffentlichen Angelegenheit gemacht. Das war etwas Neues und
wurde ihm deshalb von den Vertretern der kirchlichen und weltlichen Obrigkeit zum Vorwurf gemacht (vgl. S. 13). Nachdem er nun
aufgrund des Publikationsverbots die Diskussion auf die Bühne verlegt hatte, übertrug Lessing den Grundsatz der Allgemeinverständlichkeit auch auf seine Bühnensprache. Ein Mittel, seinen Dramentext jedem gebildeten Theaterbesucher verständlich zu machen, war
die Wiederholung der für die Thematik zentralen Begriffe. Dadurch
wurde dem Rezipienten gleichsam ein Leitfaden in die Hand gegeben, der ihn durch die Thematik führte. Ein solcher Schlüsselbegriff
ist z. B. das Wort „Mensch":

*Wiederholung von
Schlüsselbegriffen:
Beispiel „Mensch"*

V. 69: Was sind wir *Menschen*! (Nathan spricht von der Schwäche des Menschen)
V. 163: Dem *Menschen* ist ein *Mensch* noch immer lieber als ein Engel … (Nathan
weist Schwärmerei zurück)
V. 227: Meiner Recha wär' es Wunders nicht genug, daß sie ein *Mensch* gerettet?
(Nathan tadelt ihren Stolz)
V. 385: Kein *Mensch* muß müssen, und ein Derwisch müßte? (Nathan weist auf
die individuelle Freiheit hin)
V. 497: Ich fürchte, grad unter *Menschen* möchtest du ein Mensch zu sein verler-
nen. (Nathan deutet auf Gefahren, die aus der sozialen Umwelt kommen können)
V. 782: Die *Menschen* sind nicht immer, was sie scheinen. (Daja will den Tempel-
herrn mit Recha zusammenbringen)
V. 867: Du kennst die Christen nicht… Ihr Stolz ist: Christen sein, nicht *Men-
schen*. (Sittah tadelt religiösen Fanatismus)
V. 1273: Ich weiß, wie gute *Menschen* denken, weiß, daß alle Länder gute Men-
schen tragen… (Nathan will die konfessionellen Barrieren überwinden)
V. 1311: Ah! Wenn ich einen mehr in Euch gefunden hätte, dem es genügt, ein
Mensch zu sein. (Nathan sucht eine gemeinsame Basis für die Verständigung)
V. 1812: Des *Menschen* wahre Vorteile, die das Volk nicht kennt, kennst du …
(Saladin spricht Nathans Weisheit an)
V. 2183: Begnügt euch doch, ein *Mensch* zu sein! (Der Tempelherr bittet Nathan
um Verständnis für seine Lage)

Andere solche Längsachsen werden durch die Wiederholung des Begriffs ‚Vernunft‘, durch die Konfessionsbezeichnung ‚Jude‘, ‚Christ‘ und „Muselmann‘ oder durch die Verwandtschaftsbegriffe ‚Vater‘, ‚Sohn‘, ‚Bruder‘ und die Wörter ‚Freund‘ und ‚Freundschaft‘ gebildet. Der Allgemeinverständlichkeit dienen auch Satzbau und Wortwahl des Textes, welche absichtlich in der Nähe der Alltagssprache bleiben. Ihr entsprechen zahlreiche volkstümliche Wendungen, z. B.

*Andere Schlüssel-
begriffe*

*Volkstümliche
Wendungen*

> Nathan gebraucht das mundartliche ‚gelt‘, um dem Partner Recht zu geben (V. 56). Auskundschaften wird „auf den Zahn fühlen" genannt (V 555/6). Recha erzählt, dass irgendetwas sie und ihren Retter „hinausschmiß aus der Glut" (V. 1617). Nathan erwidert auf eine Anspielung Dajas: „Was witzelst du mir da?" (V. 2871) Saladin „wirft verächtlich das ganze Spiel in Klumpen", erzählt Al-Hafi in seinem Bericht an Nathan (V. 1469/70). Als er vom Eintreffen des Geldes hört, meint er: „Wenn's nur fein viel ist" (V. 917). Berechnender Geiz wird „filzig" genannt (V. 470). Etwas in Erfahrung bringen heißt „ausgattern" (V. 661). Daja hat Bedenken, ob der Tempelherr ansprechbar ist, und sagt: „Doch muß ich mein Paket nur wagen" (V. 716/7). Ein uneheliches Kind wird als „Bankert" bezeichnet (V. 2209). Jemandem etwas aus der Tasche locken wird ‚abzwacken‘ genannt (V. 2609). Jemanden zornig machen heißt auch „wurmisch machen" (V. 3375). Statt von „verderben" ist von „verhunzen" die Rede (V. 3493).
> (nach Demetz, S. 131)

Man hat sich immer wieder an Sprache und Stil des ‚Nathan‘ gestoßen, nicht nur Friedrich Schiller, der deshalb für die Weimarer Aufführung am 28. 11. 1801 zahlreiche Änderungen am Text vornahm, die erst in unserem Jahrhundert wieder rückgängig gemacht wurden. Man hatte sehr richtig bemerkt, „daß in der metrischen und sprachlichen Organisation des Stücks etwas aus der Ordnung falle". Der ‚Nathan‘ stelle ein „ästhetisches Paradox" dar: „Lessing nutzt eine besondere Form der Sprache und zerstört sie zugleich" (vgl. Demetz, S. 129). Lessing kann diesen Anstoß aber selbst erklären. Die *Prosa* würde das Stück nämlich zu sehr in die Nähe des Rührstücks (vgl. S. 9) gebracht haben, das nicht zu seiner bedeutsamen Thematik passe. Der notwendige Abstand zwischen der orientalischen Szene und der Gegenwart des Zuschauers würde sich dabei über Gebühr verringern. Deshalb habe er seine realistische Bühnensprache unter den Schutz des stilisierenden, fernrückenden, dem historischen Stoff entsprechenden *Blankverses* gestellt (vgl. Demetz, S. 128 ff.). Aus diesem Grund schrieb Lessing am 7. 12. 1778 seinem Bruder Karl, seine Verse „wären viel schlechter, wenn sie viel besser wären", und am 18. 12. 1778 an Ramler, er habe „die Verse wirklich ... nicht des Wohlklanges wegen gewählt".

*Die metrische und
sprachliche Form
fällt aus der Ord-
nung*

*Unter dem Schutz
des distanzierenden
Verses ist eine
realistische Büh-
nensprache möglich*

7. Interpretationsansätze

Auswahl aus einer unübersehbaren Fülle von Interpretationen

Bei einem Stück, das seit mehr als zweihundert Jahren zum Standard-repertoire des Theaters und zum Lektürekanon der allgemeinbilden-den Schulen im In- und Ausland gehört, ist es nur natürlich, dass sich inzwischen eine unübersehbare Zahl von Interpretationen angesam-melt hat. Wir können davon nur ganz wenige Beispiele besprechen und wählen dazu Arbeiten aus, welche bei der eigenen Erarbeitung des Textes hilfreich sein können. Diese Arbeiten ordnen wir in vier Gruppen an:

Anordnung in vier Gruppen

- Arbeiten zu *Einzelproblemen,*
- Interpretationen, die den *Bezug zum historischen Kontext* der Entste-hung herstellen,
- *Gesamtdeutungen* und
- Veröffentlichungen zur *Gegenwartsbedeutung* des ‚Nathan'-Dramas.

Arbeiten zu Einzelproblemen

Die Geldmetapho-rik in Nathans Entschlussmonolog (III, 6)

Oft kann die Beschäftigung mit Einzelproblemen zu neuen Einsich-ten in den Gesamtzusammenhang führen. Das ist z. B. bei der Schwierigkeit der Fall, welche die Interpreten mit der Geldmetapho-rik in Nathans ‚Grübelmonolog' (III, 6) haben. Da befindet sich Na-than im Konflikt, ob er dem Sultan als ‚Noch-Jude' oder als ‚Nicht-mehr-Jude' entgegentreten solle. Peter Demetz deutet die Stelle so:

> Das eine *darf* er nicht mehr, das andere *will* er noch nicht. Er ist, im re-ligiösen Sinne, kein Jude mehr, der die uralte Wahrheitsmünze seiner Vorfahren als eigene weiterreichen darf; aber wie soll er, da er im Ju-denkleid vor dem Herrscher steht, sich ganz als Nichtjude offenbaren, der er schon geworden ist, und seine neugestempelte Münze auf die Bretter der Bühne zählen? (bei Bohnen, S. 204)

Offenbarungsreli-gion gegen Ver-nunftreligion

Demetz sieht also in der gewogenen Münze (V. 1870) die jüdische Of-fenbarungsreligion, das Gesetz der Thora, und in der geprägten, neuen Münze (V. 1871/2) die auf persönlicher Einsicht (die ja von Sa-ladin eingefordert wird: V. 1848) beruhende Vernunftreligion. Doch hält er die Metapher im Grunde für unauflösbar.
Gegen diese Gleichsetzung von „uralter Münze" und Tradition wen-det Göbel ein, dass Nathan nach dem Wortlaut gerade mit dieser keine Probleme habe („Das ginge noch!": V. 1871), während er eine Gleichsetzung der „neuen Münze" mit der Wahrheit emphatisch ab-weise: „das ist sie doch nun nicht!" (V. 1873). Die Frage sei deshalb,

ob nicht in der ‚uralten Münze‘ so etwas wie Gold gesehen werden
kann, das an sich Wert hat und um so wertvoller ist, je mehr es wiegt –
im Gegensatz zur ‚neuen Münze‘, deren Wert allein durch den Präge-
vorgang gesetzt wird …
(bei Bohnen, S. 261)

Die Lösung sei in der Ringparabel zu finden, in welcher der Vater *Frage und Lösung*
„nach dem Muster seines Ringes“ (V. 1946), also der „uralten *durch Bezug auf*
Münze“, zwei andere herstellen, d. h. „neue Münzen“ prägen lässt, *die Ringparabel*
die er selbst nicht mehr vom Original zu unterscheiden vermag.
Daraus ergebe sich:

> Übertragen auf eine natürliche Religion und die verschiedenen Glau-
> bensformen heißt das: Die uralte Münze genauso wie der erste ur-
> sprüngliche Ring verweisen auf eine einmal gewesene einzige Reli-
> gion. Die neuen Münzen aber bedeuten die jeweils durch die Ge-
> schichte geprägte Form der je einzelnen Religionen.(Göbel bei Boh-
> nen, S. 262)

Die Nichtunterscheidbarkeit der drei Ringe aber solle darauf hinwei-
sen, dass es nicht auf die Unterschiede der Religionen, sondern auf
ihren gemeinsamen Kern ankommt (V. 2031–48).
Ruth Klüger weist, um den Streit zu schlichten, auf Lessings Methode
hin, die Dinge, die er zu sagen hat, *kontrovers* darzustellen (vgl. S. 51). *Lessing geht kon-*
Die Stelle, an welcher Demetz Anstoß nimmt, werde nur dann obs- *trovers vor*
kur, „wenn man jedesmal von Nathan Allgemeingültiges erwartet,
statt der einander relativierenden Wahrheiten, die er tatsächlich ausspricht. Hier spricht er für die Tradition“ (vgl. Klüger, S. 222); da Saladin seine Frage wie ein Aufklärer gestellt hat, spricht Nathan im Religionsgespräch zugunsten des Väterglaubens:

Saladin	**Nathan**
Ein Mann wie du, bleibt da	Nun, wessen Treu und Glauben zieht
Nicht stehen, wo der Zufall der	man denn
Geburt	Am wenigsten in Zweifel? Doch der
Ihn hingeworfen: oder wenn er bleibt,	Seinen?
Bleibt er aus Einsicht, Gründen, Wahl	Doch deren Blut wir sind? Doch
des Bessern.	deren, die
(V. 1845 ff.)	Von Kindheit an uns Proben ihrer
	Liebe
	Gegeben haben … (V. 1979 ff.)

Nathan nimmt hier also die Gegenposition zu der Lehre ein, die er in
dem ersten Gespräch dem Tempelherrn erteilt, um ihn von seinem
antisemitischen Vorurteil abzubringen:

> Wir haben beide
> Uns unser Volk nicht auserlesen. Sind
> Wir unser Volk? Was heißt denn Volk?
> Sind Christ und Jude eher Christ und Jude
> als Mensch? (V. 1307 ff.)

Am Streit um die Geldmetaphorik lässt sich also ein Einblick in die innere Form des Stücks gewinnen.

Nathan als Kauf-mann

Man hat sich auch interpretatorisch mit der Kaufmannsrolle Nathans beschäftigt. Nathan wird als Kaufmann eingeführt, der gerade von einem „Geschäft" – zu Lessings Zeit ein Synonym für ‚Arbeit' – zurückkehrt. Den Sultan spricht er als ‚Kunden' an (V. 1823). Kaufmännische Ausdrücke wie Sparen, Zins, Kapital, Vorrat u. a. erscheinen im Text. Entscheidend aber ist Nathans Wirtschaftsverhalten, der „nur darum eben" keinem leiht, „damit er stets zu geben habe" (V. 1080/1), der, was er zum Wohltun benötigt, „klug und emsig ... zu erwerben für zu klein nicht achte(t)" (V. 1121/2). Ein solches Wirtschaftsverhalten entspricht der Beschreibung, die Max Weber in seinem berühmten Aufsatz ‚Die protestantische Ethik und der Geist des Kapitalismus' (1905) von dem bürgerlichen Arbeitsethos des 18. Jahrhunderts gegeben hat:

Max Webers Kapi-talismusthese

Max Weber hatte sich die Frage gestellt, warum es nur in Westeuropa und Nordamerika zur Entwicklung eines modernen Kapitalismus gekommen sei. Die Antwort fand er, als er sich mit der protestantischen Berufsethik befasste. Deren Lehre besagt, dass der wahre Gottesdienst in der getreulichen Erfüllung der irdischen Berufspflichten bestehe. Dazu sei ‚innerweltliche Askese' nötig, d. h. ein Wirtschaftsverhalten, in dem Erfolgsstreben mit Verzicht auf persönlichen Genuss verbunden ist. Sparsamkeit und die dadurch ermöglichte Kapitalbildung galten als Tugend. Im Erfolg ihrer Arbeit konnten die Gläubigen ein Zeichen der Gnade Gottes erblicken.

Entsprechungen im ‚Nathan'-Drama

Die von Lessing in die Ringparabel neu eingeführten Motive, dass der echte Ring seinen Besitzer „vor Gott und Menschen angenehm" mache und dass diese Wirkung an die „Zuversicht" des Trägers gebunden sei (V. 1915–17), entsprechen diesem protestantischen Prädestinationsglauben calvinistischer Prägung. Nathans anspruchslose Lebensführung spiegelt die ‚innerweltliche Askese':

> Der soziale Tiefsinn der Nathan-Dichtung liegt gerade darin, daß Lessing hier die weise Menschlichkeit und die vita activa eines berufstätigen Bürgers in wechselseitigem Kausalzusammenhang gestaltet. (so Hernadi bei Bohnen, S. 347)

Interpretationen im Kontext der Entstehung

Im Hinblick auf die Spiegelung, welche bestimmte Zeit- und Lebens-
umstände Lessings im Dramentext erfahren, hat man natürlich zuerst   *Spuren von Goeze*
an den Fragmentenstreit gedacht und festgestellt, dass Goeze in sei-   *im Dramentext*
ner Schrift ‚Lessings Schwächen' (1778) bereits an Lessing die Frage
formuliert hat, „was für eine Religion er selbst als die wahre erkenne
und annehme", die im Stück mit leichter Abwandlung Saladin an Nathan stellt (G 8, S. 269). So entstand die Frage, was das „Ähnliche"
sei, „das Nathan und Lessing, Saladin und Goeze verbindet" (Demetz   *Was verbindet*
bei Bohnen, S. 195). Da ist einmal die Situation zu nennen, die der   *Saladin mit Goeze*
Dichter und seine Figuren gemeinsam haben, dass nämlich viel da-   *und Nathan mit*
von abhängt, wie sie „auf die Frage des Mächtigeren antworten". Die   *Lessing?*
zweite Analogie ist darin gegeben, dass beide auf die Frage verhül-
lend antworten, Nathan mit seinem „Märchen". Lessing mit seinem
„dramatischen Gedicht". Schließlich aber geben beide eine unerwartete Antwort. Goeze und Saladin denken an eine der Offenbarungsreligionen, „aber Nathan und Lessing heben sich über jede Offenba-
rungsreligion zu einer Religion, die nur ihnen gehört" (Demetz bei
Bohnen, S. 195 f.). Einzelne Spuren des Goeze-Streits im Dramentext
sind die Wunder-Diskussion (I, 2), die später (III, 1 und V, 6) ihre
Fortsetzung findet, Rechas Rede von der „kalte(n) Buchgelehrsam-
keit" (V. 3534), die ihr Vater nicht schätze, und die Karikatur des
Patriarchen, dem Lessing Goeze-Zitate in den Mund gelegt hat   *Goeze-Zitate im*
(V. 2476 ff., 2522 ff., 2574 ff. und 2580 ff.).   *Text*
Dass die Familienzusammenführung als Symbol einer utopischen   *Das Ideal der*
Harmonie in Form einer Bruder-Schwester-Beziehung realisiert wird,   *Brüderlichkeit*
ist für den heutigen Leser nicht ohne weiteres nachvollziehbar:

> Der Vorhang fällt über einer kleinen Familie, die sich wiedergefunden
> hat, und das ist gut so, aber zwei junge Menschen wurden um ihre
> Liebe betrogen, und dadurch schließt für uns Nachromantiker die Bi-
> lanz des frohen Endes mit einem Verlust… (Cases bei Bohnen, S. 337)

Aufgrund der pietistischen Vorstellung von der ‚Brüdergemeinde',
die auf das Bibelwort „Ihr aber seid alle Brüder" (Math. 23,8) zurückgeht, wurde zu Lessings Zeit die Geschwisterliebe über die ge-
schlechtliche Liebe gestellt. Doch erhält der Begriff der ‚Brüderlich-
keit' bei Lessing einen politischen Akzent, der ihn mit dem Ideal der   *Politischer Akzent*
‚fraternité' der Französischen Revolution verbindet. Denn in der   *dieses Ideals*
Ringerzählung wurde mit den besitzstandsregelnden Erbfolgenor-
men gebrochen und dem alten Familienmodell, das durch Elternau-
torität und Kindesgehorsam bestimmt war, ein neues entgegenge-
stellt, das durch liebende Fürsorge und die Verständigung zwischen
Gleichberechtigten ausgezeichnet ist:

> Lessings Drama vollzieht eine für das Verständnis der Zeit doch recht ungewöhnliche und aufregende Verschiebung vom traditionellen Rechtsdenken zu einer in die Zukunft weisenden Vorstellung egalitärer und ‚brüderlicher' Verhältnisse… (Koebner, S. 169)

Gesamtdeutungen

Hat das analytische oder das Zieldrama den Primat?

Versuche einer Gesamtinterpretation des Nathan-Dramas gehen meist so vor, dass sie das Verhältnis zwischen dem analytischen und dem Zieldrama, d. h. zwischen der Familienzusammenführung und dem Verständigungsprozess der drei Religionen, problematisieren (vgl. S. 38 f.). Sie fragen, ob das Bühnengeschehen, das zur Verständigung zwischen Jude, Christ und Muslim und zum Abbau der Vorurteile führt, eine Auslegung der Ringparabel ist oder ob die Ringparabel lediglich eine dienende Funktion innerhalb des Wiedererkennungsdramas hat.

Im ersten Fall wäre der ‚Nathan' ein Charakterdrama, in dem die Titelfigur in ihren Handlungen zeigt, wie die Ratschläge des weisen Richters (V. 2031–54) auszuführen sind. Das Drama aber, so wird gefolgert,

> nimmt als utopisches Zeichen die geheime Absicht der Vorsehung vorweg, daß alle drei Religionen in dem über die Jahrtausende anhängigen Prozeß zugleich den Sieg erringen werden durch die Vereinigung zu einer einzigen Religion der Menschlichkeit. (Schröder bei Bohnen, S. 279)

Die Funktion der Ringparabel muss bestimmt werden

Die Wahrheitsfrage bleibt offen

Die Vertreter der Gegenposition gehen davon aus, dass ein Drama „aus handelnden Personen und nicht aus philosophischen Behauptungen" bestehe (Atkins bei Bohnen, S. 167) und daher nach der Funktion der Ringparabel-Szene für das Wiedererkennungsdrama gefragt werden müsse. Der Richter fordere ja die Repräsentanten der drei Religionen auf, die wahre religiöse Gesinnung zu praktizieren und an ihre Nachkommen weiterzugeben, ohne dass er die Wahrheitsfrage beantwortet. Diese Nachkommen sollten dann „über tausend tausend Jahre" (V. 2050) wieder vor dem Richterstuhl erscheinen, dann werde „ein weis'rer Mann" dort sitzen. Atkins folgert daraus:

> Die von ihm umrissene Religion läßt sich durch menschliche Vernunft auf apriorischer Grundlage nicht rechtfertigen. Sie stellt nicht weniger einen irrationalen, bestenfalls empirischen Glauben dar als jede irrationale geschichtliche Religion, die wir im Vertrauen auf unsere Väter übernahmen.

(...)

Die einzige Lösung für das Dilemma, in das Nathan durch Saladin gebracht wird, ist die gleiche wie für das Dilemma, dem der Richter gegenübersteht: das Urteil auf unbestimmte Zeit zu suspendieren. (Atkins bei Bohnen, S. 166; vgl. die Zitate aus Koran und Moses Maimonides oben S. 34 f.)

Der entscheidende Inhalt des Stücks sei die Familiengeschichte, die zum Symbol „für die Bruderschaft aller Menschen, für die Notwendigkeit gegenseitiger Toleranz und der Toleranz gegenüber Eigenart und Denken anderer" werde, „wie sie die Menschen innerhalb ihrer eigenen Familie walten lassen" (Atkins a. O., S. 167). Ohne die Ringerzählung aber habe Nathan nie in den Kreis der Sultansfamilie gelangen können. Nur die Freundschaft, die ihm Saladin dabei anbietet (V. 2060), bewahrt ihn vor der Verfolgung durch den Patriarchen und vor den Launen des orientalischen Despoten, der Saladin für ihn ohne diese Freundschaft wäre. Die Frage, ob nun dem Zieldrama oder dem analytischen Drama der Primat gebührt, erscheint, je mehr man in die Einzelheiten geht, umso unentscheidbarer. Ruth Klüger warnt die Interpreten in dieser Hinsicht:

Drama der Toleranz

Die Frage nach dem Primat des Zieldramas oder des analytischen Dramas ist unentscheidbar

> Man vereinfacht das Stück, wenn man, verleitet durch die hervorragenden Formulierungen, gewisse Sätze oder Scheinmaximen verabsolutiert. Lessing war kein Radikaler (a. O., S. 216).

Barner setzt bei Nathans Ausruf: „Dank sei dem Patriarchen" (V. 3449) an, in dem offensichtliches Fehlverhalten eine Umdeutung zum Guten erfährt, und bezeichnet daraufhin die Dramenhandlung als eine „auf der Bühne präsentierte Theodizee der Geschichte" (vgl. S. 31):

> Der Plan der Vorsehung ist die Voraussetzung für das Streben des Menschen gemäß bestimmter Einsichten, aber noch in Unkenntnis des letzten Ziels und der ganzen Wahrheit. Lessings ‚dialektischer Determinismus' bindet den Menschen zwar an die göttliche Führung, bewahrt ihm aber auch einen Freiheitsraum, den er im Sinne seiner geschichtlichen Aufgabe auszufüllen und zu nutzen hat. (Barner, S. 326)

Interpretation unter dem Aspekt ‚Vorsehung und Freiheit'

Während Lessing in der Schrift ‚Die Erziehung des Menschengeschlechts' (1780) den gesamtgeschichtlichen Prozess als einen Erziehungsplan Gottes vorstellt, in dem der Mensch allmählich ohne Offenbarungsreligionen auskommt und „das Gute tun wird, weil es das Gute ist" (§ 85), zeigt er im ‚Nathan', wie das „Gut handeln" (V. 361) in der jeweiligen Gegenwart aussieht, welche ganz konkrete Anforderungen an den Menschen stellt. Lessings Gegenentwurf zur Welt der Kreuzzüge ist in dieser Perspektive als der „Entwurf einer von der Vorsehung geordneten Welt" zu sehen:

‚Nathan der Weise' und ‚Die Erziehung des Menschengeschlechts'

> Die Diskrepanz zwischen historischer Wirklichkeit und geschichtsphi-
> losophischem Ziel zu überwinden ist die Aufgabe des Menschen …
> (Barner, S. 318)

Diese Interpretation geht davon aus, dass Zielhandlung und analytische Handlung untrennbar zusammengehören, weil diese die Vorsehung und jene das Bemühen des handelnden Menschen symbolisiert,
dem göttlichen Willen zu entsprechen. Deshalb war auch die sprachliche Distanzierung vom Rührstück (vgl. S. 53) unerlässlich.

Zur Gegenwartsbedeutung

In seinem Buch, in dem auch andere Arbeiten zur Gegenwartsbedeutung des Nathan-Dramas berücksichtigt werden, geht Karl-Josef Kuschel von der folgenden Überlegung aus: Was Lessing aus Vernunft-
gründen und um der Religion willen für wünschenswert hielt, nämlich „die Tyrannei des *einen* Rings" (V. 2036) zu brechen und stattdessen in ein Gespräch über die Gemeinsamkeiten einzutreten, sei heute
angesichts einer Präsenz von mehr als 2,5 Mio. Muslimen in unserem
Land zu einer politischen und kulturellen Überlebensfrage geworden. In dieser Situation habe Lessings ‚Nathan‘ deshalb an Aktualität
gewonnen, weil darin – bei aller historischen Begrenztheit des Modells – „eine Theologie des Neben- und Miteinander der Religionen
vorausentworfen" sei, wie sie heute benötigt werde. Im Hinblick auf

Die Aktualität von Lessings Verständigungsmodell

diese Aktualität interpretiert Kuschel das Stück. Lessing habe gegen
die damals herrschende Ignoranz über Judentum und Islam ange-
schrieben, die auch heute noch verbreitet sei, und sich zum Ziel gesetzt, die über sie verbreiteten Feindbilder, Stereotypen und Vorurteile zu bekämpfen. Er habe also in einem „Negativ-Kontext" mit seinem Stück „einen positiven Kontrapunkt erzwingen" wollen (Ku-

Lessings literarische Methode

schel, S. 22 f.). Dazu habe er eine „charakteristische literarische Methode" entwickelt, die Kuschel als „strategische Aufwertung" bezeichnet und ausdrücklich gegen Missverständnisse absichert. Lessing
stelle die positiven Seiten von Personen, Religionen, Kulturen nur als
Gegengewicht gegen ihr negatives Image heraus, idealisiere sie aber
nicht. Er treffe dabei eine bewusste Auswahl derjenigen *Fakten, die bisher ausgeblendet* wurden, verhalte sich also nicht naiv, sondern reflexiv.
Schließlich bedeute seine Imagekorrektur keine Parteinahme, er iden-
tifiziere sich daher nicht mit seinem Gegenstand, sondern plädiere für
Gerechtigkeit im Urteil (a. O., S. 22). Das bedeute für das Verständnis
des Stücks:

‚Nathan‘ ein bewusst antitragisches Stück

> Den ‚Nathan‘ versteht man… nur, wenn man beides sieht: den Kon-
> text der Religionstragödien und die in diesen Kontext hineingestellte
> Vision. Hier wollte der Dramatiker bewußt ein antitragisches Stück

> schreiben – im Bewußtsein aller Tragödien des Lebens, eine Ge-
> schichte gegen den Tod erzählen – im Horizont furchtbarer Katastro-
> phen… Lessings ‚Nathan‘ ist ein Stück Angstbewältigung des Todes-
> traumas. Menschen sollen für ihre Religion oder im Namen der Reli-
> gion nicht mehr leiden oder sterben… (a. O., S. 335)

Über die Realisierbarkeit seines Modells in der historischen Wirklichkeit habe sich Lessing keinen falschen Hoffnungen hingegeben:

Zweifel an der Realisierbarkeit, aber Warnung vor Zynismus

> So märchenhaft die Schlußlösung des Stückes ist – „der Christensohn
> und die Judentochter als die leiblichen Kinder eines Muselmanen“ (so
> Politzer bei Bauer, S. 359) –, so illusionsfrei war Lessing im Blick auf
> die gesellschaftlichen und religionspolitischen Chancen, die er diesem
> Miteinander einräumte. Nur schon sein Stück aufzuführen, hielt er für
> aussichtslos… (a. O., S. 336)

Aber Lessing sei „nie Zyniker genug“ gewesen, „um jede Hoffnung
auf ein versöhntes Miteinander von Juden, Christen und Muslimen
in sich abzutöten oder durch die Geschichte als endgültig widerlegt
zu betrachten“ (a. O., S. 338). Deshalb empfiehlt Kuschel die Beschäftigung mit Lessings ‚Nathan‘ gerade heutigen Lesern als „Zynis-
musprophylaxe“.

8. Vergleichsaspekte

Für den Vergleich mit den beiden anderen Dramen halten wir nun
mit Hilfe des Fragerasters von S. 9–11 die einschlägigen Aspekte fest:

1. Fragen zur Thematik:

1.1 *Wie wird der ‚gute Mensch‘ charakterisiert?*
Nathan wird zum ‚guten Menschen‘, indem er aus leidvoller Erfahrung lernt, sich mit Hilfe seiner Vernunft dem Willen Gottes
anvertraut und seine Gaben in „von Vorurteilen freier Liebe“ für
seine Mitmenschen einsetzt.

1.2 *Worin besteht seine ‚gute Tat‘?*
Mit Geduld und Toleranz führt er in klugem Gespräch seine Mitmenschen zu Verständigungsbereitschaft und Vorurteilslosigkeit.

1.3 *Wie sind Gegenfiguren zum ‚guten Menschen‘ gezeichnet?*
Der Friede unter den Menschen ist in Gefahr, wenn der Ver-
nunftgebrauch durch Affekte gestört (Tempelherr), wenn der eigene Glaube für den einzig richtigen gehalten wird (Daja) oder

arroganter Machtgebrauch die Menschen nur als Mittel zum
Zweck behandelt (Patriarch).

1.4 *Welche Bedeutung hat das Handeln des ‚guten Menschen' für das Zusammenleben?*
Nathans Handeln bewirkt Frieden zwischen Menschen verschiedenen Glaubens, unterschiedlicher Herkunft und ungleichen
Standes, ohne dass jemand deshalb seine Identität aufgeben
müsste.

1.5 *Wie ist die Realisierbarkeit des Ideals zu beurteilen?*
Der Versuch, Lessings Modell in der jeweiligen Realität umzuset-
zen, sieht sich vielen Hindernissen gegenüber, doch kann es als
Gegenentwurf zu dieser Realität vor Zynismus bewahren.

1.6 *Wie lebt das Ideal in unserer Gegenwartskultur weiter?*
Lessings Toleranzgebot hat – in Verbindung mit dem Gleichheits-
grundsatz – in Artikel 3 unserer Verfassung (Verbot der Benach-
teiligung oder Bevorzugung wegen des Geschlechts, der Herkunft, der Rasse oder des Glaubens) Niederschlag gefunden.

2. Fragen zur literarischen Form:

2.1 *Für welches Publikum ist das Stück geschrieben?*
Lessing hat für die bürgerliche Öffentlichkeit geschrieben, die
sich damals zu emanzipieren begann. Deshalb blieb er in der
Nähe der Alltagssprache, um sich möglichst vielen Lesern bzw.
Zuschauern verständlich zu machen.

2.2 *Wie kommt die didaktische Tendenz zur Geltung?*
Die Figuren des Stücks machen vor, wie Lernen im Gespräch vor
sich geht und zu entsprechenden Verhaltensänderungen führt.
Viele Dialoge haben die Form von Lehrgesprächen.

2.3 *Wie ist das Gattungsproblem gelöst?*
Das dramatische Gedicht hält die Mitte zwischen der klassischen
Tragödie (Versform, Fünf-Akt-Schema, bedeutsamer Inhalt) und
der bürgerlichen Komödie (Umgangston, Familienhandlung, un-
terhaltsame Szenen), um den didaktischen Zweck zu erreichen.

2.4 *Welche Funktion hat die räumliche und zeitliche Distanzierung der Handlung?*
Dass die Handlung in Jerusalem, der den drei Religionen heiligen Stadt, und zur Zeit der Kreuzzüge, der mörderischen Ausein-
andersetzungen zwischen ihnen, spielt, hebt die Notwendigkeit
von Lessings Friedensappell hervor. Damit wird die Handlung
auch von der Banalität des Rührstücks entfernt.

2.5 *Wozu dient das Handlungsschema der Wiedererkennung?*
Das Schema der Wiedererkennung dient dem Zweck, die göttliche Vorsehung (analytisches Drama) mit der Freiheit des handelnden Menschen (Zieldrama) in Verbindung zu bringen.

2.6 *Worin besteht die Problematik des Dramenschlusses?*
Die Verbindung zwischen dem analytischen Drama der Familienzusammenführung und dem Zieldrama des Versöhnungsgeschehens hält am Schluss nicht mehr. Die Familie hat sich wiedergefunden, aber die Erziehungshandlung ist noch nicht zu Ende. Der Zuschauer erfährt nicht, wie die beiden jungen Leute mit ihrer neuen Identität als Geschwister und als Glieder einer muslimischen Herrscherfamilie fertig werden.

Zweiter Teil: Goethe ‚Iphigenie auf Tauris‘ (1787)

1. Zur Entstehung des Werkes

Die ‚Iphigenie‘ bleibt dem Theaterpublikum fremd

Mit Goethes Schauspiel ‚Iphigenie‘, der „reinen Seele“, wie Pylades sie ironisch nennt (V. 1583), ist das Publikum nie ganz warm geworden. Das Stück lässt eine gefühlsbetonte Identifikation mit der Titelfigur infolge ihrer starken Idealisierung nicht zu. Auch würde das Verständnis des von ihr repräsentierten Ideals einen Grad von Bildung (im Sinne Goethes) voraussetzen, der vom breiten Theaterpublikum nicht erwartet werden darf. Daher hat sich das Iphigenie-Drama vor allem dadurch im Gedächtnis der Gebildeten gehalten,

Das Stück überlebt im Literaturunterricht der Schule

dass es im 19. Jahrhundert zum Prunkstück des Literaturunterrichts im deutschen Gymnasium wurde. Wenn er sein Lehrbuch, Herrmann Kluges weitverbreitete ‚Geschichte der deutschen Nationalliteratur‘ (zuerst 1869), aufschlug, so las der Schüler dort über Goethes ‚Iphigenie‘ die folgenden Sätze:

> „Alle menschlichen Gebrechen sühnet reine Menschlichkeit“, in diesen Worten liegt der Schwerpunkt des Dramas. Ein solcher Charakter kann nicht feige fliehen und falsches Spiel treiben, so groß auch die Sehnsucht nach der Heimat ist; vielmehr zerreißt sie das Gewebe der Lüge und überwindet durch ihre Lauterkeit und Wahrheit den König Thoas, so daß er in ihre Heimkehr willigt und versöhnt sie scheiden läßt. So ist der Charakter der Iphigenie nicht griechisch, sondern durch und durch christlich und deutsch…

Die Weimarer Klassik ist ein nicht hinterfragter Bildungsgegenstand

Diese pädagogisch verordnete Hochschätzung von Goethes klassischem Schauspiel hat bewirkt, dass die meisten Abiturienten des deutschen Gymnasiums die Weimarer Klassik als selbstverständlichen Unterrichtsgegenstand wie eine Naturgegebenheit hingenommen und selten gefragt haben, wie es denn eigentlich zu dieser eigenartigen Epoche der deutschen Literaturgeschichte gekommen sei.

Goethes Distanz zur ‚Iphigenie‘

Goethe hat selbst dazu beigetragen, dass man solche Fragen nicht zu stellen wagte, und sich bemüht, die Spuren zu verwischen, die zu seiner persönlichen Biografie zu führen drohten. Das ist schon Schiller bald aufgefallen, als er ihn kennen lernte, wie er am 2. 2. 1789 an Körner schreibt:

> Er besitzt das Talent, die Menschen zu fesseln und durch kleine sowohl als große Attentionen sich verbindlich zu machen; aber sich selbst weiß er immer frei zu behalten. Er macht seine Existenz wohltätig kund, aber nur wie ein Gott, ohne sich selbst zu geben.

Auffällig ist auch, dass sich Goethe in späteren Jahren immer wieder von seiner ‚Iphigenie' distanziert hat. Als er z. B. 1792 auf der Heimreise aus dem 1. Koalitionskrieg gegen die französischen Revolutionstruppen in Düsseldorf Freunde besucht und man ihm den Text mit der Bitte in die Hand gibt, daraus vorzulesen, weigert er sich:

Goethes Distanz zur ‚Iphigenie'

> Das wollte mir aber gar nicht munden, dem zarten Sinne fühlt' ich mich entfremdet, auch von andern vorgetragen war mir ein solcher Anklang lästig… (HA 10, 310/1)

Die Weimarer Inszenierung 1802 überlässt er Schiller und schickt ihm den Text mit den Worten:

> Hiebei kommt die Abschrift des gräcisirenden Schauspiels. Ich bin neugierig, was Sie ihm abgewinnen werden. Ich habe hie und da hineingesehen, es ist ganz verteufelt human…
> (19. Januar 1802)

Die Produktion der uns vorliegenden Versfassung der ‚Iphigenie' dauerte vom Februar 1779, als Goethe eine Prosaversion für das Liebhabertheater am Weimarer Hof schrieb, bis zum Januar 1787, als er das Manuskript der Versfassung aus Rom mit der Bitte an Herder schickte, noch „hier und da dem Wohlklange nachzuhelfen" (Brief vom 13. 1. 1787).

Ein mehrjähriger Produktionsprozess (1779–87)

Die ‚Iphigenie' verdankt ihre Entstehung einer Lebenskrise Goethes, die dadurch ausgelöst wurde, dass er in den ersten Jahren seiner Weimarer Wirksamkeit einen sittlichen Anspruch an sich stellte, dem er nicht gewachsen war. Die Ursache dafür lag in der platonischen Seelenfreundschaft, die er gleich nach ihrer ersten Begegnung am 12. 11. 1775 mit der schönen, eleganten, hochgebildeten Hofdame Charlotte von Stein (1742–1827) einging. Sie war mit dem Oberstallmeister des Herzogs, Freiherrn von Stein (1735–1793) verheiratet. Goethe wählte sie zur Vertrauten, mit der er seine beruflichen Probleme erörtern, aber auch seine poetischen Pläne und Entwürfe besprechen konnte. Doch konnte er die Spannung zwischen seiner Liebe und ihrer Unerfüllbarkeit auf die Dauer nicht ertragen. Deshalb verließ er heimlich Weimar und lebte von September 1786 bis Juni 1788 in Italien. Die ‚Iphigenie' nahm er mit und begann schon auf dem Weg nach Rom mit der Umarbeitung. Dabei entwickelte er ein neues künstlerisches

Die Freundschaft mit Charlotte führt Goethe in eine Lebenskrise

Die Italienreise = Zäsur in der Biografie, in der Literaturgeschichte und in der Entstehung des Dramas

Konzept, das später mit dem Begriff der ‚*Klassik*' bezeichnet wurde. Daher ist die Italienreise nicht nur die wichtigste Zäsur in Goethes Biografie, in der ihm die Bewältigung seiner Lebenskrise gelang, sondern ebenso ein bedeutender Einschnitt in der Literaturgeschichte, der vom Sturm-und-Drang, der Schlussphase der Aufklärung, zur

Das Konzept der Klassik

Klassik führte. Das neue poetische Konzept wirkte sich auf die ‚Iphigenie' dahingehend aus, dass der Abstand der Handlung vom realen Leben vergrößert wurde, „um zu zeigen, wo allein das *Ideal* seinen Ort hat: im Bereich der Kunst" (Matussek, S. 117).

Goethes Leben in Weimar

Der enge Zusammenhang der Entstehungsgeschichte des Dramas mit der persönlichen Lebenskrise des Dichters macht einige Ausführungen über Goethes Leben in Weimar nötig:

Goethe tritt in den Dienst des Herzogs von Sachsen-Weimar-Eisenach

Am 7. November 1775 trifft Goethe in Weimar ein, um in den Dienst des Herzogs Carl August von Sachsen-Weimar-Eisenach zu treten und dort bis zu seinem Lebensende ansässig zu bleiben. Er verschwand nun zunächst für ein ganzes Jahrzehnt aus dem Gesichtskreis und dem Interesse des literarischen Publikums, dem nur die Erinnerung an den einst berühmten Dichter des Sturm-und-Drang blieb, den Autor des ‚Götz' und des ‚Werther'. Man nahm allgemein an, dass er nun der Schriftstellerei entsagt und sich ganz auf eine praktische Tätigkeit geworfen habe. Die Leute konnten sich nicht vorstellen, dass jemand eine verantwortungsvolle öffentliche Tätigkeit ausüben und zugleich sein poetisches Schaffen fortsetzen könne.

Goethe verschwindet von 1775 bis 1787 aus der literarischen Öffentlichkeit

Goethe erschien erst wieder 1787 mit der achtbändigen Ausgabe seiner „sämtlichen Werke" bei Göschen (Leipzig), welche auch die endgültige Versfassung der ‚Iphigenie' enthielt, in der literarischen Öffentlichkeit. Seine Freunde haben ihn natürlich gefragt, wie ein Großbürgerssohn aus der freien Reichsstadt Frankfurt am Main, der Rebellenfiguren wie Götz, Faust und Prometheus als Dichter gestaltet hat, dazu komme, sich unter die Herrschaft eines Fürsten zu begeben. Seine Antwort lautete, er wolle „versuchen, wie einem die Weltrolle zu Gesichte stünde" (an Merck, 22. 1. 1776).

Die Verhältnisse im Herzogtum

Das Herzogtum Sachsen-Weimar-Eisenach erscheint allerdings wenig geeignet für eine ‚Weltrolle'. Es hat damals nur 106398 Einwohner (vgl. Eberhardt, S. 10), die überwiegend Landwirtschaft treiben. Es gibt nur einen Industriebetrieb, die Strumpfmanufaktur in Apolda. Es führen fast keine Verkehrsstraßen durch das Gebiet, die Zolleinnahmen bringen könnten. Aus der einzigen Universität Jena wandern die meisten Professoren und Studenten lieber nach Göttingen ab. Zudem war das Schloss im Vorjahr abgebrannt, und der Hof musste in Notunterkünften leben.
Charlotte von Stein hilft dem Neuankömmling über die Schwierigkeiten hinweg,

die er in der ihm unvertrauten Umwelt hat, und führt ihn in die höfischen Umgangsformen ein. Goethe nimmt sich vor, gesellschaftlichen und politischen Einfluss in Weimar zu bekommen, und macht sich am Hof schnell unentbehrlich. Er organisiert das kulturelle Leben am ‚Musenhof‘ von Weimar, setzt die Berufung Herders zum Hofprediger durch und reformiert mit ihm das Schulwesen, erhält die Aufsicht über den Schlossneubau und wird am 11. 6. 1776 Mitglied der Regierung. Damit beginnt seine politische Karriere, die ihn in kurzer Zeit zum mächtigsten Mann nach dem Herzog macht. In rascher Folge erhält er den Vorsitz in der Bergbaukommission (14. 11. 1776), begleitet den Herzog auf einer politischen Reise nach Berlin und Potsdam (10. 5. bis 1. 6. 1778), wird Leiter der Kriegskommission, dem die Rekrutenaushebung untersteht, und des Wegebaus (Jan. 1779), wird am 5. 9. 1779 zum Geheimen Rat ernannt. Am 10. 4. 1782 wird er geadelt, am 11. 6. 1782 erhält er die Leitung der Staatsfinanzen.

Goethes politische Karriere in Weimar

Die historische Leistung, die Goethe während dieser Karriere erbracht hat, lässt sich in dem Satz zusammenfassen, dass er „einen nicht unerheblichen Anteil daran hatte, daß Weimar seine Autonomie gegenüber den großen Mächten wahrte" (Matussek, S. 97). Das hat er dadurch erreicht, dass er seinen Herzog von „der großen Projektmacherei" abhielt und ihn nach dem Prinzip einer klugen ‚Kleinmachtpolitik‘ beraten hat (vgl. Krippendorff, S. 34 f.).

Goethes historische Leistung

Goethes Lebenskonzept in Weimar

Die vielen Dienstverpflichtungen Goethes verhinderten nicht etwa ein poetisches Schaffen, wie viele Zeitgenossen dachten, sondern steigerten sein Bedürfnis nach einem kreativen Privatleben als Gegengewicht zu der amtlichen Tätigkeit. So entstanden in diesen ersten Weimarer Jahren nicht nur Entwürfe zum ‚Wilhelm Meister‘-Roman und drei verschiedene Fassungen des Iphigenie-Dramas (1779 und 1781 in Prosa, 1780 in Jamben), sondern auch so bedeutende Gedichte wie die ‚Harzreise‘ (1778), ‚Grenzen der Menschheit‘ (1781) und ‚Das Göttliche‘ (1783), von denen das erste noch zu den Sturm-und-Drang-Hymnen gehört, während die beiden anderen schon die Wende zur Klassik einleiten. All diese Dichtungen wurden aber nur im Weimarer Kreise bekannt gemacht und erschienen erst nach der Italienreise in der Göschen-Werkausgabe. Ihre Produktion diente Goethe zur Selbstbesinnung, zur Kontemplation als Voraussetzung dafür, dass er sich in seinen amtlichen Aktivitäten voll einsetzen konnte. Bei der Bewältigung der Spannung zwischen seiner öffentlichen und seiner privaten Existenz war Charlotte von Stein Goethes große Helferin. Ihr ließ er unzählige Nachrichten über Einzelheiten seiner Tätigkeiten zukommen, aus denen wir auch etwas über die Schwierigkeiten erfahren, welche ihm dieses Doppelleben bereitete. In ihnen spiegeln sich auch die großen Ereignisse der Geschichte, z. B. in der immer wieder zitierten Notiz vom 6. 3. 1779 aus Apolda:

Dichten als Gegengewicht gegen das Regieren

Spannung zwischen öffentlicher und privater Existenz

Charlotte von Stein als große Helferin

Hier will das Drama gar nicht fort, es ist verflucht, der König von Tau-
rus soll reden, als wenn kein Strumpfwürker in Apolda hungerte…

Die Notiz ist ein Zeugnis für die innere Verfassung Goethes, als die
Spannung zwischen Amtstätigkeit und dichterischem Schaffen einmal auf einen Höhepunkt gestiegen war.

Im Juli brach der erwartete Krieg zwischen Preußen und Österreich, der sogenannte Bayerische Erbfolgekrieg, aus. Als Preußen im Februar 1779 in Weimar
nach Rekrutierungsmöglichkeiten fragte, d. h. eine Besetzung des Landes drohte,
unternahm Goethe als zuständiger Minister eine Dienstreise durch Thüringen,
um Rekruten für Weimars Armee auszuheben, die man im Konfliktfall Preußen
zur Verfügung stellen könnte, um eine Okkupation abzuwenden. Außerdem

Corona Schröter und Goethe als Iphigenie und Orest
in der ersten Aufführung am 6. 4. 1779 (Stich von Friedrich Wilhelm Facius
nach einem Ölgemälde von Georg Melchior Kraus)

Ullstein Bilderdienst, Berlin

musste sich Goethe in Apolda um die arbeitslosen Strumpfwirker kümmern, die durch den Krieg von ihren Rohstoffquellen und Absatzmärkten abgeschnitten waren und deshalb ihre Produkte nicht verkaufen konnten. Auf dieser Dienstreise diktierte Goethe seinem Sekretär jeweils abends in der Zeit vom 14. Februar bis Mitte März 1779 in ungemütlichen Räumlichkeiten die ersten drei Akte der ‚Iphigenie‘. Die restlichen zwei Akte entstanden nach der Rückkehr in Weimar, während bei Hofe schon die Proben liefen. Am 6. April wurde das Stück dann vor geladenem Publikum auf der Liebhaberbühne aufgeführt, die Rollen von Angehörigen der herzoglichen Familie und Mitgliedern des Hofes besetzt:

Entstehung der ersten Iphigenie-Fassung

Erste Aufführung der Prosa-‚Iphigenie‘

> … mit Corona Schröter, gekleidet in 56 Meter weißes Leinen, Musselin und Taft, als Iphigenie und dem athletischen Goethe, in griechischem Kostüm, als Orest: „man glaubte einen Apoll zu sehen", berichtete ein Augenzeuge. Der Erfolg war so groß, dass eine zweite Aufführung am 12. April gegeben wurde und eine dritte im Juli in Ettersburg stattfand, in der Herzog Carl August, für Constantin, seinen jüngeren Bruder einspringend, die Rolle des Pylades übernahm (nach Boyle, S. 351).

Im Tagebuch vermerkt Goethe am gleichen Tag: „‚Iphigenie‘ gespielt. Gar gute Wirkung davon, besonders auf *reine* Menschen". Der Begriff der ‚Reinheit‘, der in dieser Notiz unvermutet auftaucht, findet sich 1779 in zahlreichen Tagebucheintragungen und weist auf die *Problematik des Lebenskonzepts* hin, das Goethe in seinen ersten Weimarer Jahren entwickelt hat und in dem Charlotte von Stein eine zentrale Rolle spielt. Dass er die Spannung aushält und in beiden Bereichen, in der Politik und in der Dichtung, zu Höchstleistungen kommt, „resultiert aus einer perpetuierten Sehnsucht" (Matussek, S. 103). Für beide Bereiche ist Charlotte eine ideale Partnerin. Als Ehefrau eines anderen und Mutter ist sie selbst gefordert und lenkt ihn nicht von seiner Amtstätigkeit ab. Als nur platonisch Geliebte, die ihn zu innigster Hingabe motiviert, ohne sich ihm je ganz hinzugeben, regt sie ihn zu poetischem Schaffen an. Daher zeigen Gedichte aus dieser Zeit wie das am 14. 4. 1776 an Charlotte übersandte, das mit der Zeile „Warum gabst du uns die tiefen Blicke …?" beginnt und erst 1848 zum erstenmal gedruckt wurde, eine Sensibilität für seelische Regungen, die selbst bei Goethe einzigartig ist. Doch dieser leidet unter der ihm abverlangten zölibatären Enthaltsamkeit, wie schon die häufige Rede von ‚Reinheit‘ andeutet. Aber erst von Rom aus kann er von diesem Leiden explizit sprechen:

Der Begriff der ‚Reinheit‘

Das problematische Verhältnis zu Charlotte von Stein

Goethes Zölibat ist nicht freiwillig

> An dir häng ich mit allen Fasern meines Wesens. Es ist entsetzlich, was mich oft Erinnerungen zerreißen. Ach, liebe Lotte, du weißt nicht, welche Gewalt ich mir angetan habe und antue und daß der Gedanke, dich nicht zu besitzen, mich doch im Grunde, ich mag's nehmen und stellen und legen, wie ich will, aufreibt und aufzehrt… (an Frau v. Stein, am 21. 2. 1787)

Goethe versucht, ein unerreichbares Ideal zu verwirklichen

Das Ideal der *Humanität,* der „Menschlichkeit" (V. 1938), d. h. des menschlichen Vollkommenheitsstrebens, wird also von Goethe im Bund mit Charlotte gleich in seiner höchsten Form der vollkommenen sittlichen Läuterung angestrebt:

> Was er sich zum Vorsatz macht, ist nichts weniger als die Verbesserung der Menschheit durch das eigene Beispiel; und das ist ein Wahn, sei er auch edel (Matussek, S. 104 f.).

In der ‚Iphigenie' hat er sein Ideal der ‚Reinheit' in einer Figur dargestellt, die sich von der profanen Wirklichkeit nicht irremachen lässt. Eine solche kompromisslose Weltferne kann sich Goethe selbst in seinem Leben nicht leisten. Er sieht ein, dass er sein Lebenskonzept ändern muss.

Goethe auf dem Weg zur Klassik

Goethe wird bewusst, dass er sich in einer Krise befindet

Als Goethe zum Bewusstsein kommt, dass er sich in einer Krise befindet, besinnt er sich auf eine Maxime, die er schon am 14. 12. 1778 im Tagebuch festgehalten hatte. Er hatte an diesem Tag seinem Dienstherrn vergeblich klarzumachen versucht, dass es Zeitverschwendung sei, „unverbesserliche Übel an Menschen und Umständen verbessern" zu wollen, statt sie „gleichsam als Grundstoff" für Maßnahmen zu verwenden:

AKG, Berlin

Goethe in der Campagna.
Ölgemälde von Johann Heinrich Wilhelm Tischbein, 1786–88

> Das schönste Gefühl des *Ideals* wäre, wenn man immer rein fühlte,
> *warum* man's nicht erreichen kann.

Diese Frage nach den Gründen der Unerreichbarkeit führt ihn Jahre
später zu der Einsicht, dass sein bisheriges Weimarer Lebenskonzept,
das ja ebenso einem unerreichbaren Ideal wie einer unerfüllbaren
Liebe gewidmet ist, auf Dauer keinen Sinn hat, vielmehr aufgegeben
werden muss. Er weiß noch nicht, wie es weitergehen soll, beginnt
sich aber auf die Italienreise vorzubereiten, die er bereits mehrmals
aufgeschoben hatte.

Er sucht ein neues Lebenskonzept

In Italien erlebt er zunächst eine persönliche Befreiung, in der er Abstand zu seinem bisherigen Leben gewinnt, wie er im Reisetagebuch
am 25. 9. 1786 notiert:

Abstand von der engen Welt von Weimar

> Ich kann dir nicht sagen, was ich schon die kurze Zeit an *Menschlichkeit*
> gewonnen habe. Wie ich aber auch fühle, was wir in den kleinen Sou-
> verainen Staaten für elende, einsame Menschen sein müssen, weil
> man, und besonders in meiner Lage, fast mit niemand reden darf, der
> nicht was wollte und möchte…

Dann aber merkt er, dass sein Studium der antiken und der Renais-
sancekunst durch eigene Anschauung auch der Selbstfindung dient,
wie er in dem Brief feststellt, den er am 20. 12. 1786 aus Rom an
Charlotte schickt:

> Die *Wiedergeburt,* die mich von innen heraus umarbeitet, wirkt immer
> fort, ich dachte wohl hier was zu lernen, daß ich aber so weit in die
> Schule zurückgehn, daß ich so viel *ver*lernen mußte, dacht' ich nicht…

Goethe setzt also das Programm der *Humanität,* der Persönlichkeits-
bildung, das er mit Charlotte in Weimar begonnen hatte, in Italien
ohne sie fort. In Weimar sah er sich nämlich durch das Programm
überfordert, weil er selbst das Beispiel hatte geben wollen. Nun aber
hatte er sich von diesem unerfüllbaren und daher zerstörerischen *Anspruch* gelöst und ihn auf seine ‚Iphigenie' übertragen, die er deshalb
erst jetzt zu vollenden vermochte. Denn nun kann er das *Ideal* von
seiner eigenen *Wirklichkeit* trennen:

Das Programm der Humanität wird in Italien fortgesetzt

> Kunst- und Naturwahrheit werden strikt unterschieden zugunsten der
> ersteren, deren höhere Wahrheit darin besteht, daß sie nicht etwas *Vor-
> handenes* vor Augen führt, sondern ein von der Realität deutlich abge-
> hobenes *Ideal.* (Matussek, S. 119)

Das ästhetische Prinzip der Klassik wird entwickelt

Genau das hat Heinrich Heine mit seinem Begriff der „Kunstperiode" gemeint, in der die Dichter „eine unabhängige zweite Welt"

Endfassung der ‚Iphigenie' als klassisches Schauspiel in Form und Inhalt

über der „ersten wirklichen Welt" aufgebaut hätten (vgl. S. 8). Er hatte dabei offensichtlich die Weimarer Klassik vor Augen. Die Endfassung der ‚Iphigenie' wird unter dem Stichwort der „Harmonie" gestaltet. Die Verssprache soll sich „in fortgehende Harmonie verwandeln" (an Carl August am 18. 9. 1786). Aber auch der Inhalt soll nun „harmonischer entgegen kommen" (an Herder am 13. 1. 1787):

So rät Iphigenie in der Erstfassung nur, die Menschenopfer durch Tieropfer zu ersetzen (I, 3). Nun aber übt sie grundsätzliche Kritik an der Gottesvorstellung der Skythen, indem sie diese als Projektion menschlicher Eigenschaften hinstellt:

> Der mißversteht die Himmlischen, der sie
> Blutgierig wähnt, er dichtet ihnen nur
> Die eignen, grausamen Begierden an... (V. 523 ff.)

An einer anderen Stelle (III, 3) sind die Worte des Orest: „Mich dünkt..." aus der Erstfassung durch den Satz: „mir sagt's das Herz" (V. 1358) ersetzt und damit zu der Antwort Iphigenies an König Thoas in Beziehung gesetzt, in der sie das „Herz" als Organ der Gotteserkenntnis bezeichnet:

> THOAS: Es spricht kein Gott, es spricht dein eignes Herz.
> IPHIGENIE: Sie reden nur durch unser Herz zu uns. (V. 493/4)

In Iphigenies zentralen Monolog (IV, 5) ist gegenüber der Erstfassung ein Satz eingefügt, mit dem nun das Gebet endet:

> Rettet mich
> Und rettet euer Bild in meiner Seele! (V. 1716/7)

Damit ist der für die Klassik kennzeichnende Zusammenhang zwischen der autonomen sittlichen Entscheidung des Menschen und seinem Vertrauen auf eine moralische Weltordnung zur Sprache gebracht.

Die Weimarer Klassik als historische Ausnahme

Der wahre Kern des Vorwurfs, Goethe sei ein Fürstendiener

Der alte Goethe hat sich am 27. 4. 1825 bei Eckermann beklagt: „Nun heißt es wieder, ich sei ein Fürstendiener, ich sei ein Fürstenknecht – Als ob damit etwas gesagt wäre! – Diene ich denn etwa einem Tyrannen? einem Despoten?" Der bis heute oft wiederholte Vorwurf kann aber einen wahren Kern treffen, wenn man ihn anders versteht, als Goethe es getan hat. Er kann einfach auf die Tatsache verweisen, dass Goethe nicht nur viel geleistet, sondern auch ungewöhnliche Vorzüge genossen hat, von denen andere Menschen nur träumen können. Goethe war eigenmächtig nach Italien gefahren und hatte seinen Dienstherrn im Stich gelassen (vgl. Sengle, S. 75). Der Herzog aber wollte ihn nicht verlieren und ging deshalb auf seine Absicht ein, sein gespaltenes Selbst in Italien in Ordnung zu bringen. Er verzieh ihm eine Handlungsweise, für die ein gewöhnlicher Mensch wohl streng zur Rechenschaft gezogen worden wäre. Goethe erhielt sogar 200 Taler Zulage. Dieser vom fürstlichen Mäzen garantierte Lebensunterhalt ist die materielle Voraussetzung von Goethes italienischer „Wiedergeburt" als Künstler, welcher die Epoche der ‚Weimarer Klassik' zu verdanken ist. Nur durch eine privilegierte Stellung vor den Nöten des täglichen Existenzkampfes bewahrt und aus der Enge der bürgerlichen Lebenswelt herausgehoben, konnte Goethe ein derartig elitäres Humanitätsideal aufstellen, wie er es in seiner ‚Iphigenie' gestaltet hat.

Die ‚Weimarer Klassik' wurde vom fürstlichen Mäzen bezahlt

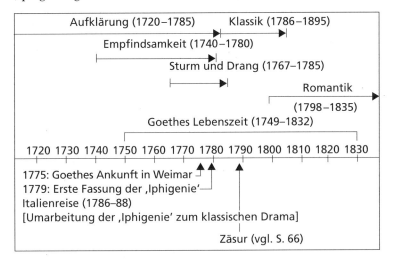

2. Der inhaltliche Aufbau des Dramas

Die Vorlage bei Euripides

Goethe hat sich, was den inhaltlichen Aufbau des Dramas angeht, weithin an seine Vorlage gehalten, die Tragödie ‚Iphigenie im Taurerland' von Euripides, die um 412 vor Chr. in Athen aufgeführt wurde und welche die Schlussepisode der griechischen Tantalidensage behandelt:

Goethe hält sich an seine Vorlage von Euripides

Der Titan Tantalos, den Zeus an die Tafel der Olympier geladen hatte, erkühnte sich, die Allwissenheit der Götter auf die Probe zu stellen, indem er ihnen Pelops, seinen eigenen Sohn, zum Essen vorsetzte. Zur Strafe dafür verbannte Zeus Tantalos zu ewigen Qualen in die Unterwelt und verfluchte seine Nachkommen.
Zu diesen Nachkommen des Tantalos gehören unter anderen Atreus mit seinen Söhnen Agamemnon und Menelaos. Von Agamemnon und Klytaimnestra stam-

Der Frevel des Ahnherrn der Atriden, Tantalos

Die Atriden im Zeitalter des Trojanischen Krieges

men die Geschwister Iphigeneia, Elektra und Orest. Agamemnons Bruder Menelaos ist mit Helena vermählt, die durch Paris, den Sohn des trojanischen Königs Priamos, geraubt wird.

Als die Griechen dieses Raubes wegen in Aulis zum Kampf um Troja aufbrechen, fehlt es der Flotte an günstigem Wind. Die Jagdgöttin Artemis (lat. Diana) will diesen gewähren, wenn Agamemnon ihr die schönste seiner Töchter opfert. Agamemnon lockt Iphigeneia unter dem Vorwand, sie mit Achilleus vermählen zu wollen, von Mykene nach Aulis und opfert sie. Artemis entführt Iphigeneia in einer Wolke vom Opferaltar auf die taurische Halbinsel, wo sie als Priesterin der Göttin, dem Brauch der barbarischen Skythen folgend, Menschen, die es als Fremde an die Küsten der Krim verschlagen hat, opfern muss.

Artemis rettet Iphigenie vor dem Tod auf dem Opferaltar

Klytaimnestra ist über die Opferung Iphigeneias empört. Als Agamemnon nach der Eroberung Trojas heimkehrt, wirft sie ein Netz über den Badenden und lässt ihn durch ihren Liebhaber Aigisthos ermorden.

Orest, der bei seinem Onkel Strophios mit dessen Sohn Pylades aufgewachsen ist, wird vom delphischen Apollon zur Rache an Aigisthos und Klytaimnestra aufgefordert und nach dem Vollzug der Rache, wegen des Muttermordes, von den Erinnyen verfolgt. Das Delphische Orakel verspricht ihm Erlösung, wenn er die hölzerne Kultfigur der taurischen Artemis nach Griechenland bringt.

Inhalt des antiken Iphigenie-Dramas

Hier beginnt die taurische Episode:

Als Orest und Pylades nach Taurien kommen, erkennt Iphigeneia ihren Bruder. Sie hintergeht mit ihm und Pylades den Taurerkönig Thoas und entkommt mit dem geraubten Götterbild nach Griechenland. Der von den Erinnyen erlöste Orest wird König im heimischen Mykene. Elektra heiratet Pylades, während Iphigeneia Priesterin der in Attika aufgestellten Artemis Tauropolos bleibt.

Goethe fasst die ganze Atridengeschichte zusammen

Diese Geschichte des Atridengeschlechts mit ihren unaufhörlichen Gräueltaten, welche die Verwandten einander antun, fasst Goethe in den Auftritten I, 3, II, 2 und III, 1 zusammen. Wenn er die „Rachegeister" (V. 564), welche Orest verfolgen, vor dessen Heilung als „Erinnyen" (V. 1149) bezeichnet, danach aber „Eumeniden" nennt (V. 1359), so weist er damit auf die früheste Behandlung des Stoffes in den drei Tragödien der ‚Orestie‘ durch Aischylos (458 vor Chr.) hin. Darin spiegelt sich die Einführung der demokratischen Verfassung in Athen durch Perikles 462 vor Chr. als Konflikt zweier Rechtskonzepte. Auf der einen Seite steht das von den Erinnyen vertretene Mutterrecht, dem der Vater als nicht blutsverwandt und der Muttermord als das schlimmste Verbrechen gilt. Auf der anderen Seite steht das jüngere, durch Apollon vertretene Vaterrecht, für das der Vater der nächste Verwandte ist, so dass sein Mörder der Blutrache des Sohnes verfällt. Bei Aischylos wird der Streit von der Göttin Athene vor das höchste Gericht, den Areopag, gebracht, welcher Apollon Recht gibt. Die Erinnyen werden versöhnt, erhalten den Namen ‚Eumeniden‘ (d. h. die Wohlmeinenden) und bekommen einen Kult in Athen unterhalb des Areopag.

Erinnyen und Eumeniden bei Aischylos

Historischer Kontext bei Aischylos

Alle Beziehungen zu einem historischen, rechtlichen oder kultischen Kontext sind bei Goethe fortgefallen, alle Vorgänge in das Innere der Personen verlegt. Dieser Umstand machte Schiller zu schaffen, als er

die Endfassung des Stücks für das Weimarer Hoftheater inszenieren
sollte. Goethe hatte ihm den Text fast widerwillig überlassen und
wollte mit dem Unternehmen nichts zu tun haben (vgl. S. 65).
Schiller blieb also mit den Schwierigkeiten, welche das Stück infolge
seiner Handlungsarmut dem Regisseur bereitet, allein. Er hat diese
Schwierigkeiten in einem Brief an den Dichter folgendermaßen beschrieben:

Schiller kritisiert die Handlungs-armut von Goethes Stück

> Es gehört nun freilich zu dem eigenen Charakter dieses Stücks, daß
> dasjenige, was man eigentlich Handlung nennt, hinter den Koulissen
> vorgeht, und das Sittliche, was im Herzen vorgeht, die Gesinnung,
> darin zur Handlung gemacht ist und gleichsam vor die Augen ge-
> bracht wird…
> (An Goethe am 22. 1. 1802)

Bei Euripides ist Iphigenie der Motor des Unternehmens, das dem
Raub des Kultbildes gilt:

> IPHIGENIE: Ich habe, dünkt mich, einen neuen Plan erdacht.
> ORESTES: Was ist es? Sage mir es, daß auch ich es weiß!
> IPHIGENIE: Als list'ger Vorwand diene mir dein Seelenleid!
> ORESTES: Gilt's Listen zu ersinnen, sind die Fraun geschickt.
> (V. 1329 ff.)

Iphigenie erfindet hier selbst die List, welche ihr in Goethes Stück Pylades einredet (V. 1395 ff.), nämlich Aufschub des Opfers mit der Begründung zu erreichen, erst müsse die Göttin den mit Blutschuld be-
fleckten Griechen, d. h. Orest, reinigen (V. 1430–40). Weil Iphigenie
über den Parteien stehen soll, ändert Goethe den Handlungsverlauf:

Veränderter Hand-lungsablauf bei Goethe

Inhaltsangabe

Iphigenie dient im fernen Taurien dem Barbarenkönig Thoas als Priesterin der
Göttin Diana. Sie hat ihn dazu bewegt, auf die landesüblichen Menschenopfer zu
verzichten. Als sie jedoch seinen Heiratsantrag zurückweist, droht er damit, die
Opferung anlandender Fremder erneut anzuordnen. Gerade jetzt erscheinen Iphigenies Bruder Orest und dessen Freund und Cousin Pylades am Strand in der
Nähe des Tempels. Sie wollen das Bild der Göttin rauben. Denn Apollon hatte
prophezeit:

Iphigenie weist die Ehe zurück

> Bringst du die Schwester, die an Tauris' Ufer
> Im Heiligtume wider Willen bleibt,
> Nach Griechenland; so löset sich der Fluch. (V. 2113–15)

Orest ist noch, von den Rachegeistern verfolgt, wahnverstört, findet jedoch
schnell Heilung, sei es durch eine Art Heilschlaf (III, 2), sei es durch das Gebet
der Schwester (III, 3). Nun muss sich Iphigenie aber entscheiden, ob sie mit Orest

Orests Heilung

Iphigenie im
sittlichen Konflikt

und Pylades zusammen, „Gewalt und List" (V. 2142) gebrauchend, das Bild rauben und nach Griechenland zurückkehren will, ohne ihre Dankbarkeit dem Barbarenkönig gezeigt zu haben, dem sie ihr Asyl verdankt, oder ob sie bei der „Wahrheit" (V. 1919) bleiben und Thoas die Entscheidung über ihr Schicksal überlassen soll. Sie ringt sich dazu durch, den Göttern („Rettet mich!": V. 1716/7) und dem König zu vertrauen (V. 1934 ff.). Sie verrät ihm den Plan und gibt sich, mitsamt Bruder, Cousin und deren Begleitern, ganz in Thoas' Hand. Dieser trifft die Entscheidung, voller Respekt für die wagemutige Tugendhaltung Iphigenies im Sinne „der Wahrheit und Menschlichkeit" (V. 1938) zugunsten der Griechen.

Lösung des
Konflikts

Großzügig, aber schweren Herzens lässt er Iphigenie mit ihren Verwandten und Landsleuten ziehen. Da Orest aber das Orakel – ebenfalls im Sinne der ‚Menschlichkeit' – umgedeutet hat, Apollon habe Orests Schwester Iphigenie und nicht Diana, seine eigene Schwester, gemeint, kann das Kultbild bei den Taurern bleiben. Es wird nicht mehr benötigt. Orests Auftrag ist erfüllt, das Geschlecht der Tantaliden vom alten Fluch befreit.

Übersicht über die 20 Auftritte

Dieses Geschehen wird auf der Bühne in 20 Szenen dargestellt, welche ungleich auf fünf Akte verteilt sind:

Erster Aufzug		
1. Auftritt (1-53)	Iphigenie	Iphigenie klagt über ihr Leben in der Fremde (1–22), hält „der Frauen Zustand" für „beklagenswert" (23–34) und bedauert, dass sie der Göttin nur „mit stillem Widerwillen" diene. Diana möge ihren Vater aus Troja und auch sie selbst nach Griechenland zurückkehren lassen (35–53).
2. Auftritt (54–219)	Iphigenie, Arkas	Arkas meldet die Ankunft des Königs (54–105), lobt Iphigenies Wirken auf der Insel (106–149) und rät ihr, den Heiratsantrag des Thoas anzunehmen (150–182). Er warnt vor dem zu erwartenden Unmut des Königs (183–209). Arkas meldet seine Ankunft (210–219).
3. Auftritt (220–537)	Iphigenie, Thoas	Auf den Heiratsantrag des Königs (220–250) erwidert Iphigenie, dass ihre Herkunft einer Heirat entgegenstehe (251–299). Sie erzählt nun die Geschichte des Tantalidengeschlechts und gibt sich als Tochter Agamemnons zu erkennen (300–432). Thoas wiederholt trotzdem seinen Antrag. Doch Iphigenie bittet um Erlaubnis zur Heimkehr (433–462). Thoas ist enttäuscht (463–492) und droht, die von ihr abgeschafften Menschenopfer wieder einzuführen, für die zwei eben ergriffene „Fremde" bereits vorgesehen sind (493–537).
4. Auftritt (538–560)	Iphigenie	Iphigenie betet zu Diana um Befreiung von dem Zwang, ihr Menschen opfern zu müssen und äußert ihre Überzeugung, dass die Götter die Menschen lieben und ihnen das Anschauen des Himmels gern „eine Weile gönnen und lassen" (560).

Zweiter Aufzug

1. Auftritt (561–797)	Orest, Pylades	Orest sehnt den Tod als Erlösung von den Rachegeistern herbei, während Pylades versucht, ihm klarzumachen, dass er noch „auf dieser weiten Erde" (633) gebraucht werde.
2. Auftritt (798–925)	Iphigenie, Pylades	Pylades gibt sich Iphigenie gegenüber als Kreter aus, dessen Bruder durch Blutschuld, die er auf sich geladen, unter fieberhaftem Wahnsinn leide (798–857). Als Iphigenie nach dem trojanischen Krieg fragt, erzählt Pylades ihr vom Fall Trojas und von der Ermordung Agamemnons (858–925).

Dritter Aufzug

1. Auftritt (926–1257)	Iphigenie, Orest	Von Orest erfährt Iphigenie, dass ihr Bruder mit Pylades bei Verwandten aufgewachsen sei und später seine Mutter umgebracht habe (926–1070). In Erinnerung an die Worte des Pylades (836 ff.) meint sie, der Fremde sei „in gleichem Fall" wie der Orest, von dem er erzählt (1071). Da gibt dieser sich zu erkennen. Das sieht Iphigenie als Fügung (1094 ff.), doch Orest will sie nicht an sein fluchbeladenes Leben binden (1071–1138). Nun gibt sich auch Iphigenie zu erkennen (1139-1201), doch Orest traut ihr nicht, sondern erwartet den Tod von ihrer Hand (1202–1257).
2. Auftritt (1258-1309)	Orest	Orest steigt im Schlaf (vor 1255) visionär in die Unterwelt hinab, um dort seine Ahnen wiederzusehen, findet keine Feindschaft mehr unter ihnen und reicht auch seiner Mutter die Hand.
3. Auftritt (1310–1368)	Orest, Pylades, Iphigenie	Orest wähnt sich noch im Hades, als Iphigenie und Pylades wieder zu dem Ermatteten stoßen (1310–1316). Diese beteuern, dass sie „nicht leere Schatten" seien (1317–40). Da „löst sich der Fluch" bei Orest. Nun aber mahnt Pylades zum Aufbruch (1341–68).

Vierter Aufzug

1. Auftritt (1369–1420)	Iphigenie	Iphigenie schwankt, ob sie bei Pylades' Fluchtplan mitmachen oder Thoas die Wahrheit sagen soll. Denn die Lüge würde keine Freiheit, sondern nur neue Angst für sie und ihren Bruder bringen.
2. Auftritt (1421–1502)	Iphigenie, Arkas	Arkas dringt darauf, dass nun die Opferhandlung beginnen müsse. Doch bringt Iphigenie anweisungsgemäß den Einwand vor, erst müsse das Heiligtum wieder geweiht werden, das der fremde Muttermörder entehrt habe (1421–1440). Arkas erwidert, dass dazu erst der König seine Genehmigung geben müsse (1441–1464). Er schlägt ihr vor, die Werbung des Thoas anzunehmen; dann werde dieser nicht mehr auf das Menschenopfer bestehen (1465–1502).
3. Auftritt (1503–1531)	Iphigenie	Durch die Rede des Arkas an ihre Verpflichtungen gegenüber ihrem Gastvolk gemahnt, wendet sich Iphigenie innerlich von dem „Betrug" (1525) ab, zu dem Pylades sie angestiftet hatte (vgl. 1395 ff.).

4. Auftritt (1532–1688)	Iphigenie, Pylades	Pylades kommt, um Iphigenie mitzuteilen, dass ihr Bruder geheilt sei und dass sie die Gefährten mit dem Schiff gefunden hätten. Nun will er das Bild der Göttin holen (1532–65). Er bemerkt Iphigenies Zögern, welche befürchtet, dass der König die „seltne Feier“ (1576) der besonderen Weihe des Bildes nicht gestatten werde (1566–1590). Da drängt Pylades auf Ausführung der Tat, so dass Iphigenie sich ihm wieder zuneigt (1591–1628). Doch kann er ihre Bedenken nicht zum Schweigen bringen. Eine erneute Auseinandersetzung beginnt, die Pylades mit der Feststellung beendet, dass „die ehrne Hand der Not“ (1680/1) ihre Teilnahme an dem Bildraub gebiete. Damit verabschiedet er sich, um seine Leute am Strand zu „beruhigen“ (1629–88).
5. Auftritt (1689–1766)	Iphigenie	Im Monolog bringt Iphigenie ihren Konflikt zur Sprache, der zugleich ein Konflikt zwischen dem alten und einem neuen Bild von den Göttern ist: Wenn sie dem König die Wahrheit sagt, bringt sie Orest, die übrigen Griechen und auch sich selbst in Gefahr, macht sie den Betrug jedoch mit, dann setzt sie den Tantalidenfrevel, der aus Lug und Trug, Gewalt und Mord besteht, fort (1689–1717). Sie fürchtet sich davor, von dem Hass der Titanen, „der alten Götter“, ihrer Vorfahren, gegen die Olympier erfasst zu werden und so wieder unter den Fluch ihres Geschlechts zu geraten. Deshalb endet ihr Gebet mit dem Ruf: „Rettet mich und rettet euer Bild in meiner Seele“ (1716/7). Das alte Bild von den Göttern, das man ihr als Kind beigebracht hatte, ruft sie mit dem ‚Parzenlied‘ in die Erinnerung zurück (1718–66).

Fünfter Aufzug

1. Auftritt (1767–1782)	Thoas, Arkas	Arkas meldet dem König seinen Verdacht, dass die beiden Griechen mit Hilfe Iphigenies fliehen wollen. Dieser will die Priesterin sogleich vor sich sehen und ordnet eine Großfahndung an.
2. Auftritt (1783–1803)	Thoas	Der König macht sich Vorwürfe, mit Iphigenie allzu nachsichtig umgegangen zu sein: „Vergebens hofft ich, sie mir zu verbinden, sie nimmt sich nun ein eigen Schicksal aus“ (1798/9).
3. Auftritt (1804–1992)	Iphigenie, Thoas	Iphigenie weigert sich, mit der Opferhandlung zu beginnen, und beruft sich auf das Asylrecht, „dem jeder Fremde heilig ist“ (1836). Sie fordert den König auf, „der Frauen Wort zu achten“ (1864). Dieser ahnt, dass sie ihn verlassen will, da die Fremden „der Rückkehr schönes Bild“ in ihr „erneut“ haben (1891). Nach diesem Abschnitt (1804–1891) schweigt Iphigenie eine Weile, dann hat sie sich durchgerungen, dem König die Wahrheit zu sagen. Sie fragt ihn, ob „denn zur unerhörten Tat der Mann allein das Recht habe“ (1892/3), und kündigt ein „kühnes Unternehmen“ an (1913). Das besteht nun darin, dass sie dem König den Fluchtplan verrät und damit den Weg der „Wahrheit“ (1919) statt den Weg der „Gewalt“ (1856) und der „List“ (1870, 1873) zur Konfliktlösung wählt. Damit legt sie ihr eigenes Schicksal und das ihres Bruders und der anderen Griechen in des Königs Hand (1892–1952). Als Thoas nun seinerseits zögert, erinnert ihn Iphigenie an sein Versprechen, sie ziehen zu lassen, wenn ihr „Rückkehr zubereitet wäre“ (1970–72; vgl. V. 293/4), und an seine

		Königswürde (1953–1978). Schließlich beherrscht Thoas seinen auf-keimenden „Zorn" (1981) und bedenkt sich. Iphigenie aber fordert ihn auf, einfach seinem Herzen zu folgen (1979–92).
4. Auftritt (1993–2011)	Iphigenie, Thoas, Orest	Orest erscheint in Waffen und mahnt zur Eile, da sie verraten worden seien. Iphigenie erklärt ihm die neue Lage. Orest steckt darauf sein Schwert wieder ein.
5. Auftritt (2012–2056)	Iphigenie, Thoas, Orest, Pylades, Arkas	Zur Gruppe Iphigenie, Thoas und Orest stoßen nun Pylades, bald nach ihm Arkas, beide mit gezogenen Schwertern. Arkas erwartet den Befehl, das Schiff der Griechen zu stürmen. Doch Thoas gebietet Ein-halt: „Keiner beschädige den Feind, solang wir reden" (2022/3). Daraufhin gehen Pylades und Arkas zu ihren Leuten, um ihnen den Waffenstillstand zu verkünden.
6. Auftritt (2027-2174)	Iphigenie, Thoas, Orest	Als Voraussetzung für die Verhandlungslösung fordert Thoas Beweise dafür, dass Orest Agamemnons Sohn und damit Iphigenies Bruder sei. Orest zeigt das Schwert seines Vaters vor und erklärt sich zum Zweikampf bereit, um eine Entscheidung herbeizuführen (2027–2063). Iphigenie wendet ein, dass es „dieses blutigen Beweises" nicht bedürfe, der zwar dem Mann Ruhm einbringt, aber die Frau einsam zurücklässt. Sie nennt aus ihrer Kenntnis körperliche Merkmale des Bruders als Identitätsbeweis. Eines hatte seinerzeit der Priester als Vorzeichen gedeutet, dass Orest „schwere Tat" verüben werde (2064–94). Als Thoas darauf hinweist, dass ja immer noch der versuchte Raub des Kultbildes zwischen ihnen stehe, löst Orest das Problem mit seiner Umdeutung des Orakeltextes, der nicht Diana, sondern Iphige-nie, die menschliche Schwester meine (2107–17). Er bittet Thoas, Iphi-genie mit ihm nach Hause ziehen zu lassen, damit sie das väterliche Haus weihen und ihm „auf das Haupt die alte Krone" setzen könne. Thoas gewährt die Bitte und fügt, als Iphigenie ihn um ein Abschieds-wort bittet, hinzu: „Lebt wohl!" (2095–2174). Mit diesem Wort endet das Stück.

3. Zur Thematik

Iphigenie bietet in Goethes Schauspiel deshalb ein Bild des ‚guten Menschen', weil sie in einer Situation äußerster Fremdbestimmung, vom Skythenkönig Thoas in „Sklavenbanden" gehalten (V. 34), ih-rem „Herzen" (V. 2005) folgt und, in *Selbstbestimmung* handelnd (V. 1858), einen gefährlichen Konflikt zwischen Skythen und Grie-chen beilegt. Diese Lösung führt sie dadurch herbei, dass sie, entge-gen dem Herkommen der blutigen Familiengeschichte der Tantali-den, der sie entstammt, nicht mehr „Gewalt und List" (V. 2142) als Mittel des Handelns wählt, sondern *„Wahrheit"* und *„Menschlichkeit"* (V. 1938).

Iphigenie handelt autonom und löst einen politischen Konflikt

Ablehnung von ‚Gewalt' und ‚List' als Mittel der Kon-fliktlösung

Die Gewaltverhältnisse in Familie und Gesellschaft

Das Stück handelt in diesem Zusammenhang von den herkömmlichen Gewaltverhältnissen in Familie und Gesellschaft, welche dem *Individuum* im Namen des *Kollektivs* sein Recht auf Selbstbestimmung (Autonomie) vorenthalten, und stellt ihnen ein Ideal entgegen, in dem das Recht des Menschen auf Selbstbestimmung und ‚freie Entfaltung seiner Persönlichkeit' (wie es in Artikel 2 (1) des Grundgesetzes genannt wird) geschützt wird. Die Geschichte der Tantaliden, welche Iphigenie dem König Thoas ausführlich erzählt (I, 3), ist ein Beispiel für die völlige Deformation der zwischenmenschlichen Beziehungen in der Familie. Die Tantaliden wurden in ihrem Handeln nur von eigensüchtigen Leidenschaften getrieben, von „Begier" (V. 334), „Neid" (V. 341), „Haß" (V. 344), „Wut und Rache" (V. 368) oder „böse(r) Lust" (V. 903). Ihre „erste Tat" war ein „Brudermord" (V. 345), dann folgte die „schwere Tat" des Thyest (V. 365), der einen Sohn seines Bruders zum Vatermord abrichtete, was wiederum die „unerhörte Tat" (V. 377) des Atreus zur Folge hatte, welcher dem Bruder dessen eigene Kinder zur Speise vorsetzte. Der Gattenmord der Klytaimnestra an Agamemnon (V. 880 ff.) und der Muttermord des Orest an ihr (V. 995 ff.) waren dann die Fortsetzung dieser furchtbaren Familiengeschichte, in der die Angehörigen sich gegenseitig zu Opfern brutaler Gewalt machten.

Negativbeispiele für die zwischenmenschlichen Beziehungen in Familie und Staat: Die Gräuel der Tantaliden

Die Deformation der öffentlichen Beziehungen aber ist am Beispiel des Staates der Skythen veranschaulicht. Dieser ist autoritär strukturiert. Es gilt das Wort des Königs. Eine öffentliche Diskussion oder Beratung gibt es nicht:

Der autoritär strukturierte Skythenstaat

> Der Skythe setzt ins Reden keinen Vorzug,
> Am wenigsten der König. Er der nur
> Gewohnt ist zu befehlen und zu tun,
> Kennt nicht die Kunst, von weitem ein Gespräch
> Nach seiner Absicht langsam fein zu lenken. (V. 164 ff.)

Die Untertanen führen die Befehle des Königs mit „schweigendem Gehorsam" (V. 137) aus; sie sind abhängig und unfrei, der König „vertraut" ihnen nicht (V. 158). Fremden wird nicht nur das Recht auf Selbstbestimmung, sondern sogar das Lebensrecht abgesprochen (V. 509 ff.). Der Brauch, anlandende Fremde der Gottheit zu opfern, gilt als Tradition, deren Sinn nicht in Frage gestellt werden darf:

> Es ziemt sich nicht für uns, den heiligen Gebrauch mit leicht beweglicher Vernunft
> Nach unserm Sinn zu deuten und zu lenken. (V. 528 ff.)

Dieses Denkverbot des Skythenkönigs erinnert an die Worte, die der Patriarch in Lessings ‚Nathan‘ an den Tempelherrn richtet, dass es der „Vernunft" nicht zukomme, die Weisungen kirchlicher Würdenträger kritisch zu „untersuchen" (V. 2476 ff.). Hier berühren sich die beiden Dramen in ihrer Thematik.

Eine Parallele zu Lessings „Nathan'

Die Griechen begegnen Fremden im Unterschied zu den Skythen mit List, Lüge und Betrug. Ihre Waffen sind das „kluge Wort" (V. 1398, 1569) und das „falsche Wort" (V. 1077, 1420, 1676). Mit diesen Waffen machen sie die Fremden zum Mittel des eigenen Handelns, was von der Ethik der Goethezeit als menschenunwürdig abgelehnt wird:

Den Griechen dient das Wort zur Überlistung der Fremden

> Der Mensch … existiert als *Zweck* an sich selbst, nicht bloß als *Mittel* zum beliebigen Gebrauche für diesen oder jenen Willen …
> (Immanuel Kant: Grundlegung zur Metaphysik der Sitten 1786 – Ak IV, S. 428)

Nicht nur in der Tantalidenerzählung (I, 3) und den Griechenszenen (III, 1 u. 3, IV, 4), sondern im ganzen Drama ist der jeweilige Gebrauch der Wörter „Tat" und „Wort" ein Indikator für die Qualität der zwischenmenschlichen Beziehungen in Familie und Gesellschaft. Er signalisiert auch die Veränderungen, welche diese Beziehungen durch Iphigenies Handeln und Wirken im Lauf der Dramenhandlung erfahren. Wenn sie im fünften Akt die Wörter „Wort" (V. 1864) und „Tat" (V. 1892) ausspricht, sind diese zwischenmenschlichen Beziehungen nicht mehr durch „Gewalt und List" (V. 2142) gekennzeichnet, sondern durch „Wahrheit" und „Menschlichkeit" (V. 1938). Es geht um Verständigung und Ausgleich, nicht mehr um Machtanwendung und Einflussnahme. Eine solche Entwicklung deutet Iphigenie schon in der zweiten Szene an, wenn sie den Wunsch äußert:

‚Tat' und ‚Wort' sind Schlüsselbegriffe im Drama

Veränderungen der zwischenmenschlichen Beziehungen durch Iphigenie

> Doch folg ich gern der *Pflicht,* dem Könige
> Für seine Wohltat gutes *Wort* zu geben,
> Und wünsche mir, daß ich dem *Mächtigen*
> Was ihm gefällt mit *Wahrheit* sagen möge. (V. 216 ff.)

Auch Orest und Thoas haben Anteil an der Vorbereitung einer neuen Art, miteinander auf der Grundlage gegenseitigen Vertrauens (V. 2144) zu sprechen und dabei die Menschenwürde und Autonomie des Partners zu achten. Orest gibt der unerkannten Priesterin in der Wiedererkennungsszene einen Vertrauensvorschuss, wenn er zu ihr sagt:

Vorleistungen des Thoas und des Orest auf den Diskurs unter Gleichen.

> Ich kann nicht leiden, daß du große Seele
> Mit einem *falschen Wort* betrogen werdest.
> Ein lügenhaft Gewebe knüpft ein Fremder
> Dem Fremden sinnreich und der *List* gewohnt

> Zur Falle vor die Füße, zwischen uns
> Sei *Wahrheit!* (V. 1076 ff.)

Thoas aber gibt sich mit seinem Versprechen einer Heimkehr Iphigenie in die Hand. Er stellt keine Bedingungen und verzichtet damit freiwillig auf einen Teil seiner Macht:

> Wenn du nach Hause Rückkehr hoffen kannst,
> So sprech ich dich von aller Fordrung los. (V. 293/4)

Iphigenie lohnt es ihm mit der Preisgabe ihrer Identität („Ich bin aus Tantalus' Geschlecht": V. 306 ff.). Im fünften Akt wird sie ihn an sein Versprechen erinnern:

> Du hältst mir Wort! – Wenn zu den Meinen je
> Mir Rückkehr zubereitet wäre, schwurst
> Du mich zu lassen, und sie ist es nun. (V. 1970 ff.)

Gespräch statt Gewaltanwendung

Am Ende hat Iphigenie eine gewaltfreie Kommunikation zwischen den Beteiligten auf der Ebene der Gleichberechtigung zustande gebracht. Die Schwerter werden eingesteckt. Die Auseinandersetzung wird in friedlichem Gespräch weitergeführt, in dem die Streitpunkte (Orests Identitätsnachweis, Interpretation des Orakels, Verbleib des Götterbildes) geklärt werden und Abschied genommen wird. Die *Keine Menschenopfer mehr!* „alte Sitte" des Menschenopfers ist durch die „neue Sitte" abgelöst (V. 2045 ff.), die den Fremden als Menschen achtet, was Iphigenie Thoas schon als das ‚ältere Gesetz' genannt hat, „das Gebot, dem jeder Fremde heilig ist" (V. 1835/6).

Der ideale Zustand, der damit am Schluss des Dramas erreicht ist, würde heute als „herrschaftsfreie Kommunikation" bezeichnet werden.

Ein neues Frauenbild

Goethes neues Frauenbild

Mit seiner Iphigeniegestalt hat Goethe ein *neues Frauenbild* geschaffen. Als selbstbestimmte, sich frei entfaltende Persönlichkeit, ohne Leidenschaft und Begierden, als „reine Seele", soll sie fähig sein, im Mann die „Stimme der Wahrheit und der Menschlichkeit" zu wecken und seine vitalen Kräfte, seine Triebnatur zu „veredeln", zu kultivieren, bis schließlich alle Gewaltverhältnisse aufgehoben werden können und eine Gesellschaft als Kommunikationsgemeinschaft autonomer Individuen entsteht (vgl. Fischer-Lichte, S. 332).

Auch der Minister Goethe zog das sachliche Gespräch einer Machtentscheidung vor

So utopisch sein Iphigenie-Modell erscheinen mag, Goethe hat in seiner politischen Tätigkeit immer den Wunsch gehabt, die im Herzog-

AKG, Berlin

Rekrutenaushebung in Opolda.
Goethezeichnung, Bleistift, Feder mit Tusche, Tuschlavierung, März 1779.

tum anstehenden Fragen in sachlichem Diskurs statt durch bloße Machtausübung zu regeln. In einem Bericht an Herzog Carl August vom 26. 11. 1784 hat er z. B. seinen Widerstand gegen ein Regierungsdekret mit folgenden Worten begründet:

> Man muß Hindernisse wegnehmen, Begriffe aufklären, Beispiele geben, alle Teilhaber zu interessieren suchen. Das ist freilich beschwerlicher als befehlen, indessen die einzige Art, in einer so wichtigen Sache zum Zwecke zu gelangen und nicht verändern wollen, sondern verändern. (bei Krippendorff, S. 50 f.)

Aber nicht nur in den Wunschvorstellungen gibt es Übereinstimmungen zwischen der ‚Iphigenie‘ des Dichters und dem praktisch tätigen Minister Goethe, sie berühren sich auch in konkreten Einzelheiten. Dazu ein Beispiel:

> Das politische Tagesgeschäft der Rekrutenaushebung, während welcher Goethe seine ‚Iphigenie‘ in wenigen freien Stunden unterwegs verfaßt hatte (vgl. S. 68 f.), steht ja in unmittelbarem Bezug zu dem Menschenopfermotiv des Stücks. Denn die Rekruten, die gegebenen-

Historischer Bezug des Menschenopfermotivs der ‚Iphigenie‘

falls dem Preußenkönig Friedrich II., dessen Frau eine Großtante Carl
Augusts war, angeboten werden sollten, um eine Besetzung des Landes abzuwenden, waren ja Landeskinder, welche für die Rolle des
‚Kanonenfutters‘, d. h. als Menschenopfer ausersehen waren. Ein Jahr
zuvor hatte Goethe das Motiv bereits in einem Brief angeschlagen, den
er am 17. 5. 1778 aus Berlin, wohin er Carl August begleitete, an Frau
von Stein schrieb. „Die prächtige Residenz" – heißt es da – „mit ihrem
Leben, ihrer Ordnung, ihrem Überfluß wäre nichts ohne die tausend
und tausend Menschen, bereit für sie geopfert zu werden" (Sengle,
S. 27).

Ein neues Herrscherbild

In Thoas steckt ein neues Bild vom Herrscher

Man darf den Anteil des Thoas am Zustandekommen der friedlichen
Konfliktlösung nicht zu niedrig ansetzen. Denn in seiner Figur sind
die Umrisse eines neuen *Herrscherbildes* zu erkennen, das im 18. Jahrhundert – der Zeit des absolutistischen ‚Gottesgnadentums‘ – auch
immer mit dem Gottesbild in Zusammenhang steht. Im Parzenlied,
das Iphigenie als Kind gelernt hat, ist von der Gnadenlosigkeit die
Rede, mit welcher die Götter ungerührt ins Verderben stürzen lassen,
wen sie wollen:

> Erhebet ein Zwist sich:
> So stürzen die Gäste
> Geschmäht und geschändet
> In nächtliche Tiefen
> Und harren vergebens
> Im Finstern gebunden
> Gerechten Gerichtes… (1737 ff.)

Iphigenie muss sich aus der blutigen Geschichte ihrer Familie befreien

Mit diesem Lied ruft sich Iphigenie die Geschichte ihres fluchbelade-
nen Tantalidengeschlechts in Erinnerung, dem sie entstammt und
dem „der Gott um ihre Stirn ein ehern Band" schmiedete, „Rat, Mä-
ßigung und Weisheit und Geduld… ihrem scheuen, düstern Blick"
verbarg (V. 330 ff.). Aus dieser Geschichte muss sie sich befreien,
wenn sie ihren Traum von einem gewaltfreien Verhältnis zwischen
den Menschen verwirklichen will. Dazu braucht sie aber nicht nur
Gottvertrauen, um das sie gebetet hat („Rettet euer Bild in meiner
Seele!": V. 1717), dazu braucht sie auch einen König, der sich auf diesen Traum einlässt, der darauf verzichtet, unbedingt seinen Macht-
willen durchzusetzen. Als er das versucht und die Menschenopfer
wieder einführen will, wirft sie ihm vor:

Der König, der Menschen zugrunde richtet, gleicht den Göttern des Parzenliedes

> Ein König, der *Unmenschliches* verlangt,
> Findt Diener gnug, die gegen Gnad und Lohn
> Den halben Fluch der Tat begierig fassen;

> Doch seine Gegenwart bleibt unbefleckt.
> Er sinnt den Tod in einer schweren Wolke,
> Und seine Boten bringen flammendes
> Verderben auf des Armen Haupt hinab;
> Er aber schwebt durch seine Höhen ruhig,
> *Ein unerreichter Gott,* im Sturme fort. (V. 1812–20)

Die Anklänge an das Parzenlied sind beabsichtigt. Der strafende König gleicht der strafenden Gottheit. Iphigenie betet um eine helfende Gottheit und einen helfenden König, wie sie ihn Thoas beschreibt, als sie ihn an sein Versprechen erinnert:

> Ein König sagt nicht wie gemeine Menschen
> Verlegen zu, daß er den Bittenden
> Auf einen Augenblick entferne, noch
> Verspricht er auf den Fall, den er nicht hofft,
> Dann fühlt er erst die *Höhe seiner Würde,*
> Wenn er den Harrenden *beglücken* kann. (V. 1973–78)

Der 'gute König' will die Menschen 'beglücken'

Genau das aber wird der 'gute König' Thoas am Ende tun, Iphigenie und Orest "beglücken", indem er sie, ohne etwas für sich zu fordern, in ihre griechische Heimat zurückkehren lässt und auf die Ausübung der Macht, die ihm ja immer noch zukommt, verzichtet. Ohne Thoas wäre keine 'herrschaftsfreie Kommunikation' am Schluss des Dramas möglich.

Thematik und Rezeption

Wenn man nach einer Ursache dafür sucht, warum das Publikum nie rechten Gefallen an der 'Iphigenie' gefunden hat, darf man nicht bei Goethes Erklärung hängen bleiben, die Eckermann am 27. 3. 1825 aufgezeichnet hat. Goethe gab damals der mangelnden Ausbildung der Schauspieler und der unzureichenden Bildung des Publikums die Schuld. An der zweiten Begrundung mag etwas dran sein. Vielleicht wäre das Thema einer 'Veredelung der Triebnatur' des Menschen in einem bürgerlichen Drama, in dem der Dichter die damals in der Erziehung geforderte Disziplinierung der Affekte thematisiert und an einem Stoff aus der Lebenswirklichkeit des Bürgers dargestellt hätte, besser verstanden worden. Goethe aber hat das Thema in einen mythischen Stoff gekleidet, wie es die Tragödiendichter des 5. Jahrhunderts vor Christus in Athen gemacht haben.

Goethes Erklärung für die Unbeliebtheit der 'Iphigenie'

Der Mythos als Verständnisbarriere

Als Aischylos, Sophokles und Euripides, von dem Goethes Vorlage stammt, damals ihre Stücke schrieben, traf der traditionelle *Mythos,* dem sie ihre Stoffe entnahmen und der jedermann bekannt war, jeweils mit der gleichzeitig in der atti-

Die antiken Stücke hatten eine politische Funktion

schen *Demokratie* entstandenen politischen Streitkultur zusammen. Dort kamen mit Hilfe der rhetorischen Auseinandersetzung gegnerischer Standpunkte in der Volksversammlung („Ekklesia‘) die Entscheidungen zustande. Während der Dionysos-Feiertage wurden die politischen und gesellschaftlichen *Probleme,* mit denen sich die Athener gerade beschäftigten, im Theater am überlieferten Mythos durchgespielt.

Fehlen einer politischen Streitkultur

Das bürgerliche Publikum der Goethezeit aber saß in keiner Volksversammlung. Seine geistlichen und weltlichen Obrigkeiten wehrten sich gegen eine öffentliche Diskussion aktueller Probleme (vgl. S. 19 f.). Die Bürger waren ungeübt, solche Probleme in der Verhüllung durch den Mythos zu erkennen. So interessiert sich der Dichter Wieland vornehmlich für die poetische Leistung Goethes:

> Iphigenie scheint bis zur Täuschung, sogar eines mit den Griechischen Dichtern wohl bekannten Lesers, ein altgriechisches Werk zu sein; der Zauber dieser Täuschung liegt teils in der Vorstellungsart der Personen und dem genau beobachteten Costum, teils und vornehmlich in der Sprache... (bei Hackert, S. 57)

Kontroverse Reaktion des Publikums

Schiller aber erkennt, wie modern das Stück ist, interessiert sich aber nur für das Gattungsproblem, weil er es als Dramendichter beurteilt:

> Sie ist aber erstaunlich modern und ungriechisch, daß man nicht begreift, wie es möglich war, sie jemals einem griechischen Stück zu vergleichen. Sie ist ganz nur sittlich; aber die sinnliche Kraft, das Leben, die Bewegung und alles, was ein Werk zu einem echten dramatischen spezifiziert, geht ihr sehr ab... (am 21. 1. 1802 an Körner)

Aber auch inhaltlich war die ‚Iphigenie‘ zu sehr von der bürgerlichen Lebenswelt abgehoben:

Elitärer Charakter des ‚Iphigenie‘-Modells

> Die Lösung, welche ‚Iphigenie‘ für das Problem der Autonomie vorschlägt, kann innerhalb der absolutistisch-bürgerlichen Gesellschaft nur als eine lediglich vereinzelt mögliche, individuelle Lösung gelten (wie Wilhelm Meister sie für sich anstrebt), die sich wohl im elitären Zirkel weniger Ausgewählter, nicht aber in den großen gesellschaftlichen Gruppen noch auch in der Gesamtgesellschaft verwirklichen lassen wird, auch wenn sie im Werk als eine allgemeine soziale Lösung gestaltet ist. (Fischer-Lichte, S. 333)

4. Handlungsstruktur

Die Handlungsstruktur der ‚Iphigenie‘ ist sehr komplex, weil sie verschiedene, z. T. bereits in der Antike erprobte, Elemente miteinander verbindet:

Das Wiedererkennungsschema

Das mehrmals in der Art einer Steigerung (Klimax) eingesetzte Handlungsschema der Wiedererkennung (griech. ‚Anagnorisis‘) dient der allmählichen Entfaltung des Wahrheitsthemas. Im ersten Gespräch mit Thoas (I, 3) lüftet Iphigenie, um die Werbung des Königs abzulehnen, das Geheimnis ihrer Herkunft aus dem Tantalidengeschlecht:

Die Reihe der Enthüllungen beginnt mit Iphigenies Bekenntnis ihrer Herkunft

> Vom alten Bande löset ungern sich
> Die Zunge los, ein langverschwiegenes
> Geheimnis endlich zu entdecken… (V. 300 f.)

Als Orest seiner unerkannten Schwester entgegentritt (III, 1), gibt er sich ihr mit den Worten zu erkennen:

> Zwischen uns
> Sei *Wahrheit!*
> Ich bin Orest! (V. 1080 ff.)

Als Orest sie dann fragt, wer sie sei, gibt auch sie sich zu erkennen:

Die Geschwister erkennen einander

> Orest, ich bin’s, sieh Iphigenien!
> Ich lebe… (V. 1173/4)

Da er sich aber noch im Wahn befindet, vermag er das Glück des Wiedersehens noch nicht anzunehmen. Erst muss er in der heilsamen Hadesvision, der antiken Totenbeschwörung (Homer: Odyssee XI) entsprechend, die „Ahnherrn“ seines Hauses wiedererkennen, unter denen nun „keine Feindschaft“ mehr herrscht (III, 2). Auf dem Höhepunkt der Handlung aber gibt Iphigenie sich und den Bruder in des Königs Hand, indem sie ihm den Plan der Griechen zum Raub des Kultbildes entdeckt:

Orests Heilung durch das Wiedersehen mit seinen Ahnen

Iphigenie entdeckt dem König den Plan der Griechen

> Wenn
> Ihr wahrhaft seid, wie ihr gepriesen werdet;
> So zeigt’s durch euern Beistand und verherrlicht
> Durch mich die *Wahrheit* … (V. 1916 ff.)

Auch Thoas steht nun auf der Seite der Wahrheit

Durch diese „unerhörte Tat" (V. 1892) hat sie Thoas zum Mitstreiter in ihrem Kampf für die Wahrheit gewonnen. In seiner Antwort nimmt er deshalb Bezug auf die Tantalidengeschichte, an deren gutem Ausgang er ja nun beteiligt ist:

> Du glaubst, es höre
> Der rohe Skythe, der Barbar, die Stimme
> Der *Wahrheit* und der Menschlichkeit, die Atreus,
> Der Grieche nicht vernahm... (V. 1936 ff.)

Der geheilte Orest gibt am Ende nun die neue Interpretation des Orakels, wie man es verstehen soll, wenn man an helfende Götter glaubt, und beschließt die Reihe mit den Worten:

> Gewalt und List, der Männer höchster Ruhm,
> Wird durch die *Wahrheit* dieser hohen Seele
> Beschämt, und reines kindliches Vertrauen
> Zu einem edeln Manne wird belohnt. (V. 2142 ff.)

Mythos und Bühnenhandlung

Im Drama muss der Mythos erzählt werden

Der Mythos muss *erzählt* werden. Schon im antiken Drama wurde versucht, diese Erzählung in die *Handlung* einzubauen. Bei der ‚Iphigenie‘ ergab sich dafür eine doppelte Schwierigkeit. Der Dichter wählte für die *Handlung* die ‚geschlossene‘ Form des fünfaktigen Dramas der französischen Klassik. Die Handlung durfte nicht mehr als einen Tag dauern (‚Einheit der Zeit‘) und musste sich auf einem Schauplatz abspielen (‚Einheit des Ortes‘), in diesem Fall in dem „Hain, vor Dianens Tempel". Innerhalb dieses engen Handlungsrahmens sollte dem Zuschauer aber ein *Mythos* zur Kenntnis gebracht werden, der die Geschichte einer Sippe von Urzeiten an, als Menschen und Götter noch zusammen verkehrten, über den Trojanischen Krieg hinweg bis in die Frühzeit Athens umfasst. Diese Geschichte wird in mehreren Abschnitten auf die Handlung verteilt. In ihrem Eingangsmonolog weiß Iphigenie noch nichts vom Ende des Krieges und vom Ergehen ihrer Familie (V. 45 ff.). Um ihn von einer Heirat abzuschrecken, erzählt sie Thoas die ganze Geschichte ihres Geschlechts bis zum Kriegsbeginn (V. 300–432). Von Orests Muttermord erfährt der Zuschauer dann aus dem Gespräch zwischen ihm und Pylades, in dem auch der Zweck ihrer Reise nach Tauris angedeutet wird (V. 610 ff.). Die dazwischen liegenden Ereignisse erzählt Pylades, als Iphigenie ihn danach fragt: Trojas Fall, Agamemnons Heimkehr und Ermordung (II, 2). Den Rest erfährt sie von Orest selbst in der Wiedererkennungsszene (III, 1). Die Vorgeschichte, d. h. die Exposition, ist völlig in die Handlung eingebaut.

Die Erzählung wird in die Handlung integriert

Verknüpfung von Orest- und Iphigenie-Handlung

Der Handlungsaufbau ist durch die Einbettung einer Orest-Handlung in die Iphigenie-Handlung bestimmt. In der Vorlage des Euripides – und auch noch in vielen neuzeitlichen Bearbeitungen vor Goethe – bleibt Iphigenie nur den Griechen verbunden und hat keine persönliche Beziehung zu Thoas. Goethe aber benötigte zur Darstellung der sittlichen Autonomie einen moralischen Konflikt, dessen Bewältigung die Iphigenie-Handlung zu einer Versöhnungshandlung macht. Orest, der in der Vorlage erst nach dem Bildraub von den Rachegeistern erlöst wird, muss nun schon im Drama selbst geheilt werden, um an diesem Versöhnungsgeschehen teilnehmen zu können. Der Loyalitätskonflikt, in den Iphigenie gerät, wird bereits im dritten Auftritt dadurch exponiert, dass Thoas, weil sie seine Werbung abgelehnt hat, „die alten Opfer" (V. 508) wieder einführen will. Als sie nun in den beiden aufgegriffenen Fremden ihren Bruder und dessen Freund erkennt (II, 1 u. 2, III, 1), wird ihre Lage ausweglos: Thoas muss sie gehorchen, den Bruder kann sie nicht töten (V. 926 ff.). Sie wendet sich um „Hülfe" an Pylades (III, 1 – V. 1256/7). Während Orest geheilt aus seiner Hadesvision erwacht (III, 2 u. 3), hat sie sich dem „schnellen Rat" (V. 1368) des Pylades anvertraut:

Einbettung einer Orest-Handlung in das Iphigenie-Drama

Iphigenies Konflikt wird schon in I, 3 exponiert

Pylades hat Iphigenie in seinen Plan eingespannt

> Jetzt gehn sie ihren Anschlag auszuführen
> Der See zu, wo das Schiff mit den Gefährten
> In einer Bucht versteckt aufs Zeichen lauert,
> Und haben kluges Wort mir in den Mund
> Gegeben, mich gelehrt, was ich dem König
> Antworte, wenn er sendet und das Opfer
> Mir dringender gebietet… (V. 1395 ff.)

Doch sie fühlt sich unfähig zur Lüge. Als sie den Boten des Königs nahen sieht (V. 1416 ff.), steigt ihre Spannung auf den Höhepunkt, dem die Szenen IV, 2 bis 5 gewidmet sind. Arkas bringt sie zu der Erkenntnis, dass sie auch den Skythen verpflichtet ist:

> Nun hat die Stimme
> Des treuen Manns mich wieder aufgeweckt,
> Daß ich auch Menschen hier verlasse, mich
> Erinnert. Doppelt wird mir der Betrug
> Verhaßt… (V. 1522 ff.)

Betrügt sie die Skythen, so hört sie auf, eine „reine Seele" zu sein, verzichtet sie darauf, gefährdet sie die Rettung ihres Bruders und der Griechen. Den Druck der anderen Seite verstärkt nun Pylades mit seinen grundsätzlichen pragmatischen Erwägungen über den Sachzwang, die ‚Ananke', die Göttin der Notwendigkeit:

Iphigenie sieht keinen Ausweg

> Du weigerst dich umsonst; die ehrne Hand
> Der Not gebietet und ihr ernster Wink
> Ist oberstes Gesetz, dem Götter selbst
> Sich unterwerfen müssen. Schweigend herrscht
> Des ewgen Schicksals unberatne Schwester. (V. 1680 ff.)

Die Entscheidung bringt ihre Angst vor dem Fluch der Tantaliden

In dem großen Monolog mit dem Parzenlied bringt Iphigenies Angst, sie könnte mit ihrer Entscheidung für die Lüge die Verbrechenskette der Tantaliden fortsetzen (V. 1712 ff.), endlich die Entscheidung für die Wahrheitslösung, die den fünften Akt füllt. Nun kann auch der vom Fluch befreite (V. 1358 ff.) Orest, der im vierten Akt das Feld Pylades überlassen musste, wieder auftreten.

5. Die Personen der Handlung

Ein hierarchisches Bild vom Personengefüge

Um Goethes ‚Iphigenie' als ein Muster harmonischer Komposition zu erweisen, stellen viele Kommentatoren das Personengefüge des Dramas als eine hierarchische Ordnung dar:

	Iphigenie	
Thoas		Orest
Arkas		Pylades

Zahl der Auftritte pro Person

Dahinter steht zunächst einmal die Zahl der Auftritte der verschiedenen Personen. Iphigenie tritt in 16 von 20 Szenen auf. Orest und Thoas sind je siebenmal auf der Bühne, während Pylades fünf und Arkas vier Auftritte hat. Die Grafik vermag aber überhaupt nicht die vielfältigen Beziehungen zu erfassen, die zwischen den fünf Figuren bestehen.

Die Unterschiede des Standes

Geringe Bedeutung der Standesunterschiede

Manche Kommentatoren sehen in dieser Anordnung eine soziale Hierarchie. Iphigenie, Thoas und Orest seien königlichen Ranges, Thoas als Herrscher der Skythen, Iphigenie und Orest als Kinder des Agamemnon. Arkas und Pylades seien die Gehilfen des jeweiligen Gebieters. Aber schon hier stimmt die Hierarchie nicht mehr, weil der Skythe Arkas der Dienstklasse angehört, während Pylades selbst ein Königssohn ist, der mit Orest zusammen aufgewachsen ist und später dessen Schwester Elektra heiraten wird. Sein Verhältnis zu Orest, dem Anführer der Griechen, ist daher das eines Freundes, Arkas aber ist ein Untertan des Skythenkönigs. Für die Handlung sind die Standesunterschiede daher kaum von Bedeutung.

Skythen und Griechen

Von entscheidender Bedeutung ist jedoch die Tatsache, dass Thoas und Arkas Skythen, Iphigenie, Orest und Pylades Griechen sind. Diese Tatsache ist in mehrfacher Hinsicht für die Handlung bedeutsam:

Die Personen gehören verschiedenen Kollektiven an

- Iphigenie gehört als einzige Figur beiden Kollektiven an. Sie lebt auf Tauris im *Exil* und ist dem König der Skythen, den sie als „edlen Mann" bezeichnet (V. 33), zu Dank verpflichtet, weil er sie aufgenommen und als Dianapriesterin eingesetzt hat. Griechenland aber ist ihre *Heimat,* nach der sie sich sehnt („Das Land der Griechen mit der Seele suchend": V. 12). Durch die Landung der Griechen, welche das Bild der Göttin zu rauben gekommen sind (V. 730 ff.), gerät sie daher in einen *Loyalitätskonflikt,* der ihr zu schaffen macht.

Iphigenies Loyalitätskonflikt

- Zwischen Griechen und Skythen herrscht *Feindschaft.* Für die Griechen sind die Skythen „Barbaren", eine Einschätzung, welche Thoas ironisiert, wenn er sich selbst als „der rohe Skythe, der Barbar" bezeichnet, der „die Stimme der Wahrheit und der Menschlichkeit" zu hören vermag, „die Atreus der Grieche nicht vernahm" (V. 1937 ff.). Die Skythen betrachten die Griechen, wenn sie an ihre Küste gelangen, nicht als „heilig", d. h. schutzbedürftig (V. 1835/6), sondern als „Fremde", welche nach altem Brauch als Menschenopfer der Göttin gehören (V. 528/9). Sie werfen den Griechen vor, dass sie sich beutelüstern den „Schätzen der Barbaren" zuwenden (V. 2102 ff.). Vor dem Hintergrund dieser Feindschaft wird deutlich, was für eine schwere Aufgabe sich Iphigenie vorgenommen hat.

Feindschaft zwischen Griechen und Barbaren

- Im Verlauf der Handlung verliert die Feindschaft zwischen Skythen und Griechen immer mehr an Unversöhnlichkeit. Durch Iphigenies Wirken wächst die Erkenntnis, dass beide Kollektive aus *„Menschen"* bestehen. Arkas erinnert Iphigenie daran, dass sie die Skythen dazu gebracht habe, Fremde menschlich zu behandeln (V. 1468 ff.); seine Worte machen ihr bewusst, dass sie „auch Menschen hier verlasse" (V. 1524). Schließlich folgt Thoas der ‚Stimme der Menschlichkeit' (V. 1937/8). Die ‚menschliche' Auslegung des Orakels durch Orest macht einen Kampf zwischen Skythen und Griechen überflüssig (V. 2108 ff.).

Aus Skythen und Griechen werden allmählich Menschen

Iphigenies Sonderstellung

Auch die in der Grafik angezeigte Sonderstellung der Iphigenie hat mehrere Aspekte:

- Iphigenie lebt, von den realen Bedingungen des Alltags im Skythenreich räumlich entfernt, im Tempel der Göttin „wohl bewahrt" (V. 1653). Aus dieser *Ein-*

Iphigenies Einsamkeit, Überparteilichkeit und Abgehobenheit von den Gruppeninteressen

samkeit bezieht sie die Kraft, die sie für das Wagnis ihrer „unerhörten Tat" (V. 1892) benötigt.

– Als Exilgriechin im Skythenland hat sie eine *Zwischenstellung* zwischen den gegnerischen Völkern und als Priesterin von königlicher Abkunft nimmt sie eine Zwischenstellung zwischen den Ständen unterschiedlichen Ranges ein, wie sie von Thoas und Arkas verkörpert werden.

– Vor allem aber ist sie die *einzige Frau in einer Männerwelt*, welche die Chance hat, den Entscheidungsträgern auf beiden Seiten in Selbstbestimmung und Unabhängigkeit entgegenzutreten. Als Priesterin der jungfräulichen Göttin wird sie von den Männern, die in Familie und Gesellschaft das Sagen haben (V. 25/6), ebenso abgegrenzt wie von den Frauen, denen das Recht auf Selbstbestimmung – das Iphigenie für sich beansprucht – vorenthalten wird (V. 30/1).

– Sie kann deshalb die Mittel ihres Vorgehens *in freier Wahl* selbst bestimmen. Sie bedient sich nicht der Strategien der Männer „Gewalt und List" (V. 2142 ff.), begnügt sich aber auch nicht mit der „schönen Bitte" (V. 1880), wie sie den Frauen ansteht. Sie pocht vielmehr auf ihr Menschenrecht: „Ich bin so frei geboren wie ein Mann" (V. 1858).

Iphigenie „ist zur Erneuerung der Gesellschaft nur fähig, weil sie keiner ihrer beiden realen Gruppen (der Männer und Frauen, der Herrschenden und Beherrschten) angehört" (Fischer-Lichte, S. 331).

Der Begriff der Reinheit

Im Text wird diese Sonderstellung Iphigeniens mit dem Begriff der ‚Reinheit' angesprochen. Pylades nennt sie deshalb eine „reine Seele" (V. 1583) und versucht ihr klarzumachen, das Leben sei nun einmal so beschaffen,

daß keiner in sich selbst noch mit den andern
Sich rein und unverworren halten kann. (V. 1658/9)

Eine christliche Heilige als Vorbild für Iphigenie

Goethe aber wollte sein Humanitätsideal gerade in einer Gestalt darstellen, die sich im Leben „rein und unverworren" hält. Wie er selbst seine Heldin sah, verrät eine Notiz im Reisetagebuch (Bologna, 19. 10. 1786):

Im Palast Ranuzzi hab ich eine St. Agatha von Raphael gefunden … Er hat ihr eine gesunde, sichre Jungfräulichkeit gegeben ohne Reiz, doch ohne Kälte und Roheit. Ich habe sie mir wohl gemerkt und werde diesem Ideal meine ‚Iphigenie' vorlesen und meine Heldin nichts sagen lassen, was diese Heilige nicht sagen könnte.

Iphigenie und Pylades

Was die Grafik mit ihrer hierarchischen Anordnung der Figuren völlig verdeckt, ist das wichtigste dramatische Element des Schauspiels.

Pylades als Iphigenies Gegenspieler

Es besteht darin, dass Pylades die *Gegenposition* zu dem in Iphigenie verkörperten Humanitätsideal zur Geltung bringt, also der eigentliche Gegenspieler (Antagonist) zu der Titelfigur ist. Iphigenie und Pylades unterscheiden sich nämlich grundsätzlich in ihrem *Verhältnis zur Wahrheit*. Für Pylades ist das Wort eine Waffe, die man einsetzt, um einen Gegner zu bezwingen, für Iphigenie aber ein Verständigungsmittel, mit dem man Frieden unter den Menschen stiften kann. Pylades benutzt die Sprache, um zu täuschen, zu verheimlichen, listenreich zu operieren. Iphigenie aber nutzt sie, um die Wahrheit zu sagen. Pylades führt sich bei Iphigenie schon mit einer Lüge ein: „Aus Kreta sind wir …" (V. 824). Goethes Zeitgenossen verstanden das als Anspielung auf ein antikes Sprichwort, in dem die Kreter als notorische Lügner galten. Während Orest noch an den Tod denkt, entwickelt Pylades aus dem Wortlaut des Orakels, Orest könne Heilung finden, wenn „die Schwester zu Apollen hin" nach Delphi gebracht werde (V. 722 ff.), seinen Plan. Er meint, dass Apollos Schwester Artemis (lateinisch ,Diana') gemeint sei und will deren Bild aus dem Tempel auf Tauris rauben (V. 730 ff.). In seiner Erwiderung charakterisiert Orest die Denkweise des Freundes mit den Worten:

Das Wort als Waffe oder als Friedensstifter

Pylades entwickelt den Plan des Bildraubs

> Mit seltner Kunst flichst du der Götter Rat
> Und deine Wünsche klug in eins zusammen. (V. 740/1)

Er vergleicht Pylades mit dem listenreichen Odysseus (V. 762), der seit Homer als Verkörperung dieser Denkweise galt. Ohne ihr die Wahl zu lassen, spannt Pylades auch Iphigenie in seinen Plan ein:

Pylades, ein listenreicher Odysseus

> Jetzt gehn sie ihren Anschlag auszuführen
> Der See zu, wo das Schiff mit den Gefährten
> In einer Bucht versteckt aufs Zeichen lauert,
> Und haben *kluges Wort* mir in den Mund
> Gegeben, mich gelehrt, was ich dem König
> Antworte, wenn er sendet und das Opfer
> Mir dringender gebietet… (V. 1395–1401)

Aber Iphigenie sperrt sich innerlich gegen die ihr zugedachte Rolle in Pylades' Plan:

Die Rolle, welche Pylades Iphigenie in seinem Plan zugedacht hat

> O weh der Lüge! Sie befreit nicht
> Wie jedes andre *wahrgesprochene Wort*
> Die Brust, sie macht uns nicht getrost… (V. 1405 ff.)

Nach dem anschließenden Gespräch mit Arkas denkt sie an ihre Verpflichtung den Skythen gegenüber. Ihr wird bewusst, in welchem Konflikt sie sich befindet und dass es hier um eine klare Entscheidung geht:

Iphigenies Konflikt

> … Nun hat die Stimme
> Des treuen Manns mich wieder aufgeweckt,
> Daß ich auch Menschen hier verlasse, mich
> Erinnert. Doppelt wird mir der Betrug
> Verhaßt… (V. 1522 ff.)

Als Pylades merkt, dass er mit Iphigenie nicht mehr länger rechnen kann, kommt es zu einem Streitgespräch, in dem er sich Mühe gibt, Iphigenie zu seiner Lebensauffassung zu bekehren:

Das Streitgespräch zwischen Iphigenie und Pylades

> So hast du dich im Tempel wohl bewahrt,
> Das Leben lehrt uns, weniger mit uns
> Und andern strenge sein; du lernst es auch.
> So wunderbar ist dies Geschlecht gebildet,
> So vielfach ist's verschlungen und verknüpft,
> Daß keiner in sich selbst noch mit den andern
> Sich rein und unverworren halten kann.
> Auch sind wir nicht bestellt, uns selbst zu richten;
> Zu wandeln und auf seinen Weg zu sehen,
> Ist eines Menschen erste, nächste Pflicht,
> Denn selten schätzt er recht, was er getan,
> Und was er tut, weiß er fast nie zu schätzen. (V. 1653 ff.)

Iphigenies Ethik des ‚guten Menschen‘, der bei seinen Entscheidungen „sich rein und unverworren" halten will (V. 1659), lehnt Pylades als unrealistisch ab. Er vertritt eine Ethik des kleineren Übels, das in Kauf genommen wird, um einem größeren zu entgehen (V. 1675/6), eine Ethik, bei der man um des nächstliegenden Zieles willen auch moralisch anrüchige Verhaltensweisen wie List (V. 1870, 1873, 2142) und Betrug (V. 1525, 1920) nicht ausschließen will. Statt sein Handeln auf Werte wie Wahrheit, Recht und Menschlichkeit zu gründen, wie es Iphigenie tut, begründet Pylades seine ‚halbe‘ Ethik mit Sachzwang, Notstand und Schicksal:

Pylades' ‚halbe‘ Ethik

> Du weigerst dich umsonst; die ehrne Hand
> Der Not gebietet und ihr ernster Wink
> Ist oberstes Gesetz, dem Götter selbst
> Sich unterwerfen müssen. Schweigend herrscht
> Des ewgen Schicksals unberatne Schwester. (V. 1680–84)

Die zeitgenössische Diskussion über eine wünschbare Politik

In der Auseinandersetzung zwischen Pylades und Iphigenie spiegelt sich eine zeitgenössische Diskussion, in der die spätabsolutistische Kabinettspolitik, wie sie damals durchschnittlich betrieben wurde, kritisch mit einer wünschbaren Politik verglichen wurde. Das bekannteste Zeugnis dieser Diskussion ist der 1795 erschienene Traktat ‚Zum ewigen Frieden‘ von Immanuel Kant. Der Verfasser unterscheidet darin zwei Arten von Politikern, die „moralischen Politiker", ‚welche eine für die Menschen wünschbare Politik machen würden, aber leider kaum in der Realität vorkommen, und die „politischen Moralisten", welche die durchschnittliche politische Praxis repräsentieren. Die ‚moralischen Politiker' orientieren sich nach Kants Darstellung an der *Idee des Rechts,* wenn sie ihre Entscheidungen treffen, bekennen sich *öffentlich* zu den Absichten, die sie damit verfolgen, und handeln so, dass ihre politischen Maximen geeignet sind, ein *allgemeines Gesetz* zu werden.

In dieser Charakteristik lassen sich unschwer die Prinzipien erkennen, von denen sich Iphigenie leiten lässt, „Wahrheit", „Menschlichkeit" (V. 1938) und „Vertrauen" (V. 2144) zum Verhandlungspartner. Die ‚politischen Moralisten' – fährt Kant fort – lassen sich dagegen von bestimmten materiellen *Zwecken* leiten, welchen sie alle *rechtlich-politischen Grundsätze unterordnen,* und *verschleiern ihre wahren Absichten* durch „kluges Wort" (V. 1398) und „heimlichen Betrug" (V. 1920), wie es der Auffassung von Pylades entspricht.

6. Zu Sprache und Stil

Die Sprache des hohen Stils

Zur ‚Abgehobenheit' der Iphigenie-Gestalt als Idealfigur gehört die Abgehobenheit der Sprache des Dramas, an der Goethe im Sinne seines Konzepts der Klassik in Italien sorgfältig feilt, um das Stück zum Träger eines von der Realität deutlich zu unterscheidenden Ideals zu stilisieren (vgl. S. 71).

Abgehobenheit der Sprache der Figuren

Deshalb hat Goethe es vermieden, sich – wie Lessing mit seinem ‚Nathan' – dem bürgerlichen Schauspiel zu nähern, sondern reihte sich mit der ‚geschlossenen' Dramenform, wie sie in der klassischen französischen Tragödie vorgeschrieben war, vielmehr in die höfische Tradition ein. Ihre Figuren gehörten den oberen Ständen an (‚Ständeklausel') und bewiesen ein entsprechendes Sprachverhalten. Diese Dramenform beruhte auf dem Glauben „an die sprachliche Faßbarkeit und Artikulierbarkeit der Welt" (Klotz, S. 72). Das hat zur Folge, dass auf der Bühne nichts geschehen darf, was sich nicht sprachlich, und zwar in hohem Stil, fassen lässt, etwa spontane Gefühlsausbrüche, Schimpfereien, vulgäre Ausdrücke usw. Die auftretenden Figuren errichten im Dialog „gleichsam autarke, wohlgefügte Redegebäude um sich herum" (Klotz, S. 73). Selbst der wahnsinnige Orest zeigt in der logischen Folgerichtigkeit, mit der er wohlüberlegt die Nachricht vom Mord an Klytaimnestra nach und nach in Worte setzt, keinen Unterschied zum sprachlichen Verhalten seiner Gesprächspartnerin Iphigenie:

Was sich nicht in hohem Stil sagen lässt, ist von der Bühne verbannt

> OREST: Du weißt nur, merk ich, Agamemnons Tod.
> IPHIGENIE: Hab ich an dieser Nachricht nicht genug?
> OREST: Du hast des Greuels Hälfte nur erfahren.
> IPHIGENIE: Was fürcht ich noch? Orest, Elektra leben.

> OREST: Und fürchtest du für Klytämnestren nichts?
> IPHIGENIE: Sie rettet weder Hoffnung weder Furcht.
> OREST: Auch schied sie aus dem Land der Hoffnung ab.
> IPHIGENIE: Vergoß sie reuig wütend selbst ihr Blut?
> OREST: Nein, doch ihr eigen Blut gab ihr den Tod.
> IPHIGENIE: Sprich deutlicher, daß ich nicht länger sinne.
>   Die Ungewißheit schlägt mir tausendfältig
>   Die dunklen Schwingen um das bange Haupt.
> OREST: So haben mich die Götter ausersehn
>   Zum Boten einer Tat, die ich so gern
>   Ins klanglos dumpfe Höhlenreich der Nacht
>   Verbergen möchte … (V. 991–1006)

Funktionen der
Stichomythie

Sogar in solchen dramatischen Höhepunkten wie hier kurz vor der Wiedererkennung der Geschwister wird die Form der Stichomythie, d. h. das Abwechseln der Dialogpartner von Vers zu Vers, wie ein Ritus gebraucht. Man nimmt sich gegenseitig das Wort aus dem Mund, um es umgedeutet für die eigene Äußerung zu benutzen („fürcht" V. 994 → „fürchtest" V. 995 → „Furcht" V. 996; „Hoffnung" V. 996 → „Hoffnung" V. 997; „Blut" V. 998 → „Blut" V. 999). Während hier die Absicht, den Adressaten zu schonen, hinter dieser Sprechweise steht, wird die Stichomythie an anderer Stelle als taktisches Mittel gebraucht: Als Arkas Iphigenie des Königs Ankunft meldet und als dessen Brautwerber zu ihr spricht, kommt es zu diesem Wortwechsel:

> ARKAS: … Und wie mit Eisenbanden bleibt die Seele
>   Ins Innerste des Busens dir geschmiedet.
> IPHIGENIE: Wie's der Vertriebnen, der Verwaisten ziemt.
> ARKAS: Scheinst du dir hier vertrieben und verwaist?
> IPHIGENIE: Kann uns zum Vaterland die Fremde werden?
> ARKAS: Und dir ist fremd das Vaterland geworden. (V. 72–77)

Auseinander-
setzung zwischen
gegnerischen
Positionen

Iphigenie beginnt mit dem Synonymenpaar ‚vertrieben' und „verwaist', das Arkas übernimmt, um es in Frage zu stellen. In ihrer Antwort tauscht sie die beiden Synonyme mit der Antithese ‚Vaterland ↔ Fremde' aus und stellt eine eigene Frage. Arkas nimmt diese Figur auf, indem er sie abwandelt und umkehrt. Er stellt nüchtern fest, in welcher Situation sie sich befindet. Die enge Verzahnung des Dialogs zeigt nicht nur rhetorische Kunstfertigkeit, sondern verrät auch die jeweilige Sprechabsicht. Man geht aufeinander ein, gibt aber die eigene Position nicht auf. Arkas greift an, Iphigenie weicht aus. Er will sie aus der Reserve der ‚Vertriebenen, Verwaisten' herauslocken, sie verschanzt sich dahinter. „Arkas fragt nach dem Aktuellen, Persönlichen, Iphigenie antwortet mit dem Allgemeinen. Er fragt aus dem Jetzt, sie antwortet aus dem Immer" (Klotz, S. 76).

Taktische Funktionen hat auch der Gebrauch von Sentenzen. Man *Sentenzenstil*
zieht sich aus dem Persönlichen ins Normative zurück, weicht der
Entscheidungssituation „ins sichere Gehege allgemeingültiger Sätze"
aus (Klotz, S. 76). Pylades möchte Iphigenie dazu bringen, dass sie
beim Bildraub mitmacht, sie aber zögert:

> PYLADES: Das ist nicht *Undank,* was die Not gebeut.
> IPHIGENIE: Es bleibt wohl *Undank,* nur die Not entschuldigt's.
> PYLADES: Vor Göttern und vor Menschen dich gewiß.
> IPHIGENIE: Allein mein eigen *Herz* ist nicht befriedigt.
> PYLADES: Zu strenge Fordrung ist verborgner Stolz.
> IPHIGENIE: Ich untersuche nicht, ich *fühle* nur.
> PYLADES: *Fühlst* du dich recht, so mußt du dich verehren.
> IPHIGENIE: Ganz unbefleckt genießt sich nur das *Herz.* (V. 1645–52)

Während Pylades ihr klarmachen will, dass es sich bei dem Unternehmen um einen Handlungszwang handelt, der durch eine Notlage
bedingt ist, zieht Iphigenie sich in die Reinheit ihres Herzens zurück.
Beide berufen sich dabei auf allgemeine Wahrheiten (V. 1645, 1649,
1652).

Höfische Rhetorik

Ein solcher Dialog in Sentenzen ist ein Rededuell, das nach festen *Rededuell als*
Spielregeln ausgefochten wird. Die Kenntnis eines Vorrats an rheto- *höfische Form*
rischen Figuren, welche zu diesem Spiel gehört, ist „allein höfischen
und tragödienwürdigen Personen selbstverständlicher Besitz" (vgl. *Rhetorische*
Klotz, S. 77). Solche Figuren sind z. B. die variierende Wiederholung *Figuren sind*
(Synonymie): *Bildungsbesitz des*
Hofadels

> O daß in meinem *Busen* nicht zuletzt
> Ein *Widerwillen* keime! Der Titanen,
> Der alten Götter tiefer *Haß* auf euch
> Olympier, nicht auch die zarte *Brust*
> Mit Geierklauen fasse!(V. 1712–16)

oder die umschreibende Einkleidung (Periphrase):

> … Die ehrne Hand
> Der *Not* gebietet und ihr ernster Wink
> Ist oberstes Gesetz, dem Götter selbst
> Sich unterwerfen müssen. Schweigend herrscht
> *Des ewgen Schicksals unberatne Schwester.* (V. 1680–84)

Mit der „ehrnen Hand der Not" ist die griechische Göttin der Naturnotwendig-
keit, Ananke, gemeint; das „Gesetz", dem sogar Götter „sich unterwerfen müs-

sen", bestimmt die Schicksalsgöttin Moira; ihre „unberatne Schwester" aber ist Tyche, die Göttin des Glücks und des Zufalls.

Stilistisch markiert im Sinne einer höfischen Sprechweise ist auch die Figur des vorangestellten Genitivs:

> *der gottbesäten Erde* schönen Boden (treten:) V. 1067
> *jenes Mannes* Wahnsinn: V. 1774
> *der Frauen* Wort: V. 1864
> auf *Feindes* Pferden: V. 1903

Bedeutung der unterordnenden Syntax

Die Syntax ist vorwiegend unterordnend (hypotaktisch) und entspricht damit der adligen Weltauffassung, ihrer „Weltsicht der Ordnung, der Regelhaftigkeit, des festen Ortes des Einzelnen im Ganzen, der Hierarchie" (Klotz, S. 83). In einer Situation, in der die Sache auf des Messers Schneide steht und schnell eine Entscheidung fallen muss, hat Iphigenie noch Zeit, allgemeine, das menschliche Leben grundsätzlich betreffende Satzgefüge zu formulieren:

> Der rasche Kampf verewigt einen Mann:
> Er falle gleich, so preiset ihn das Lied.
> Allein die Tränen, die unendlichen
> Der Überbliebnen, der verlaßnen Frau
> Zählt keine Nachwelt, und der Dichter schweigt
> Von tausend durchgeweinten Tag und Nächten,
> Wo eine stille Seele den verlornen,
> Rasch abgeschiednen Freund vergebens sich
> Zurückzurufen bangt und sich verzehrt. (V. 2067–75)

Die kurze Antithese, dass den gefallenen Mann das Lied preist, während der Dichter von der überlebenden Frau schweigt, wird wortreich entfaltet.

Metapherngebrauch

Metaphern-gebrauch

Kennzeichnend für den Sprachstil der ‚Iphigenie‘ ist auch der Gebrauch von Metaphern. Diese sind jedoch keine spontanen Neubildungen, sondern werden einer Bildkonvention entnommen. Daher

Konventioneller Bildgebrauch

spricht Volker Klotz von „heraldischer Metapher" (Klotz, S. 81). So werden immer wieder emotionale Handlungen mit Lexemen aus dem Bildfeld des Feuers veranschaulicht (z. B. V. 1016–46, 1141–58, 1176/7). Aber diese Bilder machen sich selbstständig, treten aus ihrem Dienst, Sachverhalte zu veranschaulichen, heraus und beherrschen ihrerseits die Rede:

> ... (Die Erinnyen) blasen
> Mir schadenfroh die *Asche* von der Seele
> Und leiden nicht, daß sich die letzten *Kohlen*
> Von unsers Hauses *Schreckensbrande* still
> In mir *verglimmen*. Soll die *Glut* denn ewig
> Vorsätzlich *angefacht,* mit *Höllenschwefel*
> Genährt, mir auf der Seele marternd *brennen?* (V. 1149–55)

Iphigenie führt das Bildfeld weiter:

> Ich bringe süßes *Räuchwerk* in die *Flamme.*
> O laß den reinen Hauch der Liebe dir
> Die *Glut* des Busens leise wehend kühlen. (V. 1156–58)

Der ganze Modus der Mitteilung, Auswahl und Folge ihrer Einzelheiten werden vom Rahmen der Metapher bestimmt. „Die Realität beugt sich dem Diktat der Metapher" (Klotz, S. 83). *Die Bilder verselbstständigen sich*
Zu diesen für die traditionelle geschlossene Form des Dramas kennzeichnenden Stileigentümlichkeiten kommen in der ‚Iphigenie' noch jene Sprachmerkmale hinzu, die Goethe in Nachahmung der antiken griechischen Dichtung in seinen Text eingeführt hat, z. B. Ausdrücke wie „Mitgeborne" (V. 21), „von Trojas umgewandten Mauern" (V. 47) oder „der Menschen weitverbreitete Geschlechter" (V. 554/5).

Urteil eines Zeitgenossen

Diese sprachlich-stilistischen Eigenschaften des ‚Iphigenie'-Textes haben schon Zeitgenossen Goethes irritiert wie den berühmten Schauspieler August Wilhelm Iffland, der darüber einem Freunde schreibt: *Das Urteil eines Zeitgenossen*

> Ich habe denn auch in Hannover den 1ten, 3ten und 5ten Akt von Goethes ‚Iphigenie' gelesen. Denn ich bekam sie nur auf eine Stunde, da Goethe sehr geheimnißvoll damit ist – aber ich finde nicht, was man davon sagte! Sein sollende Griechische Simplicität, die oft in Trivialitat ausartet – sonderbare Wortfügung, seltsame Wortschaffung, und statt Erhabenheit oft solche Kälte als die, womit die Ministerialrede beim Bergbau zu Ilmenau geschrieben ist.
> (Hannover, 2. 10. 1785 an Dalberg – bei Hackert, S. 56 f.)

Die Äußerung gibt wohl die allgemeine Einschätzung wieder. Denn Iffland (1759–1814) repräsentiert als Dramenverfasser, Schauspieler und Regisseur die bürgerliche Theaterkultur, wie wir sie uns für die zweite Hälfte des 18. Jahrhunderts vorzustellen haben. Er war mit Goethe befreundet und „lieferte mit seinen 65 Zug- und Erfolgsstücken das tägliche Brot" für Goethes Weimarer Theater. Er „stellte mit 354 Aufführungen von über 30 seiner Stücke unter Goethes Di- *Iffland als Konkurrent von Goethe und Schiller* rektion die Aufführungen von Dramen Goethes und Schillers weit in den Schatten". (v. Wilpert, S. 500)

7. Interpretationsansätze

Die Verfremdungen verbergen den Gehalt des Stücks

Goethe hat den Gehalt seiner ‚Iphigenie' hinter einigen poetischen Verfremdungen vor seinen Lesern oder Zuschauern verborgen, wie diese immer wieder beklagt haben. Der Züricher Literaturkritiker Bodmer hielt das Stück für schlecht und meinte, Goethe tue wohl, dass er es dem Publikum vorenthalte:

> Welcher Stolz, nur für einen Teil der Nation schreiben zu wollen, den man sich, sagt man, gebildet hat. (Dienstag vor Ostern 1782, an Myller – bei Hackert, S. 56)

Verständniserschwerend war einmal die Einkleidung dieses Gehalts in den Stoff des griechischen Mythos, der zwar Teil der bürgerlichen Allgemeinbildung, aber als antike Lebenswirklichkeit nicht mehr zugänglich war (vgl. S. 86), dann die Sprachform, welche die Zeitgenossen als durchaus fremd empfanden (vgl. S. 99) und schließlich die Abgehobenheit der Titelfigur und ihres Handelns von der bürgerlichen Lebenswelt (vgl. S. 91 f.). Da diese Verständnishindernisse heute eher noch höher erscheinen, haben moderne Interpretationen des Stücks stets den Charakter von Vorstößen in unbekanntes Gelände. Wer sie unternimmt, muss sie zudem noch gegen die traditionelle „Ideologisierung und Verharmlosung" der ‚Iphigenie' „zu einem Weihespiel reiner Menschlichkeit" verteidigen, „dessen ‚Botschaft' im Grunde niemanden mehr etwas angeht" (Borchmeyer 1, S. 52). Daher stellen wir nur neuere Arbeiten vor, in denen solche Vorstöße unternommen wurden, die dem Leser zum Verständnis des Gehalts der ‚Iphigenie' eine Hilfe bieten können. Man kann sie in vier Gruppen gliedern:

Interpretationen sind Vorstöße in unbekanntes Gelände

Anordnung in vier Gruppen

- *Biografische* Deutungen,
- Interpretationen als *‚Drama der Hoffnung',*
- Deutungen der *politischen Botschaft* des Stücks und
- Beiträge zur Problematik des *Dramenschlusses.*

Biografische Deutungen

Die bekannteste biografische Deutung der ‚Iphigenie' will in der Titelfigur Goethes Vertraute der ersten Weimarer Jahre, Charlotte von Stein, wiedererkennen. In diesem Zusammenhang wird an das Gedicht „Warum gabst du uns die tiefen Blicke …" erinnert, das Goethe am 14. 4. 1776 in einem Brief an Frau von Stein geschickt hat und in dem es heißt:

Iphigenie als Bildnis der Charlotte von Stein

> Tropftest Mäßigung dem heißen Blute,
> Richtetest den wilden irren Lauf,
> und in deinen Engelsarmen ruhte
> Die zerstörte Brust sich wieder auf.

Hier sei die „Heilungsidee des Dramas geradezu schon vorgebildet", denn

> die reinigende, beruhigende Wirkung Iphigenies auf Orest erfuhr Goethe in seiner Liebe zu Charlotte. (Holst, S. 15)

Der Psychoanalytiker Kurt R. Eissler sieht dagegen in dem Geschwisterpaar Iphigenie und Orest Goethe und seine Schwester Cornelia (1750–1777) gespiegelt, die, mit einem Juristen unglücklich verheiratet, im badischen Emmendingen wie im Exil lebte (vgl. Müller, S. 87 f.). Aber bei der Suche nach solchen Entsprechungen in Goethes Biografie „kommt man über Vermutungen nicht hinaus" (Conrady, S. 438). Für die Interpretation ist allein erheblich, was Hans Robert Jauß den ‚neuen Mythos' nennt. Er meint damit „eine neue Antwort auf eine elementare, das Ganze der Welt betreffende Frage" (Jauß, S. 729). Die Antwort nun, die Goethes ‚Iphigenie' auf die Frage nach der Befreiung des Menschen zur Selbstbestimmung und Humanität gibt, charakterisiert Jauß folgendermaßen:

Iphigenie und Orest als Bild der Geschwister Wolfgang und Cornelia Goethe

> Die Antwort, die Goethes Schauspiel gibt, ist nicht allein die „unerhörte Tat", sondern daß es „Iphigenie" ist, die sie vollbringt und auch „allein" zu vollbringen vermag. Was Pylades schon eingangs ahnen läßt (V. 786 ff.), *die über alle Vernunft hinausreichende Kraft des rein Weiblichen oder weiblich Reinen*, offenbart am Ende die Schlußrede Orests: „Gewalt und List, der Männer höchster Ruhm, Wird durch die Wahrheit dieser hohen Seele/Beschämt…" (V. 2142 ff.).
> Im Rückgang vom humanen Wagnis der wahren Rede auf die erlösende Gewalt des rein Weiblichen kehrt der überwundene Mythos in Goethes Zivilisationsdrama zurück. (Jauß, S. 730)

Eine doppelte Antwort auf die Frage nach der Humanität: Die „unerhörte Tat" und die „erlösende Gewalt des Weiblichen"

Auch die *Form* des Dramas hat – nach Boyle – ihre biografischen Bezüge. Im Unterschied zu den Frühwerken, die sich an Shakespeare orientiert haben, ist die ‚Iphigenie' in strenger höfischer Form gehal-

‚Iphigenie‘ ein höfisches Werk: Fundament von Goethes aristokratischer Lebensform

ten. Das ist dadurch zu erklären, dass Goethe in seinem ersten Weimarer Jahrzehnt die aristokratische soziale Welt als den Lebensraum erkannt hat, der seinen Bedürfnissen am ehesten entspricht. Er meint nun, dass

> Weimar für ihn zum rettenden Hafen vor Enttäuschung, Schuld und Furcht zu werden vermag und die Möglichkeit des Tragischen ihn nicht ereilen kann. (Boyle, S. 377)

Mit der ‚Iphigenie‘ als einem höfischen Werk hat Goethe das „sinnstiftende Fundament einer Lebensform" zur Sprache gebracht, die er in Weimar bewusst gewählt hat,

> weil er sie als Alternative zu dem verworrenen Leben eines intellektuellen Literaten im Rampenlicht der Öffentlichkeit verstand. (Boyle, S. 377)

‚Drama der Hoffnung‘

Die Rezeption eines Werkes kann durch besondere historische Umstände beeinflusst werden. Goethes ‚Iphigenie‘ erfuhr nach dem Zweiten Weltkrieg eine unerwartete Aufwertung. Oskar Seidlin, ein Germanist, der vor den Nationalsozialisten ins Exil in die USA fliehen musste, hat damals sein Textverständnis folgendermaßen formuliert:

Aufwertung der ‚Iphigenie‘ nach 1945

Der Weltfrieden scheint näher gerückt

> Durch Iphigenie wird eine Welt, zerrissen durch Verdacht und Haß, geeint. Und in ihrer letzten Vision ist der Schrecken menschlicher Vereinsamung überwunden: Tauris, das Inselreich, getrennt von der bewohnten Welt durch das drohende Element, das Wasser, isoliert durch das tödliche Gesetz gegen alles Fremde, Tauris wird dem Kontinent der Lebenden angefügt, wird Teil der Ökumene. Nicht mehr gibt es eine griechische und eine barbarische Welt, die sich in ewigem, atavistischem Haß gegenüberstehen; von nun an gibt es nur *eine* Welt, zusammengehalten von Liebe und Verstehen. Die letzten Worte Iphigeniens, ein Stück schönster Poesie in der deutschen Sprache, scheinen wie ein völliger Widerruf ihres ersten Monologs. Am Anfang stand das Gefängnis: der Mensch in den Händen eines unerbittlichen Geschicks, verbannt auf die tödliche Insel, an deren Ufer kein Bote je erscheint. Jetzt sind die Mauern gefallen … (Seidlin, S. 21)

In dieser Interpretation spiegelt sich der historische Kontext deutlich. 1945 waren die Vereinigten Nationen (UNO) gegründet worden. 1948 wurde die ‚Allgemeine Erklärung der Menschenrechte‘ verabschiedet. Diese Situation, von welcher er sich einen Weltfrieden erhofft, sah Seidlin in Goethes Stück präfiguriert. Vierzig Jahre später ist der Optimismus der ersten Nachkriegszeit verflogen. Die Vorgänge der brutalen und planmäßigen Menschenvernichtung sind inzwischen erforscht und Gegenstand der öffentlichen Diskussion geworden. Deshalb äußert sich Walter Hinck in seinem Buch ‚Theater der Hoffnung' (1988) sehr viel bedachtsamer über die Möglichkeit, das *Ideal,* das Goethes Drama den Menschen vorstellt, in die historische *Wirklichkeit* zu überführen:

Vierzig Jahre später ist Trauer in die Hoffnung gemischt

> Die unerhörten Rebarbarisierungserscheinungen in den Vernichtungslagern unseres Jahrhunderts, zumal die organisierten Massenmorde (Menschenopfer, die keinem Gott mehr dargebracht werden) machen ja nicht das Hoffnungselement der Goetheschen ‚Iphigenie' unglaubwürdig, vielmehr wird heute an ihm das ganze Ausmaß vertaner Möglichkeiten deutlich. Es hat sich also seit damals die Perspektive geändert: der Blick auf das Wünschbare, Erreichbare ist verhangen, getrübt durch das Wissen, wie sehr es verfehlt werden kann. So ist der Hoffnung, die der humanitäre Appell des Dramas vermittelt, nun immer auch Trauer beigemischt. (Hinck, S. 170)

Politische Botschaft

Den Weg zu einer politischen Interpretation der ‚Iphigenie' hat 1979 Wolfdietrich Rasch eröffnet, indem er das Stück in den Horizont der philosophischen Aufklärung des 18. Jahrhunderts stellte. Denn das Stück, meinte er, sei erst dann zu begreifen, wenn man die Bedeutung des aufklärerischen Autonomieprinzips darin erkenne. Die ‚Iphigenie' sei darum als ein „Drama der Humanität" zu verstehen, „insofern erst der autonome Mensch Humanität verwirklichen kann" (Rasch, S. 188). Daraufhin hat Dieter Borchmeyer 1981 zum ersten Mal das Stück als einen „Fürstenspiegel" bezeichnet (Borchmeyer 1, S. 77), d. h. eine Lehrschrift, welche dem Adressaten, in diesem Fall also Carl August von Sachsen-Weimar-Eisenach, das Idealbild eines Fürsten vor Augen stellt und ihm seine Rechte und Pflichten zeigt. Als Begründung für die Wahl dieses Begriffs, mit dem eine ganz andere literarische Gattung bezeichnet wird, führt Borchmeyer an, die ‚Iphigenie' enthalte „Elemente politischer Kritik" (Borchmeyer 1, S. 64). In einer späteren Arbeit greift er zur Begründung seines Verständnisses der ‚Iphigenie' als „Fürstenspiegel" auf ein Strukturmerkmal des Dramentextes zurück:

Humanität ohne Autonomie nicht möglich

‚Iphigenie' ein „Fürstenspiegel"?

Begründungen für die Fürstenspiegel-These

> Das neue Verhältnis zwischen Gott und Mensch korrespondiert der Beziehung zwischen gerechtem Fürsten und freiem Bürger im aufgeklärten Staatswesen. ‚Iphigenie' wird so wirklich zum ‚Fürstenspiegel', der das ideelle Fundament der amtlichen Reformtätigkeit Goethes im ersten Weimarer Jahrzehnt bedeutsam erhellt … (Borchmeyer 2, S. 147)

Dieses inhaltliche Strukturmerkmal zeigt sich vor allem in der Beziehung zwischen dem Parzenlied (V. 1726–66), das die Unberechenbarkeit der Götter zum Thema hat, und Iphigenies Anklage gegen irdische Herrscherwillkür vor Thoas (V. 1812–20), die Rasch deshalb als „zweites Parzenlied" bezeichnet hat (Rasch, S. 153). 1994 fügt Borchmeyer dann den oben zitierten Sätzen noch einen Satz hinzu:

> In der Entsagung des Thoas, in seinem Verzicht auf Rache, Strafe und die unbeschränkten Möglichkeiten der Macht, in der Fähigkeit, die ‚Stimme der Wahrheit und der Menschlichkeit' (V. 1937/8) zu hören – in all dem drückt sich das Bild des ‚guten Herrschers' aus, das die bürgerlichen Schriftsteller seit der frühen Aufklärung im Dienste der Fürstenerziehung entworfen haben. (Borchmeyer 3, S. 158)

Fakten, die dafür sprechen

Die Fürstenspiegel-These hat einige Fakten für sich. Goethe war vom Weimarer Hof auch als Erzieher des jungen Herzogs bestellt. Der ‚Iphigenie'-Stoff war diesem vertraut, weil er 1775 auf seiner Kavaliersreise in Paris Glucks Oper ‚Iphigenie in Tauris' erlebt hatte, die ihn sehr beeindruckte (vgl. Sengle, S. 9).

Der Dramenschluss

Thoas verstummt in der letzten Szene

Thoas, das „Bild des guten Herrschers", der König, von dem doch alles abhängt, verstummt am Ende immer mehr. Von V. 2107 an hat er nur noch vier Wörter zu sprechen, „während Orest und Iphigenie ihre Humanitätsbotschaft in fast 70 Versen verkündigen dürfen" (Borchmeyer 1, S. 79). In dieser Behandlung der Figur des Thoas hat Adorno einen kompositorischen Mangel gesehen. Er geht davon aus, dass Iphigenie zum Abschied dem König und dem „Geringsten" seines Volks „ein freundlich Gastrecht" anbietet (V. 2153 ff.), das ja wohl kaum jemals in Anspruch genommen wird. Damit – so Adorno – werde von dem Umstand abgelenkt,

> daß der Skythenkönig, der real weit edler sich verhält als seine edlen Gäste, allein, verlassen übrig ist. (Adorno, S. 509)

Thoas verliert alles und gewinnt nichts

Dadurch aber, dass Thoas nur passiver Teil eines Humanisierungs- und Aufklärungsaktes bleibt, nur auf Überredung reagiert, auf den Gebrauch seiner Macht verzichtet, ohne etwas dafür zu erhalten, bekomme das Drama einen Bruch:

> Das Meisterwerk knirscht in den Scharnieren. (Adorno, S. 509)

Die Versöhnung sei nur erschlichen, „die klassizistisch harmonisierte Form und Sprache" erweise sich „als bloßer ästhetischer Schein von

Versöhnung" (Jeßing, S. 73). Borchmeyer macht gegen Adornos Tadel geltend, dass ein solches Schlussbild in der Dramatik des späten 18. Jahrhunderts keineswegs allein dasteht. Als ein Beispiel unter vielen führt er Mozarts Oper ‚Die Entführung aus dem Serail' (1782) an, „in welcher sich die erstaunlichsten inhaltlichen Parallelen zu Goethes Schauspiel entdecken lassen" (Borchmeyer 1, S. 79):

Solche Schlussbilder im 18. Jh. üblich

Mozarts ‚Entführung' als Parallele

> Das ‚Subjekt' der Humanität … ist ebenfalls der vermeintliche Barbar, Bassa Selim, der zunächst, wie Thoas durch das Blutopfer, Constanze durch die Androhung von ‚Martern aller Arten' zur Liebe nötigen will, am Ende aber die Geliebte mit dem Sohn seines Todfeindes trotz des vorangegangenen Betruges und der vereitelten Entführung in die Heimat entläßt. Auch er bleibt allein, verlassen übrig. Von dem großen Schlußgesang auf Menschlichkeit und Großmut ist er bezeichnenderweise ausgeschlossen – ihm ist eine Sprechrolle vorbehalten! (Borchmeyer 1, S. 79/80)

Wie Goethes ‚Iphigenie' stellt auch Mozarts Oper das Thema der Humanität den Europäern mit dem Hintergrund einer ‚barbarischen', d. h. ‚vormodernen' Kultur vor Augen. Der Typus des ‚edlen Wilden' war ein damals beliebtes Darstellungsmittel, um die *Universalität* der Werte der Aufklärung zu erweisen. Diesem seien sie – wie Iphigenie es in V. 1939 ff. auf ihre Weise ausdrückt – mit Hilfe der *‚natürlichen Vernunft'* erkennbar. Dafür hatte die islamische Aufklärung des 12. Jahrhunderts den ‚Robinson'-Typus erfunden (vgl. S. 18 f.).

Der Typus des ‚edlen Wilden' als Symbol für die Universalität der Werte

8. Vergleichsaspekte

Für den Vergleich mit den beiden anderen Dramen halten wir die Aspekte fest, wie sie sich aus Goethes ‚Iphigenie' ergeben, und greifen dabei kurz auf die ‚Nathan'-Aspekte (vgl. S. 61–63) zurück:

1. Fragen zur Thematik

1.1 *Wie wird der ‚gute Mensch' charakterisiert?*
Iphigenie durchbricht die historische Kette von Gewalt und Lüge, indem sie – im Glauben an helfende Götter und der Stimme ihres *Herzens* folgend – den Menschen mit Wahrheit und mit Menschlichkeit, d. h. Achtung der Menschenwürde begegnet.

(Nathan folgt der Stimme seiner *Vernunft* und begegnet den Menschen mit „von Vorurteilen freier Liebe".)

1.2 *Worin besteht seine ‚gute Tat'?*

Iphigenie stellt aus freier Wahl ihr eigenes Interesse, das des Betrugs bedarf, hintan, um nicht die Verbrechenskette ihrer Familie fortzusetzen, und gibt sich und die Griechen in die Gewalt des Thoas.

(Nathans Leistung besteht darin, in klugem Gespräch Vorurteile abzubauen und Verständigung herbeizuführen.)

1.3 *Wie sind die Gegenfiguren zum ‚guten Menschen' gezeichnet?*

Thoas ist anfangs als Gegenfigur dargestellt, weil er seine Macht autoritär ausübt und die Wiederaufnahme der Menschenopfer als Druckmittel gebraucht. Pylades vertritt im Streitgespräch die Gegenposition zu Iphigenie.

1.4 *Welche Bedeutung hat das Handeln des ‚guten Menschen' für das Zusammenleben?*

Iphigenie bringt die Gegner dazu, auf Gewalt zu verzichten. Wie sich daraufhin die sozialen Verhältnisse im Skythenreich oder in der Tantalidensippe ändern, wird nicht angedeutet.

(Auch Nathan erreicht sein Friedensziel nur bei wenigen Menschen. Die Kreuzzüge gehen weiter.)

1.5 *Wie ist die Realisierbarkeit des Ideals zu beurteilen?*

Man kann sich schwer vorstellen, wie Iphigenies Verhalten in unserer Welt, in der die pragmatische Ethik des Pylades üblich ist, zum Erfolg führen soll. Das Risiko, das sie eingeht, wäre gar nicht zu verantworten.

(Nathans Verständigungsleistung ist eher realisierbar, vor allem in kleinem Kreise.)

1.6 *Wie lebt das Ideal in unserer Gegenwartskultur weiter?*

Goethes Autonomiegebot hat in Artikel 1 (1): „Die Würde des Menschen ist unantastbar", 2 (1): Recht auf freie Entfaltung der Persönlichkeit, und 3 (2): „Männer und Frauen sind gleichberechtigt" des Grundgesetzes immerhin Verfassungsrang bekommen.

(Lessings Toleranzgebot betrifft ebenfalls einen Wert, der von der Verfassung geschützt ist.)

2. Fragen zur literarischen Form

2.1 Für welches Publikum ist das Stück geschrieben?
Goethe hat für einen kleinen höfischen Kreis geschrieben, wie Dramenform, Dialogstil und Sprache zeigen. Auch bei der Endfassung dachte er an eine Elite weniger, aus der Masse herausgehobener gebildeter Persönlichkeiten.
(Lessing hatte dagegen als Publikum eine breite bürgerliche Öffentlichkeit im Sinn.)

2.2 Wie kommt die didaktische Tendenz zur Geltung?
Goethe hat die didaktische Tendenz bewusst verhüllt, weil er vor einem höfischen Publikum bürgerliche Werte verkündete. Im Sinne der Fürstenspiegel-These ist das als Strategie zu verstehen, die dem Adressaten ermöglichen soll, die für ihn bestimmte Botschaft im Stück selbst aufzufinden, d. h. Goethe will auf jeden Fall die Lehrerrolle verbergen.
(Lessing tut seine Absicht offen kund, dem Publikum etwas beibringen zu wollen.)

2.3 Wie ist das Gattungsproblem gelöst?
Goethe hält sich in allen Fragen der Form streng an das Muster der klassischen französischen Tragödie. Ein tragischer Verlauf bleibt bis in die letzte Szene offen. Auch als Orest nach der Zornrede des Thoas auf das Bild verzichtet, hält die Spannung an, bis Thoas das erlösende Wort: „So geht!" spricht. Erst mit der ausbleibenden Katastrophe wird das Tragödienmuster verlassen.
(Lessing erreicht seinen Zweck mit einer auf seine Bedürfnisse zugeschnittenen Mischung zweier Gattungen.)

2.4 Welche Funktion hat die räumliche und zeitliche Distanzierung der Handlung?
Der Mythos mit den Ungeheuerlichkeiten, die von den Nachkommen „aus Tantalus' Geschlecht" (V. 306) während der langen Familiengeschichte begangen wurden, bildet die Folie, vor der sich der Aufstieg zur Humanität am Schluss des Dramas markant abheben soll.
(Bei Lessing ist die historische Kreuzzugswelt als Folie für die Nathan-Handlung nicht vergangen, sondern gleichzeitig.)

2.5 Wozu dient das Handlungsschema der Wiedererkennung?
Das Schema der Wiedererkennung wird wiederholt – als Längsachse der Handlungsstruktur – verwendet, um das Wahrheitsthema zu entfalten und Wahrheitsfindung als Prozess zu zeigen.
(Lessing benutzt das Schema dazu, um das Wirken der Vorsehung in der Geschichte zu erweisen.)

2.6 Worin besteht die Problematik des Dramenschlusses?

Das plötzliche, fast wortlose Verschwinden des Königs Thoas aus der Handlung, der doch durch seine „Menschlichkeit" (V. 1938) die Wendung zum Guten erst ermöglicht, steht im Widerspruch zu seiner entscheidenden Rolle, die er in der Handlung ausübt. (Bei Lessing wird die Handlung durch ein Familienidyll beendet, bevor alle Fragen der Thematik geklärt sind.)

Dritter Teil: Brecht
‚Der gute Mensch von Sezuan' (1943)

1. Zur Entstehung des Textes

Vorgängerstücke

Am 15. März 1939, kurz vor Ausbruch des Zweiten Weltkriegs, trägt Bertolt Brecht auf der dänischen Insel Fünen, wo er in einem kleinen Bauernhaus in Skovsbostrand bei Svendborg vor den Nazis Zuflucht gefunden hatte, in sein Arbeitsjournal (AJ) die Notiz ein:

Beginn der Arbeit am Sezuan-Stück im dänischen Exil

> vor ein paar tagen habe ich den alten entwurf von DER GUTE MENSCH VON SEZUAN wieder hervorgezogen (in berlin begonnen als DIE WARE LIEBE). es existieren fünf szenen, vier davon sind zu brauchen, es ist scharadenarbeit, schon der umkleide- und umschminkakte wegen. ich kann aber dabei die epische technik entwickeln und so endlich wieder auf den standard kommen… (AJ 15. 3. 39)

In den genannten frühen Entwürfen findet sich bereits die Grundidee des Sezuan-Stücks, die Doppelrolle und ihre ökonomische Begründung. Die Bemerkung über die „Scharadenarbeit" – heute würde man von ‚puzzle' sprechen – zeigt, wie genau der Stückeschreiber von der Aufführungspraxis her denkt, obwohl er schon sechs Jahre lang keinen Kontakt mehr mit ihr hat.

Eigene Vorarbeiten zum ‚Guten Menschen von Sezuan'

> Um 1927 entwarf Brecht den Plot zu einem Stück mit dem Titel ‚Fanny Kress oder Der Huren einziger Freund': Die Titelfigur verkleidet sich als Mann, um den anderen Huren zu helfen. Doch diese verhalten sich nicht solidarisch, sondern verraten einander, weil jede den Mann für sich haben will. Diesen Plot wendete Brecht 1930 ökonomisch: Eine junge Hure sieht, „daß sie nicht zugleich Ware und Verkäufer sein kann". Daher führt sie den Zigarrenladen, den sie sich vom Hurenlohn gekauft hat, als Mann, setzt aber ohne Maske ihren ursprünglichen Beruf fort. Diesen Entwurf betitelte Brecht ‚Die Ware Liebe', wobei er den Gleichklang mit „Die wahre Liebe" auskostete. (nach Knopf 1, S. 201)

Ein Entwurf: ‚Die Ware Liebe'

An der Hauptfigur dieses Vorläuferstücks, von dem Brecht vier Szenen übernimmt, will er die Tatsache erweisen, „daß in einer bürgerlich-kapitalistischen Gesellschaft die Individualität nur entfremdet/gespalten Überlebens- und Erfolgschancen hat" (Völker 1, S. 165). Im ersten Exiljahr entstand ein zweites Vorläuferstück, in dem diese Grundidee verarbeitet ist:

Zu Beginn der Flucht der Text zum Ballett ‚Die sieben Todsünden des Kleinbürgers‘

> Am Tag nach dem Reichstagsbrand, am 28. 2. 1933 verließ Brecht mit Helene Weigel und Sohn Stefan Deutschland. Die Flucht führte über Prag, Wien, Zürich, wo er sich den Handlangern der Nazis noch zu nahe fühlte, nach Paris. Dort traf er mit Kurt Weill, dem Komponisten der ‚Dreigroschenoper‘, der fließend Französisch sprach, zusammen und inszenierte mit ihm das Ballett ‚Die sieben Todsünden des Kleinbürgers‘, das am 7. Juni 1933 im Théâtre des Champs-Elysées aufgeführt wurde (Text von Brecht, Musik von Weill). (nach Knopf 1, S. 138):

> Es handelt sich um ein Parabelstück von zwei Schwestern, die ausziehen, um „in den großen Städten ihr Glück zu versuchen". Die Handlung spielt – wie später in einem fiktiven Sezuan – in einem fiktiven Amerika, wo gezeigt wird, dass in dieser Welt der Mensch nicht menschenwürdig leben kann. Die ‚Todsünden‘, welche die Schwestern begehen, sind Todsünden gegenüber einer Welt, in der alles zur Ware geworden ist, im Grunde aber sind es Tugenden. Die Familie, die die Schwestern zum Gelderwerb für ein kleines Häuschen antreibt, kommentiert die Handlung:

Brecht in seinem alten Ford auf der Insel Langeland, 1936.

AKG. Berlin

Der Herr erleuchte unsre Kinder,
daß sie den Weg erkennen, der zum Wohlstand führt.
Er gebe ihnen die Kraft und die Freudigkeit,
daß sie nicht sündigen gegen die Gesetze,
die da reich und glücklich machen.

Die Schwestern sind eigentlich *nur eine Person*. Um aber zu Wohlstand zu kommen, muss sie sich in *Mensch* und *Ware* aufteilen, in Anna I und Anna II (der französische Titel lautete: ‚Anna-Anna ou les Sept Péchés Capitaux'). Die eine tut das ‚Vernünftige', die andere ist menschlich. Ihre ‚Unzucht' z. B., d. h. die Todsünde, die in Wirklichkeit Tugend ist, aber in der Warenwelt keinen Gewinn bringt, besteht darin, den zu lieben, den sie wirklich liebt, und nicht den, der sie bezahlt. Doch gerade dies verlangt die Familie von ihr. Mit anderen Worten: private Gefühle kann man sich nicht leisten, wenn man sich ein Haus bauen will. (nach Kesting, S. 72 f.)

Eine gespaltene Persönlichkeit: Anna I und Anna II

Von Paris aus begibt sich Brecht mit seiner Familie noch im gleichen Jahr 1933 nach Dänemark, wo er sich in dem erwähnten Bauernhaus bei Svendborg niederlässt. Dänische Nationalsozialisten verlangen seine Auslieferung, doch die Regierung lehnt ab. Als der drohende Kriegsausbruch sein „dänisches Strohdach" unsicher machte, flüchtete Brecht mit seiner Familie im April 1939 nach Schweden, wo eine befreundete Schauspielerin ihm eine Villa bei Stockholm besorgte. Hier lebten die Brechts ein Jahr lang, um im April 1940 nach Finnland weiterzuziehen, wo sich die Dichterin Hella Wuolijoki um sie kümmerte. Unter dem Datum 6. 5. 40 heißt es dazu im Arbeitsjournal:

Von Dänemark über Schweden nach Finnland

kleine leere wohnung in tölö für einen monat ergattert. helli fuhr mit einem lastauto herum und holte sich in zwei stunden die nötigen möbel zusammen, fünf leute borgten sie, die wir gestern nicht kannten. wir zogen in der letzten aprilwoche ein und ich nahm die arbeit an DER GUTE MENSCH VON SEZUAN ernstlich auf. das stück ist in berlin begonnen, in dänemark und schweden aufgenommen und beiseitegelegt worden. ich hoffe es hier fertigzubekommen.

Arbeit am Stück im skandinavischen Exil

Von den Schwierigkeiten, unter denen Brecht bei seiner schriftstellerischen Arbeit an wechselnden Orten und unter ständig drohender Verfolgung leidet, kündet das Arbeitsjournal.
Es ist aber nicht nur der provisorische Charakter des jeweiligen Aufenthalts, der ihn belastet, wie die Schlusszeile des Svendborggedichts ‚Zufluchtsstätte' lakonisch andeutet: „Das Haus hat vier Türen, daraus zu fliehn". Es sind auch ganz konkrete Probleme, die das Sezuan-Stück an ihn stellt. Er hat kein Theater zur Verfügung:

Schwierigkeiten der Arbeit, wenn man ständig unterwegs ist

> es ist unmöglich, ohne die bühne ein stück fertigzumachen. the proof of the pudding… (AJ 30. 6. 40)

Manchmal sieht er keinen Sinn mehr in seiner Arbeit:

> wie kann man sich vorstellen, daß dergleichen je wieder sinn be-kommt? das ist keine rhetorische frage. ich müßte es mir vorstellen können. und es handelt sich nicht um hitlers augenblickliche siege, sondern ausschließlich um meine *isolierung,* was die produktion be-trifft. (AJ 19. 8. 40)

Brecht fehlt die Gelegenheit, in Gesellschaft zu arbeiten

Hier beklagt Brecht nicht nur das Fehlen des Publikums und der Kri-tiker, sondern er denkt daran, dass er früher die Dinge mit zahlrei-chen Gesprächspartnern so lange diskutieren konnte, bis er zu einer Entscheidung kam (vgl. Kesting, S. 88). Er brauchte mehr Menschen um sich. Hier hatte er nur die Familie und seine beiden Mitautorin-nen Ruth Berlau und Grete Steffin. Ein solches Problem, das er gern auf einer breiteren Informationsbasis hätte entscheiden mögen, war z. B. die chinesische Szenerie des Stücks:

Probleme der szeni-schen Gestaltung

> wir grübeln noch über der frage: brot und milch oder reis und tee für die SEZUANPARABEL. natürlich es gibt in diesem sezuan schon flie-ger und noch götter. alle folklore habe ich sorgfältig vermieden … zur diskussion steht: soll man nur die sozialen anachronismen beibehal-ten? die den göttern (und der moral) auf den leib rückende industrie, die invasion europäischer gebräuche. damit bewegte man sich noch auf realem boden. aber weder industrie noch europäertum wird den reis mit dem brot ersetzen. hier hat man dann das chinesische als reine verkleidung und als löchrige verkleidung! leider kann ich mir hier in helsingfors auch keine aufklärung verschaffen. (AJ 2. 7. 40)

Viel Mühe hat Brecht darauf verwandt, dem in der Parabel gezeich-neten Bild von der frühkapitalistischen Sozialwelt Authentizität und Glaubwürdigkeit zu verleihen. Das erforderte Arbeit am Detail:

Die Parabel soll authentisch wirken

> die kleinen korrekturen des GUTEN MENSCHEN kosten mich ebensoviel wochen, wie die niederschrift der szenen tage gekostet hat. schwierig, bei dem festgelegten wegziel den winzigen szenchen dieses unverantwortliche, zufällige, passable zu verleihen, das man ‚leben' nennt! (AJ 9. 8. 40)

Zu Beginn des Jahres 1941 kann Brecht, während die äußeren Schwierigkeiten zunehmen, allmählich das Ende absehen:

Lyrische Einlagen zur Unterhaltung

> lange unlust, dann gretes krankheit haben die arbeit am GUTEN MENSCHEN VON SEZUAN hinausgeschoben. jetzt beende ich ihn. da das stück sehr lang ist, will ich es noch mit poetischem verse-

hen, einigen versen und liedern. es mag leichter und kurzweiliger werden dadurch, wenn es schon nicht kürzer werden kann. (AJ 25. 1. 41)

Während sich Finnland im Zusammenhang mit dem geplanten Überfall auf die Sowjetunion mit Nazidivisionen füllte, beendete Brecht das Stück:

> DER GUTE MENSCH VON SEZUAN ist in zahlreichen exemplaren seit monaten an freunde (in der schweiz, in amerika, in schweden) verschickt, und noch nicht ein einziger brief darüber ist eingelaufen. die bajonette der sieger von 1870 mögen das ‚kapital‘ in europa zum sieg geführt haben, die tanks der sieger von 1940 begraben unter sich den GUTEN MENSCHEN VON SEZUAN. (AJ 20. 4. 41)

Das Stück ist fertig

Danach reiste Brecht Mitte Mai 1941 mit seiner Familie und seinen Mitarbeiterinnen Ruth Berlau und Margarete Steffin von Helsinki über Leningrad nach Moskau, wo sie die todkranke Steffin zurücklassen mussten (sie starb am 4. 6. 1941). Die übrigen Flüchtlinge fuhren mit der Transsibirischen Eisenbahn nach Wladiwostok, wo sie ein Schiff für die Überfahrt nach Amerika fanden. Am 21. 7. 1941 trafen sie in San Pedro, dem Hafen von Los Angeles, ein. Es gelang ihnen, in Santa Monica ein Haus zu mieten, sodass Brecht sich im benachbarten Hollywood auf Arbeitssuche begeben konnte. Seine Situation, die deshalb so problematisch war, weil er in Europa als ein kommunistischer Autor bekannt war, beschreibt er in seinem ‚Sonett in der Emigration‘ folgendermaßen:

Übersiedlung ins amerikanische Exil

Arbeitssuche in Hollywood

> Verjagt aus meinem Land muß ich nun sehn
> Wie ich zu einem neuen Leben komme, einer Schenke
> Wie ich verkaufen kann das, was ich denke.
> Die alten Wege muß ich wieder gehn.
>
> Die glatt geschliffenen durch den Tritt der Hoffnungslosen!
> Schon gehend, weiß ich jetzt noch nicht: zu wem?
> Wohin ich komme, hör ich: Spell your name!
> Ach, dieser ‚name‘ gehörte zu den großen!
>
> Ich muß noch froh sein, wenn sie ihn nicht kennen
> Wie einer, hinter dem ein Steckbrief läuft
> Sie würden kaum auf meine Dienste brennen.
>
> Ich hatt zu tun mit solchen schon wie ihnen
> Wohl möglich, daß sich der Verdacht da häuft
> Ich möcht auch sie nicht allzu gut bedienen.

Problematische Situation eines kommunistischen Erfolgsautors in den USA

Die Uraufführung in Zürich

Uraufführung des Sezuanstücks zwei Tage nach der Kapitulation der 6. Armee in Stalingrad

Mit kleinen Aufträgen aus der Filmbranche schlagen sich die Brechts in Amerika durch. Am 2. Februar 1943 kapituliert die seit dem 19. 11. 1942 in Stalingrad eingeschlossene und durch Hitlers Befehl dort festgehaltene sechste Armee. Damit war die Endphase der deutschen Katastrophe eingeläutet. Am 4. Februar 1943 aber wurde ‚Der gute Mensch von Sezuan' im Züricher Schauspielhaus uraufgeführt. Damit begann Brechts Aufstieg zu einem prominenten Dichter deutscher Sprache zum zweiten Mal. Brechts Befürchtung, die er im Arbeitsjournal am 20. 4. 1941 geäußert hat, dass „die tanks der sieger von 1940 ... unter sich" den ‚Guten Menschen von Sezuan' „begraben" würden, hatte sich also nicht bestätigt.

Aber Brecht war mit den Zuschauern seines Parabelstücks, das die „Tödlichkeit bürgerlicher *Ethik* in bürgerlichen *Verhältnissen*" zum Thema haben soll (so Brecht bei Knopf 2, S. 25), gar nicht zufrieden. An Eric Bentley, seinen amerikanischen Übersetzer, äußert er sich in einem Brief aus Santa Monica im August 1946 folgendermaßen darüber:

Die Zuschauer haben die „Zerreißung" der Shen Te „symbolisch" aufgefaßt

> Nebenbei: Es mag Sie interessieren, daß die Kritiken, die ich aus Wien bekam, wo im Sommer ‚Der gute Mensch von Sezuan' aufgeführt wurde, sich auf einem ganz idiotischen Niveau bewegen, da diese Armen alles *symbolisch,* den Gegensatz zwischen Shen Te und Shui Ta als einen ewigen, eben menschlichen, auffassen usw. Man müßte einmal den Unterschied zwischen Symbol und Gleichnis erklären. In einem *Gleichnis* wird einfach realistisch eine historische (vorübergehende, d. h. zum Vorübergehen zu zwingende) Situation abgebildet. Die Zerreißung der Shen Te ist ein schrecklicher Akt der bürgerlichen Gesellschaft! (bei Knopf 2, S. 25/6)

In dieser Briefstelle erläutert Brecht auf knappem Raum, was er unter einem *Parabelstück* versteht. In diesem Zusammenhang ist das Ziel zu sehen, das Brecht sich in der Notiz des Arbeitsjournals vom 15. 3. 1939, von der wir ausgegangen waren (vgl. S. 109), gesetzt hat:

> ich kann aber dabei die *epische technik* entwickeln und so endlich wieder auf den standard kommen...

Inhalt und Form müssen zugleich begriffen werden

Um die Thematik des Sezuan-Stücks, den Widerspruch zwischen „bürgerlicher Ethik" und „bürgerlichen Verhältnissen" aufnehmen zu können, muss der Zuschauer auch die „epische Technik" begreifen, die Brecht sich geschaffen hat, um diese Thematik in Parabelform darzustellen.

2. Brechts ‚epische Technik‘

Brecht wollte mit dem poetischen Verfahren, das er „epische Technik" nannte (vgl. S. 109: AJ 15. 3. 39), den Zuschauer davon abbringen, dass er sich von der dramatischen Kunst aus seiner „ersten wirklichen Welt" in eine „unabhängige zweite Welt" – wie sie Heinrich Heine nennt (vgl. S. 48) – entführen lässt. Stattdessen sollte das Theater den Zuschauer vielmehr über die „erste wirkliche Welt", seine eigene Welt, in der er lebt, staunen lassen: „und dies geschieht vermittels einer Technik der Verfremdungen des Vertrauten" (Kleines Organon § 44).

Der Zuschauer soll sich im Theater mit seiner eigenen Wirklichkeit befassen

Brechts Konzept eines ‚epischen Theaters‘ ist also – wenn man einen Fachausdruck gebrauchen will – ein ‚wirkungsästhetisches‘ Konzept. Wenn er sein Stück vom ‚Guten Menschen von Sezuan‘ als „Parabelstück" bezeichnet, meint er damit sicher nicht das Gleiche, was man bisher als ‚Parabel‘ bezeichnet hat.

Der herkömmliche Begriff der Parabel

Eine Parabel kann man als Übertragung eines pragmatischen *Sachverhalts* in ein geeignetes sprachliches *Bild* verstehen. Sach- und Bildhälfte hängen durch *Analogie* zusammen, sonst könnte man sie nicht aufeinander beziehen. Die Analogie wird im Vorgang der *Deutung* der Parabel hergestellt. Die Möglichkeit, dass unterschiedliche Leser in der Deutung übereinstimmen, macht die Parabel als *Lehrdichtung* geeignet. Als solche „setzt sie die Existenz einer schon gedeuteten Wirklichkeit voraus" (Müller bei Keller, S. 437). Erzähler und Rezipient müssen also das gleiche „Vorwissen" besitzen, das in der Parabel ins Bild gesetzt wird. Der Parabelerzähler bietet die *Lösung* des gestellten Problems, welche der Rezipient, d. h. der Hörer, Leser, Schüler, als *Verhaltensnorm* im eigenen Leben umsetzen soll. Die Ringparabel ist ein Beispiel für den Lebenszusammenhang, in dem die Parabel ihren Platz gehabt hat. Wir nehmen der Kürze halber die Fassung der ‚Hundert alten Erzählungen‘ aus dem 13. Jahrhundert, die Boccaccio als Quelle benutzt hat, der wiederum Lessing als Vorlage gedient hat (vgl. S. 29):

Die Analogie zwischen Bild und Sache wird in der Deutung hergestellt

Die Ringparabel als Beispiel

> Wie der Sultan, als er in Geldnöten war, einen Anlaß suchte, um gegen einen Juden vorzugehen
> Dem Sultan, der in Geldnöten war, wurde geraten, einen Vorwand zu suchen, um gegen einen reichen Juden vorzugehen, der in seinem Lande wohnte, und ihm seine Habe zu nehmen, die über alle Maßen groß war. Der Sultan schickte nach jenem Juden und fragte

ihn, welches der beste Glaube sei, indem er dachte: wenn er sagt: der jüdische, so werde ich ihm sagen, daß er gegen den meinigen sich vergeht; und wenn er sagt: der mohammedanische, so werde
10 ich ihm sagen: warum hältst du dich denn an den jüdischen? Als der Jude die Frage des Herrn hörte, antwortete er so: „Herr, es war ein Vater, der drei Söhne hatte, und er hatte einen Ring mit einem kostbaren Stein, dem besten, der auf der Welt war. Jeder von diesen bat den Vater, er möge ihm bei seinem Ende diesen Ring hinterlassen.
15 Als der Vater hörte, daß jeder ihn wollte, schickte er nach einem Goldschmied und sagte: Meister, mache mir zwei Ringe geradeso wie dieser ist und versieh sie mit einem Stein, der diesem gleicht. Der Meister machte die Steine geradeso, so daß keiner den wahren erkannte als der Vater allein. Er ließ einen seiner Söhne nach dem
20 andern kommen und gab im geheimen jedem den seinen, und jeder glaubte, den kostbaren zu haben, und keiner kannte den richtigen als der Vater allein. Und so sage ich, ist es auch mit den drei Glauben. Der Vater im Himmel kennt den wahren, und die Söhne,
25 das sind wir, jeder glaubt den richtigen zu haben." Als der Sultan hörte, wie dieser sich so aus der Schlinge zog, wußte er nicht, was er antworten solle, um ihn zu fangen, und ließ ihn gehen.

(aus: Il Novellino Nr. 73 – Übersetzung von Jakob Ulrich 1905)

Wir lösen die Parabel aus ihrer Rahmengeschichte heraus, die einer anderen Gattung angehört. Es handelt sich bei ihr um eine sogenannte ‚Halsgeschichte', bei der es darauf ankommt, Gefahr für Leib und Leben mit Hilfe einer klugen Erzählung abzuwenden (vgl. S. 29).

Die Struktur der Parabel ist durch drei Schritte bestimmt: Thematisierung, Problematisierung und Lösung

Bei der herkömmlichen *Parabel* lassen sich stets drei Schritte unterscheiden:

1. Der Parabelerzähler *thematisiert* einen pragmatischen *Sachverhalt*, der zum gemeinsamen „Vorwissen" von Erzähler und Rezipienten gehört. Dieser betrifft bei der Ringparabel das enge Zusammenleben von Juden, Christen und Muslimen im maurischen Spanien des Hochmittelalters (12. Jahrhundert), die sich alle drei auf Abraham als ihren Stammvater berufen (AT 2. Mose 2,24 – NT Römer 4,1 – Koran 2,127).

2. Dieser Sachverhalt wird nun ins *Bild* gehoben und *problematisiert*. Der Vater hat drei Söhne, aber nur einen Ring, d. h. eine Offenbarung für alle. Das Problem besteht darin, dass jeder der drei Söhne den Ring haben möchte.

Anbindung der in der Parabel gefundenen Lösung an den Alltag der Menschen

3. Die Lösung des Problems findet der Vater dadurch, dass er zwei weitere Ringe anfertigen lässt mit der Folge, dass jeder der drei Söhne seinen Ring für den echten hält, doch nur der „Vater im Himmel" den echten Ring kennt. Diese Lösung muss nun „in einem dritten Schritt *aus dem Vergleichsbereich in den Bereich des Verglichenen rückübertragen* werden" (Müller bei Keller, S. 436). Da die Echtheitsfrage unentscheidbar bleibt, können die Angehörigen der

drei Religionen im mittelalterlichen Spanien nichts Besseres tun als, so gut es geht, Frieden untereinander zu halten (vgl. S. 34 f.). Wo dieser historische Horizont endet, „da endet die praktische Bedeutung der angebotenen Lösung" (Müller a. O., S. 443), da dient die Lehre, welche der Parabelerzähler erteilt, nicht mehr der Regelung des Alltags, sondern wird – wie bei Lessing – zur Utopie.

Die Grundidee der ‚epischen Technik‘

In einer historischen Situation, wie Brecht sie vorfindet, in der er sich vergeblich nach einem gemeinsamen „Denk- und Wissenshorizont" (Knopf 1, S. 408) umsieht, welcher Erzähler und Zuhörer miteinander verbindet, kann er die alte Parabelform nicht mehr gebrauchen. Deshalb entwickelt er mit Hilfe einer „Technik der Verfremdungen des Vertrauten" (vgl. S. 115) eine ‚offene Parabelform‘, bei welcher der dritte Schritt, die Rückübertragung einer Lösung auf die Lebenswirklichkeit, ausgespart bleibt und dem Zuhörer bzw. Zuschauer überantwortet wird. Er muss die Lösung finden und in seinem Handeln und Verhalten umsetzen. Die Parabel wird zur Wirklichkeit hin geöffnet, ihre ästhetische Abgeschlossenheit als Wortkunstwerk aufgehoben (vgl. Müller a. O., S. 450). Diesem Konzept liegt die folgende Überlegung zugrunde: Brecht erkennt, dass der Mensch durch die modernen Naturwissenschaften und ihre Anwendung in der Technik die Welt verändert hat und dass sich im Zuge der Produktionsweise der Naturausbeutung auch die *zwischenmenschlichen Beziehungen* im Sinne der Ausbeutung verändert haben. Er sieht aber auch, dass wir im Verhältnis zu der ungeheuren Wissensexplosion auf naturwissenschaftlichem und technischem Gebiet nur sehr wenig über diese zwischenmenschlichen Beziehungen wissen, wie sie sich tatsächlich in der heutigen Industriegesellschaft ergeben haben. Diese Überlegung bringt ihn auf den Gedanken, das Theater zur Erforschung der Sozialbeziehungen zu benutzen und es dazu dramaturgisch geeignet zu machen. Es soll gesellschaftliche Zustände und Vorgänge so darstellen, „daß die sozialen Motoren sichtbar werden", welche die Menschen antreiben. „Die Stellung des Individuums in der Gesellschaft" soll ihre ‚Naturgegebenheit‘ verlieren und – mit Hilfe der „Technik der Verfremdungen des Vertrauten" (vgl. S. 115) – „in den Mittelpunkt des Interesses" kommen (AJ 2. 8. 40: bei Knopf 2, S. 16). Um das Theater für dieses Vorhaben dramaturgisch geeignet zu machen, orientiert sich Brecht an der naturwissenschaftlichen Methode, am *Experiment*. Wie dieses, so beginnt auch das Sezuan-Stück mit einer *Hypothese*, welche der Prüfung unterworfen werden soll:

Die historische Situation macht die alte Parabelform unbrauchbar

Theater soll die zwischenmenschlichen Beziehungen erforschen

Das Parabelstück als Experiment zur Überprüfung von Hypothesen über das menschliche Zusammenleben

Die Welt kann bleiben, wie sie ist, wenn genügend *gute Menschen* gefunden werden, die ein *menschenwürdiges Dasein* leben können. (S. 10, 13 ff.)

Anregung durch die naturwissenschaftliche Methode

Dann werden aus der Wirklichkeit bestimmte Prozesse herausgehoben und zum Zweck der Untersuchung isoliert, d. h. poetisch ‚vereinfacht'. Das Ziel ist dabei – wie im naturwissenschaftlichen Experiment –, gesellschaftliche *Vorgänge und Zustände,* die nicht unmittelbar zu sehen sind, im dichterischen *Bild* sichtbar zu machen (vgl. Knopf 1, S. 408). Wie Rutherford nicht beansprucht, in seinem Atommodell das Atom, wie es ‚wirklich' ist, abzubilden, so behauptet auch Brecht nicht, in seinen ‚Versuchen' – wie er seine Stücke seit 1930 nennt – die Wirklichkeit abzubilden. Er gebe vielmehr ein Bild von dem, was normalerweise gar nicht zu sehen ist. Seine ‚Richtigkeit' aber könne das Bild allein dadurch erweisen, dass es sich in der Praxis anwenden lasse zur *Veränderung* dieser Zustände (vgl. Knopf 1, S. 406 ff.).

Die Kunstmittel des ‚epischen Theaters'

Gegenkonzept gegen das Drama der geschlossenen Form

Im Drama der geschlossenen Form – wie in Lessings ‚Nathan' und in Goethes ‚Iphigenie' – stellt der kontinuierliche Handlungsablauf eine abgeschlossene Welt für sich dar. „Die Aufnehmenden gelten als nicht vorhanden" (Hinck, S. 26). Die Aktionsmöglichkeiten der Figuren sind durch die Annahme begrenzt, dass auf der Bühne eine autonome Sphäre ersteht, die zum Publikum hin durch eine – wenn auch fiktive – ‚vierte' Wand abgeschlossen ist. Das Drama der geschlossenen Form erreicht seine Wirkung „gerade dadurch, daß es seiner Struktur nach *ohne Beziehung zur Alltagsrealität und zum Zuschauer* bleibt" (Hinck, S. 27). Ein solches Theater hält Brecht für völlig ungeeignet zur Erreichung seiner Ziele. Er will ja dem Zuschauer seine

Brechts Wirkungsziele

eigene reale, nur allzu vertraute und selbstverständliche Lebenswelt, deren Änderbarkeit er sich nicht vorstellen kann und will, als fremd, in neuer Sicht vor Augen rücken, damit er sie als problematisch erleben kann und anfängt, über sie nachzudenken. Das will er durch die „Verfremdungen" bewirken, die er „V-Effekte" nennt. Es sind vor allem die folgenden sieben Techniken der Verfremdung des Bühnengeschehens:

| 1. Aufführung als Spiel | Der Zuschauer soll sehen können, dass auf der Bühne nur gespielt wird, damit er nicht auf die Idee verfällt, notwendige gesellschaftliche Änderungen könnten vom Theater ausgehen. Veränderungen gibt es nur in der Wirklichkeit. Das Theater kann bestenfalls nur sichtbar machen, was ist, nicht mehr. |

2. Mischung der Gattungen	Auf der Bühne sind alle möglichen poetischen Gattungen zugelassen, die dem Zweck der verfremdenden Darstellung von gesellschaftlichen Zuständen und Vorgängen dienen können. Die Figuren können sich im Dialog auseinandersetzen, einen Monolog halten, etwas erzählen, Verse vortragen, ein Lied singen, eine Pantomime vorführen, die Handlung kommentieren, einen Aufruf an das Publikum richten u. v. a.
3. Montageprinzip	Die Handlung wird aus vielen Einzelteilen aufgebaut. In die Figurenrede kann einmontiert werden, was die literarische Tradition zu bieten hat und was die außerliterarische Lebenswelt an Sprachmustern zur Verfügung stellt. Es ist keine geschlossene Formgebung beabsichtigt.
4. Vorzeigen der Figur durch den Schauspieler	Die Schauspieler sollen nicht mit ihrer Figur verschmelzen, sondern sie dem Zuschauer nur ‚zeigen', damit dieser keine Gelegenheit hat, sich mit einer Figur zu identifizieren (Brecht sagt: sich in sie „einzufühlen") und kritische Distanz wahren kann. Die Figuren sind nicht als ‚Charaktere' oder ‚Typen' angelegt, sondern sollen einen gesellschaftlichen ‚Gestus' (Verhaltensmuster) vorführen.
5. Einbeziehung des Zuschauers ins Spiel	Die Figuren agieren in ständigem Kontakt mit dem Publikum, kommentieren das Spiel, stellen Fragen an die Zuschauer, fordern sie zur Aktion auf, treten auch aus ihrer Rolle heraus, um – z. B. im Epilog – mit den Zuschauern zu diskutieren.
6. Unterbrechung der Handlung	Die Handlung wird oft – durch lyrische Verse, Kommentare, Lieder – unterbrochen, damit die Zuschauer den gesellschaftlichen Zustand oder Vorgang, der ihnen soeben vorgespielt wurde, auch „entdecken" und „mit dem Urteil dazwischenkommen können" (Kleines Organon, § 67).
7. Offenheit der Parabel zur Wirklichkeit hin	Die Parabel zeigt das Problem, bietet aber keine Lösung. Den passenden Schluss sollen sich die Zuschauer selbst ausdenken – durch konkretes Handeln zur Veränderung ihrer eigenen gesellschaftlichen Wirklichkeit.

An einigen markanten Beispielen des Parabelstücks ‚Der gute Mensch von Sezuan' können diese Verfremdungstechniken veranschaulicht werden:

1. Aufführung als Spiel

Dass die Darstellerin der Shen Te eine *Doppelrolle* spielt, wird dem Publikum im ‚Zwischenspiel vor dem Vorhang' genau vorgeführt (S. 65/6):

Beispiele aus dem ‚Guten Menschen von Sezuan'

> Shen Te tritt auf, *in den Händen die Maske und den Anzug* des Shui Ta und singt ‚Das Lied von der Wehrlosigkeit der Götter und Guten'…

Nach der ersten Strophe heißt es weiter im Nebentext:

> Sie legt den *Anzug* des Shui Ta an und macht einige Schritte in seiner *Gangart.*

Als sie die zweite Strophe zuende gesungen hat, lautet der Nebentext:

> Sie setzt die *Maske* des Shui Ta auf und fährt mit seiner *Stimme* zu singen fort.

Die Verwandlung in die Hosenrolle wird in mehreren Phasen dargestellt

Die Verwandlung in die andere Rolle wird durch den Liedvortrag zeitlich gedehnt und in Phasen zerlegt. Zuerst tritt Shen Te vor den Vorhang und *zeigt* dem Publikum Maske und Anzug des Shui Ta, hält sie auch, während sie die erste Strophe singt, „in den Händen". Danach erst legt sie den *Anzug* an und übt die männliche *Gangart.* Während sie die zweite Strophe singt, zeigt sie dem Publikum also in der Verkleidung noch ihr Frauengesicht. Erst dann setzt sie die *Maske* auf und imitiert auch die männliche *Stimme,* mit der sie nun die dritte Strophe des Liedes singt.

Rückfall in die Frauenrolle

Als in der nächsten Szene (5. Bild) Yang Sun erscheint, wird es ernst mit der Hosenrolle. Shen Te hat offenbar – wie jede Schauspielerin vor der Premiere – Lampenfieber. Der Nebentext lautet:

> Shui Ta läuft *mit den leichten Schritten der Shen Te* zu einem Spiegel und will eben beginnen, sich das Haar zu richten, als er im Spiegel den Irrtum bemerkt. Er wendet sich leise lachend ab... (S. 67, 24 ff.)

Brecht benutzt hier Kunstmittel, die für die *Komödie* typisch sind, um den Zuschauer auf Distanz zum Bühnengeschehen zu halten.

2. Mischung der Gattungen

Mischung von Erzählung und szenischer Darstellung

Um eine Spanne von drei Monaten im Handlungsablauf zu überbrücken, in der das Kind in Shen Te's Leib wächst und ihre Abwesenheit immer größeres Aufsehen erregt, wird die Handlung im 8. Bild von einer Figur dem Publikum *erzählt* und nur in kleinen Ausschnitten nach Art der filmischen Rückblende szenisch *gespielt.* In der ersten Rückblende tritt die Erzählerin sogar selbst als Spielfigur auf, begibt sich also in die Vergangenheit, welche drei Monate zurückliegt:

Erzählung (Handlungsgegenwart)	*Szenische Darstellung* („vor drei Monaten")
Frau Yang *erzählt* dem Publikum, wie sie „vor drei Monaten" mit ihrem Sohn Sun Herrn Shui Ta aufgesucht habe, der inzwischen Sun „aus einem verkommenen Menschen in einen nützlichen verwandelt" habe. (S. 111, 10–18)	*Rückblende:* Aus der Fabrik tritt Shui Ta auf Frau Yang zu: „Herr Shui Ta, ich möchte ein Wort für meinen Sohn bei Ihnen einlegen". Shui Ta erwidert, dass Shen Te ihm gesagt habe, „daß sie sich von ehrlicher Arbeit eine Besserung erwartet". (S. 111, 19–112, 27)
Sun folgt Shui Ta in die Fabrik. Frau Yang kehrt an die Rampe zurück. Sie *erzählt* dem Publikum, dass „die ersten Wochen hart für Sun" gewesen seien, doch sei ihm in der dritten Woche „ein kleiner Vorfall zu Hilfe" gekommen. (S. 112, 28–33)	*Rückblende:* Sun und der frühere Schreiner Lin To schleppen Tabakballen. Als Sun den Chef Shui Ta kommen sieht, lädt er sich auch Lin To's Ballen auf. (S. 113, 1–24)
Frau Yang *erzählt* dem Publikum weiter, dass Shui Ta in ihrem Sohn sogleich einen „guten Arbeiter" erkannt habe (S. 113, 25–27).	*Rückblende:* Shui Ta greift ein und lässt nun auch den Schreiner drei Ballen tragen. (S. 113; 28–34)
Frau Yang macht in ihrer *Erzählung* eine Überleitung: „Und am nächsten Samstag bei der Lohnauszahlung…" (S. 114, 1–4)	*Rückblende:* Als Shui Ta den Lohn auszahlt, will Sun statt 6 nur 5 Silberdollar haben, weil er wegen des Gerichtstermins gefehlt habe. Shui Ta fragt ihn, ob „der Aufseher" sich öfter „zuungunsten der Firma irrt". Sun gibt in seiner Antwort zu verstehen, dass die Firma auf ihn rechnen könne. (S. 114, 5–115, 7)
Frau Yang *erzählt* dem Publikum, dass sie ihren Sohn deshalb gelobt habe, und weist auf weitere „Wunderwerke" hin, die Sun in der Fabrik verrichtet habe. (S. 115, 8–15)	*Rückblende:* Sun erhöht als Aufseher die Arbeitsnorm in der Fabrik: „Im Takt das Ganze!" (S. 115, 16–27)
Frau Yang *erzählt* dem Publikum, dass „keine Anfeindung, keine Schmähung" vonseiten der Kollegen ihren Sohn „von der Erfüllung seiner Pflicht" abhalten konnten. (S. 115, 28–31)	*Rückblende:* Die Arbeiter singen zur Arbeit das Lied ‚vom achten Elefanten', der die anderen sieben bei der Arbeit antreibt. Sun singt mit und beschleunigt „durch Händeklatschen" das Arbeitstempo. (S. 115, 32–117, 15)
Frau Yang *erzählt* dem Publikum, dass Shui Ta aus ihrem Sohn „alles Gute herausgeholt" habe, „was in Sun steckte". Er sei „ein ganz anderer Mensch als vor drei Monaten". (S. 117, 16–26)	

Erhöhung der Arbeitsnorm besonders akzentuiert

Mit dem ‚Lied vom achten Elefanten' wird das aus Erzählung und Szene gemischte Bühnengeschehen durch eine weitere Gattung bereichert. Das *Lied* trennt die beiden Szenen, welche die Erhöhung der Arbeitsnorm zum Thema haben, und versieht dieses Thema dadurch mit einem besonderen Akzent.

3. Montageprinzip

Aufbau des Stücks aus Einzelteilen

Das Montageprinzip betrifft bei Brecht einmal den *Aufbau des Stücks aus Einzelteilen:*

> Die Teile der Fabel sind also sorgfältig gegeneinander zu setzen, indem ihnen ihre eigene Struktur, eines Stückchens im Stück, gegeben wird (Kleines Organon § 67)

So besteht im Sezuan-Stück jedes der zehn Bilder aus solchen einzelnen „Stückchen". Dass es sich dabei um „sorgfältig gegeneinander" gesetzte Teile handelt, kann vor allem das fünfte Bild zeigen:

„Sorgfältig gegeneinander" gesetzte Teile im fünften Bild

Es beginnt mit einem Monolog der Shin über die von ihr geförderte Beziehung zum reichen Herrn Shu Fu (S. 67, 6–17). Der Monolog bildet einen Kontrast zum Schlussauftritt, in dem Shen Te mit Sun statt mit Shu Fu fortgeht (S. 80, 3–21). Ein kurzes Intermezzo nach Komödienart zeigt Shen Te noch unsicher im Spiel ihrer Hosenrolle (S. 67, 24–29). Dann beginnt das entscheidende Gespräch mit Yang Sun, das dieser für ein ‚Gespräch unter Männern' hält. Daher verrät er seinen wahren Charakter, der Shen Te am Ende in die Verzweiflung treibt. Das Gespräch hat zwei Teile, die durch die Verhandlung mit der Hausbesitzerin Mi Tzü getrennt werden, in der Sun, ohne auf Shui Ta's Einwürfe zu achten, Shen Te's ganzen Besitz unter Wert verschleudert (S. 70, 10–71, 20).

Der zweite Teil des Gesprächs, in dem schon die Hochzeit (Bild 6) vorbereitet wird („Und da bringt sie die 300, oder du bringst sie": S. 73, 9), ist für Shen Te noch enttäuschender als der erste. Danach hat Shen Te – immer noch in der Maske des Shui Ta – vor der Shin als Zeugin einen Verzweiflungsausbruch (S. 73, 11–74, 9), die daraufhin Shu Fu herbeiholt. Das Gespräch mit diesem reichen Mann, der bei Shui Ta um seine Kusine, den „Engel der Vorstädte" wirbt, stellt in Wortwahl und Sprachstil einen Gegensatz zu dem Gespräch mit Sun dar und macht deutlich, welche Wahl Shen Te zu treffen hat (S. 74, 10–75, 6). Danach gibt es wieder ein Intermezzo. Wang kommt mit einem Polizisten, um Shen Te als Tatzeugin in Anspruch zu nehmen. Doch Shui Ta beteuert, dass seine Kusine gar nicht zugegen gewesen sei und „sich in Zukunft nicht mehr die allerkleinste Schwäche leisten" könne (S. 75, 7–76, 33).

Shen Te hin und her gerissen zwischen Shu Fu und Yang Sun

Mit dem Wort „Schwäche" (S. 76, 9/10) wird der Verzweiflungsmonolog zitiert (S. 73, 26/7) und das Entgegenkommen des Shui Ta gegenüber den Wünschen des Shu Fu motiviert (S. 76, 34–77, 18). Die Shin und Shu Fu glauben ihr Spiel gewonnen (S. 77, 19–78, 18). Da platzt Sun herein, und die beiden Nebenbuhler stehen einander gegenüber. Shen Te – nun wieder in ihrer Frauenrolle – bekennt sich zu Shu Fu (S. 78, 19–79, 14). Doch Sun gibt den Kampf nicht auf. Er weiß, wie man Shen Te behandeln muss. Er appelliert an ihre Gefühle und hat Erfolg damit. Shen Te geht mit Sun (S. 79, 15–80, 21). Statt eines kontinuierlichen Handlungsablaufs illustriert das fünfte Bild das Hin- und Hergerissenwerden Shen Te's zwischen Armut und Reichtum.

Das Montageprinzip gilt bei Brecht aber auch für die *sprachliche Gestaltung der Figurenrede*. Sie wird nicht als charakteristische Sprechweise formuliert, sondern aus Sprachmaterial unterschiedlichster Herkunft montiert. Ein Beispiel bildet Wang, der Wasserverkäufer, der bei dem Bemühen, vor den Göttern zu verbergen, dass keiner sie aufnehmen will, eine beachtliche Sprachkompetenz beweist: „Ich habe nur etwas Sorge, daß ich mir die Feindschaft der Mächtigen zuziehe, wenn ich einen von ihnen besonders bevorzuge" (S. 8, 16ff.). Er verfügt dabei auch über bildliche Redensarten: „Alle zehn Finger leckt man sich danach, euch zu bewirten" (S. 9, 33/4). Schließlich bietet er die Götter als Logiergäste in der Sprache der Werbung an:

Montage des Sprachmaterials

Wang verfügt über viele unterschiedliche Sprachmuster

> Gehen Sie nicht weiter! Überzeugen Sie sich selber! Ein Blick genügt! Greifen Sie um Gottes willen zu! Es ist eine einmalige Gelegenheit! Bitten Sie die Götter zuerst unter Ihr Dach, bevor sie Ihnen jemand wegschnappt, sie werden zusagen. (S. 11, 8–13)

Als sich einer abwendet, schimpft Wang auf ihn in einer Mischung aus Gassenjargon und alttestamentlicher Sprache ein:

Wang mischt bisweilen unterschiedliche Sprachmuster

> Du schieläugiger Schieber! Hast du keine Gottesfurcht? Ihr werdet *in siedendem Pech braten* für eure Gleichgültigkeit! Die Götter scheißen auf euch! Aber ihr werdet es noch bereuen! *Bis ins vierte Glied* werdet ihr daran abzuzahlen haben! Ihr habt ganz Sezuan *mit Schmach bedeckt!* (S. 12, 7–12)

Die Mischung der beiden Sprachmuster hat einen komischen Effekt. Die Götter verraten ihre literarische Bildung durch Zitate, die sie in ihre Rede einflechten, bis zur Unkenntlichkeit verstümmelt. Die Alliteration „*Leid läutert*" (S. 94, 26) erinnert an das Wort „Durch Leid wird man weise" (páthei máthos) aus der Tragödie ‚Agamemnon‘ des Aischylos (V. 177). Auch Goethe und Schiller kommen vor:

Die Götter flechten literarische Zitate in ihre Rede

Wir glauben fest, daß unser guter Mensch sich zurechtfinden wird auf der dunklen Erde. (S. 95, 4–6)	Ein guter Mensch in seinem dunklen Drange/Ist sich des rechten Weges wohl bewußt... (Goethe: Faust V. 328/9)
Seine Kraft wird wachsen mit der Bürde. (S. 95, 6/7)	Es wächst der Mensch mit seinen größern Zwecken. (Schiller: Wallenstein, Prolog V. 60)

*Zitate aus
chinesischer
Literatur*

Gern montiert Brecht Zitate seiner chinesischen Lieblingsautoren in die Figurenrede, z. B. den „Vierzeiler" von der großen Decke (S. 34, 4–7) des Dichters Po-Chü-yi (772–846), das Gleichnis vom ‚Leiden der Brauchbarkeit' (S. 93, 16–27) aus dem ‚Wahren Buch vom südlichen Blütenland', das einem Chuang-tzu (um 400 vor Chr.) zugeschrieben wird, oder den Spruch vom Glockenklang (S. 117, 23–26) des Konfuzianers Mo-ti oder Me-ti (ca. 470–390 vor Chr.).

4. Vorzeigen der Figur durch den Schauspieler

*Die Figur ist kein
‚kontinuierliches
Ich'*

Brecht ist nicht an dem individuellen Charakter der Figuren interessiert, sondern daran, was ihr Verhalten über die „zwischenmenschlichen Beziehungen" (vgl. S. 117 f.) aussagt. Schon 1926 hat er in einem Interview geäußert: „Das kontinuierliche Ich ist eine Mythe" (bei Hecht 2, S. 189); und 1948 heißt es im ‚Kleinen Organon' (§ 53):

> Die Einheit der Figur wird nämlich durch die Art gebildet, in der sich ihre einzelnen Eigenschaften widersprechen.

Dazu passt, was Käthe Rülicke von der Berliner Probenarbeit berichtet hat:

> Tatsächlich sprach Brecht auf den Proben fast nie über den *Charakter* einer Figur, sondern über ihre *Art, sich zu verhalten;* er sagte beinahe nie, was ein Mensch *ist,* sondern was er *tut.* Und wenn er Charakteristisches über eine Figur sagte, so bezog er das *nicht* aus dem *Psychologischen,* sondern aus dem *Sozialen.* Er zeigte den Charakter einer Figur in ihrer Verhaltensweise… (bei Keller, S. 411)

*Der Gestus als
Verhaltensmuster
„zwischen-
menschlicher
Beziehungen"*

Deshalb hat er für seine Figurenkonzeption, um sie vom *Charakter* des Tragödienpersonals und vom *Typus* der Komödienfiguren zu unterscheiden, den Begriff des ‚Gestus' geprägt:

> Den Bereich der Haltungen, welche die Figuren zueinander einnehmen, nennen wir den *gestischen Bereich.* Körperhaltung, Tonfall und Gesichtsausdruck sind von einem gesellschaftlichen „Gestus" bestimmt; die Figuren beschimpfen, komplimentieren, belehren einander usw. (Kleines Organon § 61)

*Gesten sind
zitierbar*

‚Gesten' sind also Verhaltensmuster „zwischenmenschlicher Beziehungen". Damit sie sich dem Zuschauer einprägen, müssen sie aus dem Handlungsfluss herauslösbar, d. h. ‚zitierbar' sein. Walter Benjamin hält es daher für „eine der wesentlichen Leistungen des epischen Theaters", ‚Gesten zitierbar zu machen' (bei Hecht 3, S. 111). Was damit gemeint ist, kann an einer Episode im zweiten Bild deutlich gemacht werden. Es ist die erste Probe, die Shen Te in ihrer Rolle als harter Geschäftsmann Shui Ta gibt. Der ‚Gestus', das soziale Verhaltensmuster, dessen Beherrschung „der Vetter" (S. 32, 14) vorführt, ist von der ‚Frau' aus der bei Shen Te logierenden Großfamilie im ersten Bild schon definiert worden:

Ein Gestus als Muster für Geschäftsbeziehungen

> Erkenne nie eine Forderung an, berechtigt oder nicht, denn sofort wirst du überrannt mit Forderungen, berechtigt oder nicht. (S. 23, 24–26)

Nun erscheint in Shen Te's Tabakladen der Schreiner, den man an den „Herrn Vetter" verwiesen hat (S. 25, 33), welcher die Rechnung bezahlen würde. Es kommt zu dem folgenden Disput:

Der Schreiner	Shui Ta
Da ist eine kleine Schuld für die Stellagen zu begleichen, anerkannt vor Zeugen. 100 Silberdollar.	Glauben Sie nicht, daß 100 Silberdollar etwas zu viel sind?
Nein. Ich kann auch nichts ablassen. Ich habe Frau und Kinder zu ernähren.	Wie viele Kinder?
Vier.	Dann biete ich Ihnen 20 Silberdollar.
Sind Sie verrückt? Diese Stellagen sind aus Nußbaum.	Dann nehmen Sie sie weg.
Was heißt das?	Sie sind zu teuer für mich. Ich ersuche Sie, die Nußbaumstellagen wegzunehmen.
Ich verlange, daß Fräulein Shen Te geholt wird. Sie ist anscheinend ein besserer Mensch als Sie.	Gewiß. Sie ist ruiniert.
Da können Sie Ihre Rauchwaren ja auf dem Boden aufstapeln! Mir kann es recht sein.	(Helfen Sie ihm!)
Du Hund! Soll meine Familie verhungern?	Ich biete Ihnen noch einmal 20 Silberdollar, da ich meine Rauchwaren nicht auf dem Boden aufstapeln will.
100! Aber sie sind doch nach Maß gearbeitet! Sie passen in dieses Loch und sonst nirgends hin. Die Bretter sind verschnitten, Herr!	Eben. Darum biete ich Ihnen auch nur 20 Silberdollar. Weil die Bretter verschnitten sind.
Da kann ich nicht mehr mit. Behalten Sie die Stellagen und bezahlen Sie, was Sie wollen.	20 Silberdollar.
	(S. 34, 10 bis 35, 23)

Die Frau, Shen Te's frühere Zimmerwirtin (S. 19, 32–34), welche den Disput kommentiert hat („Das ist gut gegeben!": S. 34, 28), zitiert nun diesen Gestus, mit dem Shui Ta den Preis herunterhandelt, voller Vergnügen:

Der Gestus der Übervorteilung wird zitiert

„Sie sind aus Nußbaum!" – „Nehmen Sie sie weg!" – „100 Silberdollar! Ich habe vier Kinder!" – „Dann zahle ich 20!" – „Aber sie sind doch verschnitten!" – „Eben! 20 Silberdollar!" – So muß man diese Typen behandeln! (S. 35, 30–34)

Die Isolierung des Gestus im Zitat bringt den Zuschauer zu der Entdeckung, wie unmenschlich die „zwischenmenschlichen Beziehungen" aussehen, wenn das Verhalten allein vom Prinzip der Übervorteilung des Partners und der Profitmaximierung bestimmt wird.

Der Gestus des Zeigens

Die Schauspielerin, welche die Hosenrolle des Shui Ta spielt, gestaltet hier keinen abweichenden Charakter, sondern ‚zeigt' nur, wie dieses gesellschaftliche bestimmte Verhaltensmuster aussieht. Figurenkonzeption und Rollenspiel im ‚Gestus des Zeigens' entsprechen einander.

5. Einbeziehung des Zuschauers ins Spiel

Auffallend zahlreiche Wendungen „zum Publikum"

Kennzeichnend für die ‚epische Technik' ist es auch, wie oft sich die Figuren, vor allem die Hauptfigur Shen Te, „zum Publikum" wenden. Gleich das erste Bild beginnt mit einer Mitteilung Shen Te's darüber, was sie in den „drei Tagen, seit die Götter weggezogen sind", mit dem Geld, das sie ihr für das „Nachtlager" bezahlt haben (S. 17, 6), unternommen hat. Neu auftretende Figuren werden den Zuschauern vorgestellt, z. B. Shen Te's frühere „Wirtsleute", die sie „auf die Straße gesetzt" haben, als sie kein Geld mehr hatte (S. 19, 33 f.). Sie wirbt auch für Verständnis beim Publikum für das unverschämte Benehmen ihrer Schützlinge (S. 21, 29 ff.), stellt Fragen an die Zuschauer („Sollen wir zusammen leben ohne Geduld?": S. 23, 3) und interpretiert am Ende der Szene das Geschehen:

> Der Rettung kleiner Nachen
> Wird sofort in die Tiefe gezogen:
> Zu viele Versinkende
> Greifen gierig nach ihm. (S. 29, 1–4)

Eine Parabel in der Parabel

Mit dem Vierzeiler weist sie die Zuschauer an, die Bühnenhandlung, der sie eben beigewohnt haben, als Parabel zu verstehen. Als sie im vierten Bild frühmorgens von der Liebesnacht heimkehrt, lässt sie das Publikum an ihrer glücklichen Stimmung teilnehmen (S. 57, 9 ff.).

Shen Te spricht zum Publikum wie zu einem vertrauten Freund

In einem ‚Zwischenspiel vor dem Vorhang' (S. 65/66) führt Shen Te den Zuschauern ihren Rollenwechsel vor (vgl. S. 119 f.). In einem weiteren Zwischenspiel (S. 81/82) offenbart sie dem Publikum ihre innere Unsicherheit, die sie vor der Hochzeit empfindet. Kurz: Sie spricht zum Publikum, wie man zu vertrauten Freunden spricht.

Eine ganz andere Bedeutung hat die Publikumsadresse, wenn Frau Yang – mit eingelegten szenischen Rückblenden – den Zuschauern im achten Bild vom Aufstieg ihres Sohnes in Shui Ta's Tabakfabrik erzählt (vgl. S. 121 f.). Während es hier um den Gestus des durch Rücksichtslosigkeit und Unkollegialität gekennzeichneten Karrieretypus geht, dienen die Publikumsansprachen des Shu Fu der Darstellung des Verhaltensmusters, das durch Selbstgefälligkeit und Egoismus hervorsticht: „Wie finden Sie mich, meine Damen und Herren?" (S. 77, 25 ff.). Der Zuschauer aber erinnert sich daran, wie unangenehm Shu Fu im Umgang mit sozial Schwachen sein kann (S. 58, 66 f.)

Publikumsadressen anderer Art

Der Zuschauer wird „nicht nur mit der gleichnishaften Realität" der Parabel, „sondern durch sie zugleich auch mit seiner eigenen Realität konfrontiert", aus welcher er ja jene ‚Gesten‘, d. h. Verhaltensmuster „zwischenmenschlicher Beziehungen" kennt. So ist es eine nahe liegende Konsequenz, wenn der Zuschauer am Ende „aus dem Theater entlassen" wird „mit der Aufforderung, sich ‚selbst den Schluss‘ zu suchen" (Hinck, S. 134).

Der Zuschauer soll das Stück fortsetzen und zu Ende bringen

6. Unterbrechung der Handlung

Das Montageprinzip, d. h. die Zusammensetzung der zehn großen Szenen aus lauter einzelnen „Stückchen" (vgl. S. 122), hat eine ständige Unterbrechung der Bühnenhandlung zur Folge. Diese Unterbrechung hat eine ganz wichtige Funktion für die Erreichung des Ziels, das Brecht sich mit seiner ‚epischen Technik‘ gesetzt hat, die „zwischenmenschlichen Beziehungen" zu erforschen (vgl. S. 117 f.). Walter Benjamin hat diese Funktion so beschrieben:

Verfremdete Zustände werden mit Hilfe der Unterbrechung ‚entdeckt‘

> Das epische Theater, meint Brecht, hat nicht so sehr Handlungen zu entwickeln, als Zustände darzustellen. Darstellung ist aber hier nicht Wiedergabe im Sinne der naturalistischen Theorie. Es handelt sich vielmehr vor allem darum, die Zustände erst einmal zu entdecken. (Man könnte ebensowohl sagen: sie zu verfremden.) Diese Entdeckung (Verfremdung) von Zuständen vollzieht sich mittels der Unterbrechung von Abläufen. (bei Hecht 3, S. 110 f.)

So konnte der soziale Zustand der Unmenschlichkeit reiner Geschäftsbeziehungen erst dadurch vom Zuschauer „entdeckt" werden, dass er in einer abgeschlossenen kleinen Handlungseinheit für sich dargestellt wurde. Dadurch, dass die Frau den Gestus danach zitierte (vgl. S. 125 f.), wurde der Handlungsablauf unterbrochen, sodass der Zuschauer „mit dem Urteil dazwischenkommen" konnte (Kleines Organon § 67). Wo die Handlung wieder einsetzt, wird ein anderer Gestus thematisiert, der kluge Umgang mit der Obrigkeit („mit der Behörde auf gutem Fuß zu stehen": S. 37, 2 f.).

Ein Beispiel

Unterbrechung
ermöglicht
Perspektiven-
wechsel

Eine Unterbrechung ermöglicht auch einen *Perspektivenwechsel:*
Ein solcher findet z. B. statt, wenn Spielfiguren in die Rolle des Sängers wechseln. Im ‚Lied vom Rauch' (S. 27, 13–28, 9) wird die Nutzlosigkeit solcher Tugenden wie Klugheit, Redlichkeit und Fleiß angesprochen. Im ‚Lied vom Sankt Nimmerleinstag' wird geklagt, dass sich Güte und Verdienst in diesem Leben nicht auszahlen, der Mann keine Arbeit und das Weib keine Ruhe findet:

> Der Gegensatz von Menschlichkeit der *Ansprüche* und Unmöglichkeit ihrer *Verwirklichung,* der zwangsläufige Zustand der totalen Resignation wird als sozialer Mißstand durchsichtig. (Hinck, S. 46)

Sänger und
handelnde Figuren
verfremden sich
gegenseitig

Aber in der Bühnenhandlung üben die Sänger keineswegs Resignation, sondern sind sehr aktiv, um ihren Vorteil zu suchen und Shen Te, den ‚guten Menschen', der nicht nein sagen kann, nach Kräften auszunutzen. Der Zuschauer hat sie ja in ihrer – von Shen Te entschuldigten – Schlechtigkeit kennen gelernt. Sänger und Spielfigur verfremden sich gegenseitig. Die Schlechtigkeit ist als Folge ‚falscher Verhältnisse' erklärt, ist also durch deren Veränderung zu bekämpfen. Die Resignation wird andererseits als ‚falsches' soziales Verhalten hingestellt.

7. Offenheit der Parabel zur Wirklichkeit hin

Die Handlung
bricht auf dem
Höhepunkt der
Verwirrung ab

Die wirksamste Verfremdungstechnik besteht sicher in der Offenheit der Parabel, ja im Fehlen des Dramenschlusses. „Die Handlung wird bei einem Stand allgemeiner Verwirrtheit und ungeklärter Verhältnisse einfach abgebrochen" (Hinck, S. 87). In der Gerichtsszene kommt es kurz vor dem Schluss zu einer Wendung, in der das in der Parabel dargestellte *Problem* aufgedeckt wird, dessen *Lösung* der Leser der herkömmlichen Parabel vom Dichter erwarten durfte (vgl. S. 115 ff.). Eine solche wird dem Zuschauer hier verweigert. Nachdem sich Shen Te die Maske des Shui Ta vom Gesicht gerissen hat,

Shen Te wird zum
Ankläger

wird sie, die Angeklagte, nunmehr zum Ankläger, die Richter aber zu Angeklagten. Sie bringt den Widerspruch zwischen *Ideal* („bürgerliche Ethik": vgl. S. 114) und *Wirklichkeit* („bürgerliche Verhältnisse") in einem großen Schlussmonolog auf den Punkt und wartet auf die Antwort der Götter – vergeblich – wie auch der Zuschauer vergeblich auf die Antwort wartet. In Umkehrung des ‚Deus ex machina', der

Umkehrung des
‚Deus ex machina'

im antiken Drama in einer solchen Verwirrung die Lösung brachte, entziehen sich die Götter der Verantwortung und lassen Shen Te in Verzweiflung zurück. Der Epilogsprecher aber tritt vor den Vorhang, gibt zu, dass das „kein rechter Schluss" sei (S. 144, 5) und noch „alle Fragen offen" sind, und fragt das Publikum: „Was könnt die Lösung sein?" (S. 144, 15). Dann schickt er die Zuschauer mit dem Auftrag nach Hause:

> Der einzige Ausweg wär aus diesem Ungemach:
> Sie selber dächten auf der Stelle nach
> auf welche Weis dem guten Menschen man
> Zu einem guten Ende helfen kann.
> Verehrtes Publikum, los, such dir selbst den Schluß!
> Es muß ein guter da sein, muß, muß muß! (S. 144, 20–25)

In völliger Umkehrung der gewohnten Kommunikationssituation bekommt nicht etwa der Zuschauer vom Dichter Antwort auf seine Fragen, sondern Dichter und Schauspieler geben ihm ihre Fragen mit, wenn er das Theater verlässt, um in seine Lebenswirklichkeit, seinen Alltag zurückzukehren.

Beide, die Hauptfigur und der Zuschauer, werden ratlos zurückgelassen

3. Der inhaltliche Aufbau des Dramas

Inhaltsangabe

Da „seit zweitausend Jahren" das „Geschrei" zum Himmel dringt, „es gehe nicht weiter mit der Welt, so wie sie ist", werden drei Götter auf die Erde geschickt, um nach „guten Menschen" zu suchen, „die ein menschenwürdiges Dasein leben können". Wenn es davon genug gäbe, würde sich ein göttlicher Eingriff in die Weltordnung erübrigen. In der „halb europäisierten" Hauptstadt von Sezuan werden die Götter von dem armen Wasserverkäufer Wang empfangen, der sich vergeblich nach einem Quartier für sie umsieht. Nur das Straßenmädchen Shen Te nimmt sie auf, obwohl sie dafür einen Freier versetzen muss, der ihr das Geld für die am nächsten Tag fällige Miete gebracht hätte. Deshalb bezahlen ihr die Götter, die froh sind, endlich einen ‚guten Menschen' gefunden zu haben, ein so reichliches Übernachtungsgeld, dass sie sich davon einen Tabakladen kaufen und auf diese Weise in den unteren Mittelstand aufsteigen kann. Doch Shen Te's Unfähigkeit, jemandem etwas abschlagen zu können, zieht zahlreiche Obdachlose und Hilfsbedürftige an, die sie wirtschaftlich zu ruinieren drohen. Gerade von denen also, denen sie helfen will, wird sie ausgebeutet. Da verwandelt sie sich – dem Rat eines dieser Armen folgend, die sie bei sich aufgenommen hat, der seine Hilfsquelle gefährdet sieht – in ihren geschäftstüchtigen Vetter Shui Ta, der mit harter Hand und der Hilfe der Polizei Ordnung schafft. Aber durch ihre Liebe zu dem stellungslosen Flieger Yang Sun wird Shen Te's Doppel-

Kann die Welt bleiben, wie sie ist?

Shen Te's Laden wird zum Asyl der Notleidenden

Die Liebe kommt dazwischen

rolle zunehmend zum Problem. Sie schlägt seinetwegen eine Geldheirat aus und nimmt Kredite auf, um Sun zu helfen, eine Pilotenstelle zu bekommen, sodass sie immer mehr in finanzielle Schwierigkeiten gerät. Eines Tages verrät Sun Shui Ta, den er für ihren wirklichen Vetter hält, hinter dessen Maske aber Shen Te steckt, dass es ihm nur um das Geld des Mädchens gehe. Daraufhin lässt Shen Te die Hochzeit platzen und gründet in der Rolle des Vetters Shui Ta, der als Geschäftsführer seiner Kusine auftritt, mit dem Geld des reichen Barbiers Shu Fu eine Tabakfabrik. Diese wirft dank der Hungerlöhne, die er seinen Arbeitern zahlt, Gewinn ab. Der Flieger Yan Sun, dem

Sun muss in der Tabakfabrik arbeiten

nun eine Anklage „wegen Bruch des Heiratsversprechens und Erschleichung von 200 Silberdollar" droht, muss das Geld in der Fabrik abarbeiten. Er steigt aber durch seine Rücksichtslosigkeit und Unkollegialität bald zum Aufseher auf, der die Arbeiter antreibt. Weil aber Shen Te's Schützlinge vergeblich darauf warten, dass der ‚gute Mensch von Sezuan' wieder auf der Bildfläche erscheint, erhebt sich der Verdacht, der Vetter habe seine Kusine Shen Te versteckt oder

Shui Ta/Shen Te kommt vor Gericht

gar umgebracht. Shui Ta wird verhaftet und vor Gericht gestellt, in dem sich die Götter – durch Bestechung des Amtsrichters – den Vorsitz verschafft haben. Während der Verhandlung läuft alles auf die Frage hinaus: „Wo ist sie?" Da weiß sich Shui Ta/Shen Te nicht mehr anders zu helfen, als – wenn der Saal geräumt wird – ein Geständnis zu machen. Sie reißt sich die Maske vom Gesicht und zeigt den Göttern, dass der ‚gute Mensch' und der ‚böse Mensch' ein und dieselbe

Der Widerspruch zwischen göttlichem Gebot und gesellschaftlicher Wirklichkeit

Person sind. Die Doppelrolle sei durch den Widerspruch zwischen dem göttlichen Gebot und der Wirklichkeit notwendig geworden, in der man nicht gleichzeitig gut sein und menschenwürdig leben könne. Die Götter nehmen zu diesem unerwünschten Ergebnis ihrer Erdenfahrt keine Stellung, verzichten auf das Eingeständnis, dass ihre Gebote „tödlich" seien, drücken sich vor einem Urteilsspruch und entschwinden mit einem unverbindlichen Gruß („Leb wohl, mach's gut!") in ihr „Nichts".Hilflos bleibt Shen Te mit all ihren ungelösten

Das Stück hat keinen Schluss

Problemen auf dieser Welt zurück. Ein Schauspieler tritt vor den Vorhang, entschuldigt sich für den fehlenden Schluss und fordert das Publikum auf, sich einen solchen selber auszudenken.

Überblick über den inhaltlichen Aufbau

		Seiten
Vorspiel:	Die Götter kommen nach Sezuan. Wang sucht vergebens nach einem Quartier. Shen Te nimmt sie bei sich auf.	7–17
1. Bild:	Vom Geld der Götter kauft sich Shen Te einen Tabakladen, der sich sogleich mit Notleidenden füllt, die ihr raten, bei Schwierigkeiten einen Vetter vorzuschieben.	18–29
Zwischenspiel:	Wang soll den Göttern, die ihm im Traum erscheinen, Bericht über Shen Te geben.	30/1
2. Bild:	Shen Te wendet als Vetter Shui Ta Schwierigkeiten von ihrem Laden ab. Zur Beschaffung der Miete schlägt der Polizist eine Geldheirat vor.	32–43
3. Bild:	Shen Te hält den stellungslosen Flieger Sun vom Selbstmord ab und verliebt sich in ihn.	44–52
Zwischenspiel:	Wang erzählt den Göttern von Shen Te's guten Taten und den Praktiken des Vetters.	53–55
4. Bild:	Ein altes Nachbarehepaar gibt Shen Te ein Darlehen für die Miete. Sun's Mutter bittet sie um 500 Dollar zur Beschaffung einer Stelle als Flieger.	56–64
Zwischenspiel vor dem Vorhang:	Shen Te verwandelt sich in den Vetter Shui Ta.	65/6
5. Bild:	Shui Ta merkt im Gespräch mit Sun, dass er Shen Te nur ausnutzen will, die deshalb der Geldheirat zuneigt. Doch sie geht am Ende mit Sun mit.	67–80
Zwischenspiel vor dem Vorhang:	Shen Te hält sich für stark genug, das Gute in Sun hervorzurufen.	81/2
6. Bild:	Die Hochzeit kann nicht stattfinden, weil Sun und seine Mutter vergeblich auf den Vetter warten, der das Geld für die Fliegerstelle mitbringen soll.	83–92
Zwischenspiel:	Um den Göttern klarzumachen, dass Shen Te in ihrer Liebe gerade wegen ihrer Güte scheitert, liest Wang ihnen die Parabel vom ‚Leiden der Brauchbarkeit' vor.	93–95
7. Bild:	Shen Te erwartet ein Kind von Sun, das sie vor Elend bewahren will. Sie gründet deshalb mit dem Blankoscheck, den ihr der reiche Shu Fu, der sie heiraten möchte, geschenkt hat, eine Tabakfabrik.	96–108
Zwischenspiel:	Wang bittet die Götter um Herabsetzung ihrer sittlichen Forderungen an Shen Te.	109/10
8. Bild:	Yang Sun arbeitet sich in Shui Ta's Fabrik durch Rücksichtslosigkeit zum Manager empor. Er treibt die Arbeitsnormen in die Höhe.	111–117

9. Bild:	Shen Te ist im siebenten Monat. Vetter Shui Ta gibt denen, die nach ihr fragen, keine Auskunft über ihren Verbleib. Sun erpresst Shui Ta mit seinem Wissen von Shen Te's Schwangerschaft, meint, ihr Schluchzen im Nebengelass gehört zu haben, und veranlasst eine Hausdurchsuchung. Shui Ta wird verhaftet.	118–129
Zwischenspiel:	Die Götter, die Wang im Traum erscheinen, verzweifeln an ihrer Mission und suchen nach Shen Te.	130/1
10. Bild:	In der Gerichtsverhandlung unter Vorsitz der Götter lobt man Shen Te und verflucht den Tabakkönig, bis Shen Te die Maske ablegt und sich als guten und bösen Menschen zugleich zeigt. Die Götter lassen sie in ihrer Not allein und kehren in ihr Nichts zurück.	132–143
Epilog:	Das Stück hat keinen Schluss; das Publikum soll sich einen guten Schluss ausdenken.	144
Die Querlinie trennt die erste Hälfte des Stücks, die vom „Engel der Vorstädte" handelt, von der zweiten Hälfte, in welcher dargestellt wird, wie der gute Mensch Shen Te zum bösen Menschen Shui Ta werden musste.		

Die Lieder des Stücks

(1) In der ersten Szene singt die verelendete Großfamilie, welcher Shen Te Asyl gewährt hat, im Wechselgesang ‚Das Lied vom Rauch', in dem ihre Hoffnungslosigkeit zum Ausdruck kommt (S. 27, 13–28, 9). Das Bild vom Rauch, „der stets nach kältern Himmeln sucht", stammt aus dem sogenannten Nihilismus-Gedicht ‚Vereinsamt' von Friedrich Nietzsche (vgl. Knopf 1, S. 203/4).

(2) Im dritten Bild singt Wang das ‚Lied des Wasserverkäufers im Regen' (S. 50, 10–51, 8), der ihm das Geschäft verdirbt, weil sein Angebot auf keine Nachfrage mehr trifft. Mit diesem ökonomischen Motiv beginnt auch das Stück (S. 7, 6–8). Die erste Strophe wird von Wang im neunten Bild wiederholt (S. 121, 6–13), um dem Zuschauer die Liebesszene des dritten Bildes vor Augen zu bringen, an die sich zwar Shen Te, nicht aber Sun erinnert.

(3) Im dritten Zwischenspiel singt Shen Te ‚Das Lied von der Wehrlosigkeit der Götter und Guten' (S, 65, 4–66, 16), während sie sich in Shui Ta verkleidet. Darin wird die uralte, auf die Theodizee (= Rechtfertigung Gottes) zielende Frage behandelt, warum die Götter nicht mit Macht und Gewalt daherkommen, um „die Bösen zu fällen, die Guten zu schonen" (S. 65, 15).

(4) Im sechsten Bild singt Sun, nachdem die Hochzeit geplatzt ist, zur Unterhaltung der vergeblich erschienenen und bereits gegangenen Gäste ‚Das Lied vom Sankt Nimmerleinstag' (S. 91, 25–92, 24). Es bezieht sich mit dem Motiv vom „Hahnenschrei" auf die Endzeitreden Jesu im Neuen Testament (Mark. 13,35) und bringt – wie das ‚Lied vom Rauch' – die Hoffnungslosigkeit des „in ärmlicher Wiege" (S. 91, 27) Geborenen zum Ausdruck, der nie eine Chance in seinem Leben hat, das Glück zu bekommen.

(5) Im achten Bild singen die Arbeiter der Tabakfabrik das ‚Lied vom achten Elefanten' (S. 116, 1–117, 10), das inhaltlich auf Erzählungen von Rudyard Kipling (1865–1936) zurückgeht, der in Indien die Hierarchie der gefangenen Elefanten bei der Arbeit beobachtet hat, wobei ein Aufseherelefant die anderen mit seinen Stoßzähnen traktierte (vgl. Knopf 1, S. 204). Auf diesem achten Elefanten sitzt der Antreiber, Herr Dschin. Sun singt mit und beschleunigt „in der letzten Strophe durch Händeklatschen das Tempo" der Arbeit (S. 117, 14/5).

(6) Im letzten Bild verschwinden die Götter in ihr „Nichts", indem sie ‚Das Terzett der entschwindenden Götter auf der Wolke' singen. Es ist in trochäischen Vierhebern gehalten (‑‑‑‑‑‑‑‑(‑)) und bringt zum Ausdruck, dass die Götter innerlich unbeteiligt bleiben wollen und ihren Erdenbesuch wie Zuschauer eines Theaterstücks nur als ästhetisches Erlebnis auffassen:

> Eure Körper werfen Schatten
> In der Flut des goldnen Lichts:

Die Götter haben das Elend der Menschen auf der Welt gar nicht zur Kenntnis genommen.

Inhalt und Aufbau der einzelnen Szenen

Vorspiel: Eine Straße in der Hauptstadt von Sezuan (S. 7–17):

Im Vorspiel wird die Thematik, welche in dem widersprüchlichen Verhältnis von Moral samt ihrer religiösen Begründung und Wirtschaft besteht, angesprochen und die Handlung exponiert.

(1) Wangs Eingangsmonolog (S. 7, 1–8, 5):

Wang stellt sich dem Publikum als Wasserverkäufer vor, erläutert seine wirtschaftlichen Existenzprobleme und kündigt die Ankunft der Götter an.

(2) Vergebliche Quartiersuche (S. 8, 6–12, 14):

Die Götter erscheinen und Wang versucht, ein Quartier für sie bei den sozial „Hochgestellten" zu beschaffen, doch ohne Erfolg. Es interessiert sich keiner für sie. Die Götter verraten Wang, dass sie den Auftrag haben, „gute Menschen" zu suchen, „die ein menschenwürdiges Dasein leben können", damit die Welt so „bleiben" könne, „wie sie ist" (S. 10, 13–16). Wang scheidet dafür aus, weil der Messbecher, in dem er sein Wasser verkauft, „zwei Böden" hat (S. 10, 22).

(3) Die Götter warten vor Shen Te's Haus (S. 12, 15–15, 3):

Wang bringt die Götter schließlich zu Shen Te's Haus, weil „die nicht nein sagen" kann (S. 12, 13/4). Sie erklärt sich bereit, die Götter aufzunehmen, obwohl sie noch nichts gegessen hat und nicht weiß, wovon sie ihre Miete bezahlen soll. Doch die Götter müssen eine Weile warten, bis der bestellte Freier weggegangen ist. Da Wang sich vor den Göttern schämt, verschwindet er, bevor Shen Te die Götter einlassen kann.

(4) Übernachtung und Abschied der Götter (S. 15, 4–17, 13):

Shen Te bittet die Götter ins Haus, die bei ihr übernachten. Am nächsten Morgen verabschieden sie sich mit einem Geldgeschenk. Gegen die Feststellung der Götter, in ihr einen „guten Menschen" gefunden zu haben, wendet sie ein, nicht alle Gebote halten zu können, weil „alles so teuer ist" (S. 16, 27).

Erstes Bild: Ein kleiner Tabakladen (S. 18–29):

Der Zuschauer ist nun gespannt, ob Shen Te es schaffen wird, mit Hilfe des göttlichen Startkapitals die „Bedingungen" (S. 10, 26) zu erfüllen, nämlich gut zu sein und zugleich ein „menschenwürdiges Leben" führen zu können. In sieben Auftritten, die nach Art einer Steigerung (Klimax) angeordnet sind, wird gezeigt, wie sie dabei immer mehr in Schwierigkeiten gerät.

(1) Die Shin, die frühere Ladenbesitzerin (S. 18, 1–19, 20):

Shen Te hat sich von dem Geld, das ihr die Götter beim Abschied geschenkt haben, einen Tabakladen gekauft. Dessen frühere Besitzerin hat sie beim Kauf übers Ohr gehauen (S. 19, 3/4; vgl. S. 22, 16/7 und 70, 28/9), lässt sich jetzt von ihr verpflegen und beschimpft sie trotzdem als „Halsabschneiderin" (S. 19, 17).

(2) Die früheren Wirtsleute (S. 19, 21–20, 19):

Nun erscheint „ein älteres Paar" mit einem „Neffen". Shen Te hatte früher bei den Leuten gewohnt, war aber auf die Straße gesetzt worden, als ihr das Geld ausgegangen war. Trotzdem nimmt sie die Leute, die inzwischen obdachlos geworden sind, in ihrem Laden auf.

(3) Die Schützlinge machen einen Vorschlag (S. 20, 20–21, 34):

Shen Te schenkt einem bettelnden Arbeitslosen ein paar Zigaretten und nimmt dessen Raucherfreude als gutes Vorzeichen zur Geschäftseröffnung. Doch ihre neuen Schützlinge fürchten um ihr Asyl und schlagen ihrer Wohltäterin vor, sie solle, wenn jemand Forderungen an sie stellt, vorgeben, dass der Laden „einem Vetter" gehöre, welcher von ihr „genaue Abrechnung verlangt" (S. 21, 19–21).

(4) Erfolgreiche Anwendung des Tricks mit dem Vetter (S. 22, 1–24, 2):

Der Schreiner Lin To kommt mit der von der Vorbesitzerin nicht bezahlten Rechnung für die Ladenregale und droht mit deren Beschlagnahme. Die Anwesenden beruhigen ihn mit der Versicherung, der Vetter werde die Rechnung bezahlen. Shen Te erklären sie, dass man nie eine Forderung, ob „berechtigt oder nicht", anerkennen dürfe.

(5) Weitere Angehörige der achtköpfigen Familie (S. 24, 3–19):

Ein „hinkender Mann" erscheint mit seiner „schwangeren Frau". Es ist der Bruder von Shen Te's früherer Wirtin, die dafür sorgt, dass ihre Verwandten ebenfalls im Tabakladen Asyl erhalten.

(6) Der Mietvertrag (S. 24, 20–26, 2):

Mi Tzü, die Hausbesitzerin, erscheint, zur Geschäftseröffnung gratulierend, mit dem „Mietskontrakt" in der Hand und möchte „einige Referenzen" über ihre neue Mieterin. Als Shen Te auf ihren Vetter verweist und die Anwesenden dessen Existenz bestätigen, zieht sich Mi Tzü zurück.

(7) Die achtköpfige Familie ist vollzählig (S. 26, 3–29, 5):

Mit der Ankunft des Großvaters, der einen Jungen mitbringt, welcher „wie ein Scheunendrescher" frisst, und einer Nichte ist die achtköpfige Familie vollständig. Weitere asylsuchende Verwandte werden von der eigenen Sippe ausgesperrt. Die Gäste nehmen sich etwas zu rauchen und singen zur „Unterhaltung" ihrer Gastgeberin ‚Das Lied vom Rauch'. Dann streiten sie sich und stürzen dabei die Tabakstellagen um. Shen Te ist verzweifelt, dass ihr „schöner Laden", gerade erst eröffnet, „schon kein Laden mehr" ist.

Zwischenspiel: Unter einer Brücke (S. 30/31):

Die Götter erscheinen dem schlafenden Wang im Traum, erklären ihm, dass seine Quartiersuche doch erfolgreich gewesen sei, und tadeln ihn, weil er vor ihnen weggelaufen sei. Er soll ihnen künftig über Shen Te's gute Taten berichten. Sie wollen weitere gute Menschen suchen, „damit das Gerede aufhört, daß es für die Guten auf unserer Erde nicht mehr zu leben ist".

Zweites Bild: Der Tabakladen (S. 32–43):

Im Kontrast zum ersten Bild, in dem gezeigt wurde, wie Shen Te's „kleiner Nachen" von den Hilfesuchenden „in die Tiefe gezogen" wurde (S. 29, 1/2), wird nun die Lebenstüchtigkeit des Vetters Shui Ta vorgeführt. Das geschieht in fünf Abschnitten.

(1) Auftritt des leibhaftigen Vetters (S. 32, 1–34,7):

Als am frühen Morgen ein junger Herr mit den Worten: „Ich bin der Vetter" (S. 32, 11) im Laden erscheint und die Schmarotzer unsanft aus dem Schlaf weckt, fallen diese aus allen Wolken, weil sie den Vetter für ihre Erfindung halten (vgl. S. 21, 19/20). Aus seiner Ankündigung, er wolle seinen Laden aufmachen, schließen sie, dass Shen Te sie „angeschmiert" habe, und wollen sie suchen, um die Sache zu klären.

(2) Wie man verhandelt und dabei seinen Vorteil wahrt (S. 34, 8-35, 34):

Shui Ta handelt die Forderung des Schreiners Lin To von 100 auf 20 Silberdollar herunter, indem er den Umstand ausnutzt, dass die Stellagen „auf Maß" gearbeitet und daher nicht anderweitig verkäuflich sind. Die Frau der achtköpfigen Familie bewundert Shui Ta's Verhandlungsgeschick: „So muß man diese Typen behandeln!" (S. 35, 34).

(3) Wie man sich mit der Obrigkeit gut stellt (S. 36, 1–38, 5):

Shui Ta richtet es so ein, dass der zum Kuchendiebstahl ausgeschickte Junge der achtköpfigen Familie an der Tür des Tabakladens mit seiner Beute dem Polizisten in die Arme läuft. Der nimmt die ganze Sippe auf die Wache mit.

(4) Wie man sich mit wirtschaftlich stärkeren Partnern arrangiert S. 38, 6–40, 12):

Mit der Hausbesitzerin Mi Tzü hat Shui Ta kein so leichtes Spiel: „Härte und Verschlagenheit helfen nur gegen die Unteren" (S. 41, 3/4). Sie verlangt nämlich im Hinblick auf Shen Te's Lebenswandel eine Halbjahrsmiete von 200 Silberdollar im Voraus. Das findet Shui Ta zwar „halsabschneiderisch" (S. 39, 12), muss es aber akzeptieren. Der Polizist betont gegenüber Mi Tzü, dass der Vetter der Polizei „einen Dienst erwiesen" habe (S. 40, 5 ff.), wodurch ein Aufschub erreicht wird.

(5) Eine Hand wäscht die andere (S. 40, 13–43, 7):

Der Polizist will Shui Ta helfen, da er ja eine „Stütze der Ordnung" sei (S. 40, 32), und erhält zwei Zigarren. Zunächst zeigt er Verständnis für Mi Tzü's Haltung und versucht mühsam, Shen Te's anrüchiges Gewerbe auf den Begriff zu bringen. Dann macht er dem Vetter den Vorschlag, eine Geldheirat für seine Kusine einzufädeln, und setzt sogleich eine „Heiratsannonce" auf. Ein altes Ehepaar, das gegenüber dem Tabakladen ein Teppichgeschäft hat, wird Zeuge des Gesprächs. Es wird später Shen Te Hilfe anbieten (S. 59, 8–15), und Shen Te wird um ihres Geliebten Yang Sun willen an den alten Leuten schuldig werden (S. 81, 4–25).

Drittes Bild: Abend im Stadtpark (S. 44–52):

Nun durchkreuzt eine Liebesgeschichte alle Pläne der Hauptfigur, das Überlebensproblem ökonomisch durch eine Geldheirat zu lösen. In vier Schritten entwickelt sich eine Beziehung zwischen Shen Te und einem arbeitslosen Flieger.

(1) Shen Te vergisst ihre Verabredung (S. 44, 1-45, 24):

In einem Park, in dem auch Huren auf den Strich gehen, will sich der stellungslose Flieger Yang Sun gerade aufhängen, da kommt Shen Te hinzu, die auf dem Weg zu ihrer Verabredung mit einem Heiratskandidaten ist. Sie vergisst sogleich ihr Vorhaben einer Geldheirat und kümmert sich um Sun.

(2) Der Regen führt ein Liebespaar zusammen (S. 45, 25–47, 29):

Unter einem Baum, wohin sie der Regen getrieben hat, fragt Shen Te den Mann nach dem Motiv seines Suizidversuchs. Sun stellt sich stolz als Flieger vor, der keine Arbeit hat. Das erinnert Shen Te an einen flügellahmen Kranich aus ihrer Kinderzeit. Mit dem Vergleich versucht sie, Sun aufzuheitern. Denn sie führt seine Verzweiflung darauf zurück, dass „der Abend so trüb ist".

(3) Shen Te's Bekenntnis zur Freundlichkeit (S. 47, 30–50, 8):

Shen Te erzählt Sun von dem Laden, den ihr die Götter geschenkt haben, wobei sie auch ihren Vetter erwähnt, und stellt seiner Hoffnungslosigkeit ihr Bekenntnis zur „Freundlichkeit" entgegen, die das Leben erträglich macht. „Bosheit" sei eigentlich nur „eine Art Ungeschicklichkeit". Ungeachtet ihrer gegenteiligen Erfahrung lobt sie die Hilfsbereitschaft der Armen.

(4) Der Flieger als Symbol einer besseren Welt (S. 50, 9–52, 6):

Ihre Freundlichkeit beweist Shen Te dadurch, dass sie Wang, der im Lied beklagt, dass ihm der Regen das Geschäft verderbe, ein Glas Wasser für Sun abkauft. Den Flieger preist sie als einen Boten, der „freundliche Post" befördert und „kühner als andere Menschen" ist.

Zwischenspiel: Wangs Nachtlager in einem Kanalrohr (S. 53–55):

Die drei Götter erscheinen Wang im Traum und fragen nach den „Wohltaten" des „guten Menschen" Shen Te. Wang zählt auf, was die Zuschauer auf der Bühne gesehen haben, erwähnt aber auch das Verhalten Shui Ta's. Als diesem darauf Hausverbot erteilt wird, wendet Wang ein, dass der Vetter „als durchaus achtbarer Geschäftsmann" gelte. Doch die Götter betonen (wie schon S. 16, 28/9), dass „die Geschäfte mit einem rechtschaffenen und würdigen Leben" nichts gemein hätten.

Viertes Bild: Platz vor Shen Te's Tabakladen (S. 56–64):

Aus ihrem Liebeserlebnis und ihrer Vision vom freundlichen Umgang der Menschen miteinander wird Shen Te durch „das Wirtschaftliche", in das sich die Götter nicht einmischen wollen (S. 16, 28/9), wieder herausgerissen. Das geschieht in fünf Auftritten.

(1) Man vermisst Shen Te (S. 56, 1–57, 6):

Auf der Szene sind nun außer Shen Te's Tabakladen auch die Barbierstube des vermögenden Shu Fu und das Teppichgeschäft des alten Ehepaars zu sehen, das seinen vierzigsten Hochzeitstag gefeiert hat (S. 41, 26 ff.). Shen Te's Schützlinge regen sich darüber auf, dass sie auf ihre Reisration warten müssen. Sie haben mit angesehen, wie der Barbier Wang aus seinem Laden geworfen und dabei verletzt hat.

(2) Shen Te ist glücklich (S. 57, 7-57, 34):

Shen Te kommt, einen Topf mit Reis in den Händen, von Yang Sun und erzählt dem Publikum von ihrem Liebesglück. Sie will sich einen Shawl kaufen und betritt deshalb das Teppichgeschäft.

(3) Ein Wunder geschieht (S. 58, 1–59, 31):

Shu Fu tritt vor die Tür seiner Barbierstube und verkündet dem Publikum, dass er in Shen Te verliebt sei. Wang jagt er fort. Vor dem Teppichgeschäft probiert Shen Te einen Shawl an. Als sie dem alten Ehepaar auf dessen Frage gesteht, dass Sun arm sei, leihen die Alten ihr 200 Silberdollar, damit sie die Halbjahrsmiete für den Laden bezahlen kann.

(4) Diskussion über Wangs Entschädigung (S. 59, 32–62, 23):

Shen Te will Wang an ihrer Freude teilnehmen lassen und sagt: „Ist das nicht wie ein Wunder?" Damit platzt sie aber in eine heftige Debatte ihrer Schützlinge über die Frage, was man als „Schadensersatz" für die Verletzung, welche Shu Fu mit der Brennschere Wang beigebracht hat, vor Gericht erstreiten könne. Vor lauter Empörung, dass einem „Bruder … Gewalt angetan" wurde, ist Shen Te, die doch gar nicht als Augenzeuge in Frage kommt, sogar bereit, einen Meineid zu schwören.

(5) Der Vetter muss noch einmal helfen (S. 62, 24–64, 10):

Da kommt Suns Mutter mit der Nachricht, ihr Sohn habe Aussicht auf eine Fliegerstelle in Peking, benötige dazu aber 500 Silberdollar. Ohne zu überlegen, gibt ihr Shen Te die 200 Dollar, die das alte Ehepaar ihr geliehen und wofür sie ihre Tabakvorräte verpfändet hat. Wegen der fehlenden 300 Dollar vertröstet sie Frau Yang auf jemanden, „der schon einmal Rat geschaffen hat", d. h. den Vetter Shui Ta. Denn „einer wenigstens soll über all dies Elend … sich erheben können", der Flieger als Symbol einer besseren Welt.

Zwischenspiel vor dem Vorhang (S. 65/66):

Während sie ‚Das Lied von der Wehrlosigkeit der Götter und Guten' singt, verwandelt sich Shen Te vor den Augen des Publikums in den Vetter Shui Ta. Dieser Verwandlung entspricht der Text des Liedes, das mit der Frage endet, warum die Götter den Guten nicht mit militärischer Gewalt beistehen statt immer nur „Dulden" zu fordern.

Fünftes Bild: Der Tabakladen (S. 67–80):

Shen Te hat sich entschlossen, ihre Rolle als Shui Ta in den Dienst des Geliebten zu stellen. Dadurch spitzt sich der Widerstreit zwischen ihrem Ideal der „Freundlichkeit" und der „Härte", die das Überleben ermöglicht (S. 66, 8), in Shen Te immer mehr zu. Obwohl sie erfahren muss, dass er sie nur ausnutzen will, entscheidet sich Shen Te, vor die Wahl zwischen Vernunft- und Liebesheirat gestellt, doch für den Geliebten. Diese Entwicklung wird in sieben Auftritten vorgeführt.

(1) Gespräch zwischen Männern (S. 67, 1–71, 20):

Die Shin rät zu Anfang Shui Ta, sich um Shen Te's Geldheirat zu kümmern. Dann erscheint Sun, um bei dem Vetter die 500 Dollar herauszuschlagen, die er als Bestechungssumme für den Hangarverwalter in Peking benötigt, damit dieser ihm eine Postfliegerstelle freimacht. Als die Hausbesitzerin Mi Tzü die fällige Halbjahrsmiete kassieren will, reißt Sun die Verhandlungsführung an sich und verkauft, ungeachtet der Einwände von Shui Ta, den ganzen Laden für nur 300 Dollar an Mi Tzü.

(2) Sun entpuppt sich als skrupelloser Egoist (S. 71, 21–73, 10):

Als Mi Tzü gegangen ist, verrät Sun im weiteren Gespräch, dass er Shen Te gar nicht nach Peking mitnehmen und dass er bloß ihre Liebe, deren er sich sicher ist, für sich ausnutzen will. Shui Ta soll die 300 Dollar zur Hochzeit mitbringen.

(3) Shen Te ist verzweifelt (S. 73, 11–74, 9):

Vor der Shin, die alles mit angehört hat, bricht Shen Te, ohne die Maske Shui Ta's zu lüften, in Verzweiflung aus. Sie fühlt sich gedemütigt und erkennt, dass sie sich ganz in die Hand von Sun begeben hat. Die Shin nutzt die Gelegenheit, um den Plan der Geldheirat zu fördern, und holt Shu Fu herbei.

(4) Shu Fu spielt den selbstlosen Verehrer (S. 74, 10–75, 6):

Shui Ta geht Shu Fu entgegen und gesteht ihm, dass seine Kusine völlig verarmt sei. Dieser beteuert, dass er nicht an der „Güte ihres Ladens", sondern an der „Güte ihres Herzens" interessiert sei, und stellt dem Vetter seine „Häuser hinter dem Viehhof" für die Obdachlosen zur Verfügung, weil er an Shen Te's karitativer Aufgabe teilnehmen will.

(5) Ein Rendezvous wird verabredet (S. 75, 7–77, 18):

Nun erscheint Wang mit dem Polizisten, weil er Shen Te's Zeugenaussage für den Entschädigungsprozess gegen Shu Fu benötigt. Shui Ta bestreitet, dass seine Kusine bei dem Vorfall zugegen gewesen sei, und gibt Wang den Shawl als Armschlinge. Daraus schließt Shu Fu, dass es zwischen Shen Te und Yang Sun aus sei, und bittet Shui Ta, ein Abendessen zu zweit zwischen ihm und seiner Kusine zu arrangieren.

(6) Die Shin hält ihren Plan für gelungen (S. 77, 19–78, 18):

Auf die Frage der Shin, ob man gratulieren könne, erwidert Shu Fu, dass „ein gewisses Subjekt … den Laufpaß bekommen" habe. Dem Publikum gegenüber stellt er seine Beziehung zu Shen Te als eine Verbindung zweier Seelen dar.

(7) Am Ende folgt Shen Te ihrem Gefühl (S. 78, 19–80, 21):

Als nun der Flieger Sun erscheint, teilt ihm Shu Fu mit, dass er sich demnächst mit Shen Te ver-
loben werde. Shen Te tritt nun wieder als Frau auf die Bühne und erklärt, dass sie mit diesem Ar-
rangement ihres Vetters einverstanden sei. Da sagt Sun, dass er sie brauche, gerade deswegen,
weil er ein „niedriger Mensch" sei. Er macht ihr klar, dass die Vernunftheirat gar nicht ihrem Willen entspreche, und erinnert sie an ihre erste Begegnung im Regen. Da entscheidet sich Shen Te
für Sun. „Herr Shu Fu, verzeihen Sie mir, ich will mit Sun weggehen". Dieser ruft vergeblich nach
dem Vetter Shui Ta.

Zwischenspiel vor dem Vorhang (S. 81/82):

Auf dem Weg zur Hochzeit erzählt Shen Te dem Publikum, „die alte Frau des Teppichhändlers"
habe ihr soeben beim Weggehen anvertraut, dass ihr Mann aus Sorge um die 200 an sie ausge-
liehenen Silberdollar krank geworden sei. In ihrem „Aufruhr der Gefühle" hätte sie „die beiden
guten Alten einfach vergessen". Sie hofft nun, dass Sun aus Rücksicht auf ihre Verpflichtung gegenüber dem alten Paar auf die Fliegerstelle in Peking verzichten werde. Seine Worte zu Shui Ta
bedeuteten nicht viel, weil Männer untereinander immer angeben würden. Doch ganz sicher ist
sie nicht, ob sie ihn zum Guten bewegen könne. Deshalb schwebe sie „zwischen Furcht und
Freude".

Sechstes Bild: Nebenzimmer eines billigen Restaurants in der Vorstadt (S. 83–92):

Hochzeit soll gefeiert werden, doch sie kann nicht stattfinden, weil sich die Erwartungen der
Brautleute widersprechen: „Die Braut wartet auf die Hochzeit, aber der Bräutigam wartet auf
den Herrn Vetter" (S. 89, 25/6). Shen Te hofft, dass Sun aus Liebe zu ihr auf die (nur unrechtmä-
ßig zu erwerbende) Fliegerstelle verzichtet, während dieser nicht an Liebe, sondern nur an das
Geld denkt, das der Vetter bringen soll. Im ‚Lied vom Sankt Nimmerleinstag' aber wird er zuge-
ben, dass die Warterei sinnlos ist. Im Verlauf der Warteszene lassen sich sieben Abschnitte unterscheiden.

(1) Sun versteht Shen Te's Anliegen nicht (S. 83, 1–27):

Mutter Yang und ihr Sohn stehen abseits von den anderen und reden über Shen Te's Rückfor-
derung der 200 Dollar, die dem alten Ehepaar gehören. Die Mutter meint, dass er sie nun nicht
heiraten könne. Sun aber meint, Shen Te und ihren Vetter in der Hand zu haben. Shui Ta werde
alles regeln. Die Mutter geht hinaus, um nach ihm Ausschau zu halten.

(2) Shen Te macht sich Illusionen über Sun (S. 83, 28–85, 13):

Shen Te meint, sie habe sich in Sun nicht geirrt, er werde ihr zuliebe verzichten. Man trinkt auf
die Zukunft, während Frau Yang die berufliche Qualifikation ihres Sohnes rühmt und von „Liebesheirat" spricht. Derweil die Brautleute die Gäste unterhalten, geht Frau Yang vor die Tür.
Doch der erwartete Vetter ist nicht zu sehen.

(3) Shen Te merkt, dass etwas nicht stimmt (S. 85, 14–86, 28):

Frau Yang und Sun halten den Bonzen, der mit der Trauung beginnen will, mit der Begründung
hin, erst müsse der Vetter da sein. Shen Te äußert ihren Verdacht: „Oh, Sun, ist es wegen der
300 Silberdollar?" Als Sun Ausflüchte macht und Frau Yang mit seiner Postfliegerstelle angibt,
kommt es zur Wende.

(4) Shen Te sagt schweren Herzens Nein (S. 86, 29–89, 5):

Shen Te fordert: „Sun, du mußt es deiner Mutter sagen, daß aus Peking nichts werden kann".
Sun aber beruft sich auf seine Abmachung mit dem Vetter. Shen Te's Einwand: „Wo ich bin, kann
er nicht sein", versteht er nicht. Nun fordert sie auch die 200 Dollar von Sun zurück, die sie seiner Mutter gegeben hatte (S. 63, 15). Sun stellt sich taub.

(5) Shen Te erkennt, dass Sun schlecht ist (S. 89, 6–90, 12):

Während Frau Yang und ihr Sohn weiter auf den Vetter warten, wendet sich Shen Te mit den Worten an das Publikum: „Er ist schlecht und er will, daß auch ich schlecht sein soll". Sie wendet sich von Sun ab und will sich lieber um ihre „Verletzlichen" kümmern, zu denen sie nun auch den Flieger in Peking rechnet, dessen Stelle Sun haben wollte (S. 68, 33–69, 1).

(6) Alle Gäste verabschieden sich (S. 90, 13–91, 9):

Der Kellner kommt mit der Rechnung, der Bonze empfiehlt sich, und die Gäste gehen weg.

(7) Yang Sun ist am Ende (S. 91, 10–92, 27):

Sun hält Shen Te zurück und singt („nach den leeren Sitzen hin, als seien die Gäste noch da") ‚Das Lied vom Sankt Nimmerleinstag', an dem alle Träume wahr werden und „die Erde zum Paradies" wird.

Zwischenspiel: Wangs Nachtlager (S. 93–95):

Wieder erscheinen die Götter Wang im Traum. Doch diesmal ist das Verhältnis umgekehrt: Wang hält den Göttern eine Lektion, indem er ihnen aus einem alten Weisheitsbuch die Parabel vom ‚Leiden der Brauchbarkeit' vorliest und sie auf Shen Te anwendet:

> Sie ist in ihrer Liebe gescheitert, weil sie die Gebote der Nächstenliebe befolgte. Vielleicht ist sie wirklich zu gut für diese Welt…

Doch die Götter erwidern, dass sie nicht eingreifen könnten, da sie nur „Betrachtende" seien.

Siebentes Bild: Hof hinter Shen Te's Tabakladen (S. 96–108):

Shen Te hat alles verloren. Da merkt sie, dass sie schwanger ist. Für ihr Kind will sie „zum Tiger werden" (S. 104, 3). Mit Hilfe eines Blankoschecks des Barbiers Shu Fu gründet sie eine Tabakfabrik und verwandelt sich „das letzte Mal" – wie sie meint (S. 104, 14/5) – in ihren Vetter Shui Ta. Dieser lehnt Wohltaten ohne Gegendienst ab und sagt den Leuten:

> Fräulein Shen Te hat beschlossen, Ihnen allen Arbeit zu geben (S. 106, 11/2).

Dieser Vorgang der Existenzgründung erfolgt in sieben Auftritten.

(1) Herr Shu Fu bringt einen Blankoscheck (S. 96, 1–98, 20):

Jetzt ist Shen Te ganz unten angekommen, kann ihre Miete nicht mehr bezahlen und muss ihre Tabakvorräte an Mi Tzü abtreten, um das Darlehen tilgen zu können. Die Shin hilft ihr, den Hausrat auf einen Wagen zu verladen und bringt ihre Situation auf den Nenner: „Kein Mann, kein Tabak, keine Bleibe!" (S. 96, 12/3). Shu Fu hat vom Unglück des „Engels der Vorstädte" gehört und bietet ihr einen Blankoscheck an. Die Shin stellt fest, dass Shen Te schwanger ist, und bemerkt: „Der hat Sie schön hereingelegt!" (S. 98, 16/7).

(2) Shen Te stellt ihren Sohn dem Publikum vor (S. 98, 21–99, 31):

Die werdende Mutter begrüßt ihr Kind als „Flieger" und „neuen Eroberer", spricht es aber auch als „Vaterloser" an. In einer Pantomime zeigt sie dem Publikum, wie sie einmal mit ihrem Sohn Kirschen stehlen und der Polizei ausweichen wird.

(3) Shen Te verschenkt ihre letzte Habe (S. 100, 1–101, 14):

Shen Te nimmt Wang ein Kind des inzwischen trunksüchtigen Schreiners Lin To (vgl. S. 35, 28) ab, schenkt Wang ihren Hausrat, er solle alles zu Geld machen und davon den Arzt bezahlen. Dann bricht sie auf in die „Baracken des Herrn Shu Fu" (S. 100, 19, 20).

(4) Shen Te's Plädoyer für Freundlichkeit (S. 101, 15–102, 4):
Als die Shin ihr wegen ihrer Freigebigkeit Vorwürfe macht, erklärt Shen Te dem Publikum, „wie angenehm“ es doch sei, „freundlich zu sein“, während das Böse sein „anstrengend“ sei.

(5) Man fragt nach Shen Te's Vetter (S. 102, 5–103, 9):
Shen Te's frühere Wirtsleute (S. 19, 21 ff.) bitten sie, ein paar, offenbar gestohlene Ballen mit Rohtabak bei sich zu lagern, und fragen nach ihrem Vetter. Er werde nicht wiederkommen, lautet ihre Antwort.

(6) Ein hungerndes Kind als Entscheidungshilfe (S. 103, 10–104, 12):
Shen Te sieht, wie Lin To's Kind im „Kehrrichteimer“ etwas zu essen sucht. Da entschließt sie sich, ihr eigenes Kind davor zu bewahren, es zu „verteidigen“, und müsste sie dazu „zum Tiger werden“ (S. 104, 3).

(7) Shen Te verwandelt sich in Shui Ta (S. 104, 13–108, 20):
Während Shen Te Männerkleidung anlegt, protestieren draußen Shen Te's frühere Schutzbefohlene gegen die „feuchten Rattenlöcher“, die der Barbier Shu Fu ihnen als Obdach angeboten hat (S. 74, 33–75, 4). Da tritt Shui Ta heraus und erklärt ihnen, dass Shen Te in den beanstandeten „Lokalitäten“ eine Tabakfabrik gegründet habe, in der jeder von ihnen einen Arbeitsplatz erhalten könne. Es gebe nun keine Wohltaten „ohne Gegendienst“ mehr. Der Vermieterin Mi Tzü zeigt Shui Ta den Scheck des Shu Fu, der auf 10 000 Silberdollar lautet, und erneuert den Mietkontrakt mit ihr. Er lädt den Leuten die Tabakballen auf. Als sie Besitzansprüche erheben, droht Shui Ta mit der Polizei. Nachdem die Kolonne „zu den Häusern des Herrn Shu Fu“ abgezogen ist, kommt die alte Teppichhändlerin, um die versprochenen 200 Dollar (vgl. S. 81, 9 ff.) abzuholen, vergeblich. „Der Vetter ist ja immer nur ganz kurz da“, erklärt Wang.

Zwischenspiel: Wangs Nachtlager (S. 109/110):
Wieder erscheinen die Götter dem Wasserverkäufer im Traum. Wang erzählt ihnen (im Traum!) seinen Traum von Shen Te. Diese habe sich an der Selbstmörderstelle abgemüht, eine Last über den Fluss zu schaffen, und ihm erklärt, „sie müsse den Ballen der Vorschriften ans andere Ufer bringen, ohne daß er naß würde, da sonst die Schriftzeichen verwischten“. Er habe aber gar keine Last auf ihren Schultern gesehen. Trotzdem bittet er die Götter um „eine kleinere Erleichterung des Ballens der Vorschriften“, z. B. bloß Wohlwollen statt Liebe zu verlangen. Die Götter wenden ein, dass dies keine Erleichterung, sondern eine Erschwernis sei.

Achtes Bild: Shui Ta's Tabakfabrik (S. 111–117):
Die achte Szene ist dadurch gegliedert, dass abwechselnd Frau Yang vom Aufstieg ihres Sohnes in Shui Ta's Fabrik *erzählt* (E) und dann jeweils bestimmte Phasen dieses drei Monate zurückliegenden Vorgangs – wie bei einer filmischen Rückblende – *szenisch* dargestellt werden (Sz).

(1) Kittchen oder Fabrik (E S. 111, 10–18; Sz S. 111, 19–112, 27):
Frau Wang *erzählt*, dass ihr Sohn „durch die Weisheit und Strenge“ seines Chefs Shui Ta „aus einem verkommenen Menschen in einen nützlichen verwandelt wurde“. Die *Szene* zeigt, wie sie vor einem Vierteljahr, als Sun eine „Anklage wegen Bruch des Heiratsversprechens und Erschleichung von 200 Silberdollar“ drohte, bei Shui Ta wegen eines Arbeitsplatzes für ihn vorstellig geworden sei, den Sun wohl oder übel annehmen musste.

(2) Sun weiß die Aufmerksamkeit des Chefs zu erregen (E S. 112, 28–33; Sz S. 113, 1–24):
In der dritten Woche, *erzählt* Frau Yang, habe „ein kleiner Vorfall“ den Chef auf die Qualitäten seines neuen Arbeiters aufmerksam gemacht. Bei der *Szene* ist zu sehen, wie Sun und Lin To Tabakballen schleppen. Als Shui Ta hinzukommt, nimmt Sun dem alten Lin To einen seiner Ballen mit den Worten ab: „Gib den einen Ballen her, du Krüppel!“

(3) Erhöhung der Arbeitsnorm (E S. 113, 25–27, Sz. S. 113, 28-34):

In einem *Erzählerkommentar* bemerkt Frau Yang, dass Shui Ta den guten Arbeiter erkenne, „der keine Arbeit scheut". In der *Szene* ordnet der Chef an, dass nun auch der alte Schreiner drei Ballen zu tragen habe: „Yang Sun hat guten Willen und du hast keinen". Lin To seufzt: „Wenn das das Fräulein Shen Te sähe!"

(4) Sun weiß sich beim Chef beliebt zu machen (E S. 114, 1–4; Sz S. 114, 5–115, 7):

Die *Erzählerin* leitet zur nächsten *Szene* über, die „am nächsten Samstag bei der Lohnauszahlung" spielt. Sun soll 6 Dollar erhalten, will aber nur 5 Dollar haben, da er wegen eines Gerichtstermins gefehlt habe. Der Aufseher stutzt, der Chef horcht auf, winkt Sun beiseite und fragt: „Passiert das öfter, daß der Aufseher sich zuungunsten der Firma irrt?" Sun antwortet diplomatisch, weist die angebotene „Gratifikation" zurück und möchte lieber befördert werden.

(5) Sun rückt zum Aufseher auf (E S. 115, 8–15; Sz S. 115, 16–27):

Frau Yangs *Erzählung* artet nun in einen Lobeshymnus auf ihren Sohn aus. Die *Szene* zeigt diesen, wie er „breitbeinig hinter den Arbeitenden" steht und diese zu immer größerem Tempo antreibt.

(6) Sun als Leuteschinder (E S. 115, 28–31; Sz S. 115, 32–117, 15):

Frau Yang *erzählt*, dass sich ihr Sohn bei den Arbeitern unbeliebt gemacht hat. Die *Szene* zeigt die Arbeiter, die bei der Arbeit das ‚Lied vom achten Elefanten' singen, der die anderen sieben antreibt. Als der Chef erscheint, singt Sun mit und beschleunigt dabei durch Händeklatschen das Arbeitstempo.

(7) Sun ist ein anderer Mensch geworden (E S. 117, 16–26):

Frau Yang beendet ihren *Bericht* mit einem Lob auf Herrn Shui Ta, der aus ihrem Sohn „alles Gute herausgeholt" habe, das in ihm steckte. Sun sei in den drei Monaten „ein ganz anderer Mensch" geworden.

Neuntes Bild: Shen Te's Tabakladen (S. 118–129):

Weil sie schwanger ist, versteckt sich Shen Te hinter Shui Ta, bei dem die Leibesfülle als Zeichen des Wohlstands durchgehen kann. Infolge von Shen Te's Verschwinden wendet sich aber der Konflikt zwischen den beiden Rollen, bisher ihr persönliches Problem, nach außen. Denn die Leute ergreifen Partei gegen den „Tabakkönig" (S. 129, 1) und wollen, dass Shen Te wieder erscheint und nach dem Rechten sieht. Als nun noch Sun von ihrer Schwangerschaft erfährt, wechselt er die Fronten, setzt Shui Ta unter Druck und veranlasst mit der Beschuldigung, dass dieser die Mutter seines Kindes der Freiheit beraube, seine Verhaftung. In sechs Auftritten entwickelt sich dieser Fall.

(1) Die Shin als teure Mitwisserin (S. 118, 1–119, 19):

Das alte Teppichhändlerpaar hat sein Darlehen zurückerhalten und möchte sich bei Shen Te bedanken. Shui Ta schickt sie weg, er kenne ihren derzeitigen Aufenthalt nicht. Die Shin, welche die Schwangere, die jetzt im siebenten Monat ist, betreut und sich ihr Schweigen teuer bezahlen lässt, will sie immer noch mit dem reichen Barbier Shu Fu zusammenbringen.

(2) Sun kommt als Geschäftsführer von Shui Ta's Fabrik (S. 119, 20–121, 4):

Sun berichtet über seine Verhandlungen mit Shu Fu und Mi Tzü zur Beschaffung neuer Räumlichkeiten für die Produktion. Als er die Zärtlichkeiten erwähnt, mit denen er bei Mi Tzü günstigere Vertragsbedingungen erreichen will, wird Shui Ta eifersüchtig.

(3) Wang sucht nach Shen Te und verrät, dass sie schwanger sei (S. 121, 5–122, 26):

Während des Gesprächs zwischen Sun und Shui Ta ertönt draußen die Stimme des Wasserverkäufers, der nach dem Aufenthalt von Shen Te fragt. Diese sei vor sechs Monaten in dieses Haus gegangen und seitdem nicht wieder herausgekommen. Seit einiger Zeit stehe der Reis, „den die

Bedürftigen hier immer erhielten" (S. 122, 7/8), wieder vor der Tür. Also sei sie gar nicht verreist. Vor ihrem Verschwinden habe sie ihm anvertraut, dass sie schwanger sei.

(4) Sun droht Shui Ta mit der Polizei (S. 122, 27–124, 33):
Bei dieser Nachricht ist Sun „wie verwandelt", wendet sich wütend gegen Shui Ta und beschimpft ihn als Verbrecher, Räuber und Kindesentführer. Shui Ta versucht ihn zu überreden, dass er sich wieder als Postflieger bewirbt. Aber Sun möchte lieber in der Firma bleiben und anstelle von Shui Ta deren Leitung übernehmen. Als dieser droht, ihn hinauszuwerfen, erwidert Sun, er werde sich an die Polizei wenden, um Shen Te zu finden.

(5) Shui Ta verhandelt über eine Geschäftserweiterung (S. 124, 34–127, 31):
Als Sun gegangen ist, packt Shui Ta nebenan alle Kleider von Shen Te in ein Bündel, das er unter dem Tisch versteckt. Dann betritt er wieder das Büro, wo er mit Shu Fu und Mi Tzü über die Einrichtung von zwölf neuen Tabakläden verhandelt. Shu Fu bittet um die Entfernung von Herrn Sun aus der Firma, die er – was Shui Ta gar nicht recht ist – Mi Tzü als Prokurist überlassen wird.

(6) Haussuchung und Verhaftung Shui Ta's (S. 127, 32–129, 11):
Sun und Wang erscheinen mit dem Polizisten und unterbrechen die Verhandlungen. Bei der Haussuchung wird das Bündel mit Shen Te's Kleidern gefunden. Da Shui Ta ihre Adresse nicht anzugeben vermag, bezichtigt ihn die Volksmenge des Mordes. Er wird verhaftet.

Zwischenspiel: Wangs Nachtlager (S. 130/131):
Ein letztes Mal erscheinen die Götter dem Wasserverkäufer im Traum. Sie sind von ihrer Erdenreise schwer mitgenommen. Wang berichtet ihnen, was inzwischen passiert ist. Die Götter sehen ihre Mission gescheitert: „Wenige Gute fanden wir, und wenn wir welche fanden, lebten sie nicht menschenwürdig" (vgl. S. 10, 13–15). Der dritte Gott zieht die Konsequenz: Unsere Gebote scheinen tödlich zu sein! Ich fürchte, es muß alles gestrichen werden, was wir an sittlichen Vorschriften aufgestellt haben...

Zehntes Bild: Gerichtslokal (S. 132–143):
Der Konflikt ist jetzt nur noch durch die Aufdeckung von Shui Ta's wahrer Identität zu lösen. Der Konflikt ist durch die Unerfüllbarkeit der göttlichen Gebote verursacht, welche vom Menschen fordern, anderen zu helfen und zugleich zu sich selbst gut zu sein. Deshalb müssen bei der Aufdeckung der wahren Zusammenhänge die Götter zugegen sein. Sie verschaffen sich also mit falschen Zeugnissen Zugang zum Gericht und bestechen den zuständigen Ortsrichter, ihnen den Richterstuhl zu überlassen. Alle Figuren des Stücks sind als Zeugen aufgeboten. Die Gliederung der Szene ergibt sich aus den Verfahrensregeln der Strafprozessordnung.

(1) Einzug des Gerichts (S. 132, 1–133, 14):
In Gruppen stehen die Leute beisammen und machen ihre Bemerkungen über die Fragwürdigkeit des Verfahrens, bis der Polizist die Ankunft des Gerichtshofs ankündigt und den Angeklagten holt. Der fällt beim Anblick der Götter in Ohnmacht.

(2) Anklagetenor und Zeugenbefragung (S. 133, 15–135, 2):
Die Anklage wird vorgelesen, der Angeklagte gefragt, ob er sich schuldig bekenne, was er verneint. Dann äußert sich der Polizist über den Leumund des Angeklagten und seiner Kusine. Während diese „lebte und leben ließ", sei Shui Ta „ein Mann von Prinzipien". Auch Shu Fu und Mi Tzü treten für ihn ein. Die kleinen Leute aber verfluchen den Ausbeuter.

(3) Verteidigung (S. 135, 3–136, 22):

Shui Ta erklärt die Vorwürfe, die man gegen ihn erhebt, dadurch, dass er „die nackte Existenz seiner Kusine" habe retten müssen. Sie sei „beliebt" gewesen, er aber habe „die schmutzige Arbeit verrichtet". Alle entsprechenden Episoden aus dem Stück werden im Pro und Kontra erörtert.

(4) Sun als Entlastungszeuge (S. 136, 23–138, 19):

Mit seiner Aussage, dass er ihr Schluchzen gehört habe (vgl. S. 123, 5 ff.), räumt Sun erst einmal den Mordverdacht aus. Aus Shui Ta's Verteidigung ist nun immer stärker Shen Te's Stimme zu hören, so wenn sie auf Suns Vorwurf, er habe sie an Shu Fu verkuppeln wollen, antwortet: „Weil du sie nicht liebtest", oder auf Wangs Anklage, dass die Arbeiter ausgebeutet worden seien. „Das war für das Kind!" Immer heftiger wird der Wortwechsel, bis alle im Chor fragen: „Aber warum mußte sie verreisen?" und sie antwortet: „Weil ihr sie sonst zerrissen hättet!"

(5) Das Geständnis (S. 138, 20–140, 14):

Damit ist das Stichwort für ein Geständnis gefallen. Aber der Angeklagte möchte es unter Ausschluss der Öffentlichkeit ablegen. Shen Te reißt sich die Maske vom Gesicht und erklärt den Göttern, dass sie der göttliche Befehl, „gut zu sein und doch zu leben", d. h. auch zu sich selbst gut zu sein, „wie ein Blitz in zwei Hälften" zerrissen habe. Sie stellt den Göttern nun die alte Theodizee-Frage, warum es den Bösen gut gehe, die Guten aber leiden müssten.

(6) Urteilsverkündung (S. 140, 15–141, 15):

Die Götter nehmen nicht zur Kenntnis, dass der ‚gute Mensch von Sezuan' auch der ‚böse Mensch' ist. Sie befinden „alles in Ordnung" und lehnen eine Änderung der Welt ab. Sie verabschieden sich mit dem Spruch: „Leb wohl, machs gut!"

(7) Das Gericht zieht sich zurück (S. 141, 16–143, 4):

Während die Götter auf einer rosa Wolke entschweben, fleht Shen Te sie an, sie doch nicht allein zu lassen mit ihren Problemen und mit ihrem Kind. Doch mehr als das stereotype „Sei gut!" (vgl. S. 16, 24) haben sie nicht zu bieten. Als Shen Te ihnen nachruft, dass sie den Vetter brauche, findet noch ein Handel statt. Nicht zu oft, höchstens jeden Monat dürfe sie ihn holen.

Epilog (S. 144):

Der Schluss des Stücks ist unbefriedigend. Es hat eigentlich gar keinen Schluss. Denn der Konflikt, den die Handlung bis zum Äußersten, bis zur seelischen Zerstörung der Hauptperson, gesteigert hat, ist ohne Lösung geblieben. Deshalb tritt ein Schauspieler an die Rampe und spricht in einem Epilog das Publikum an, um dessen Unbehagen an dem fehlenden Schluss in Worte zu kleiden. Die Zuschauer sollen sich selbst einen Schluss ausdenken. Der Epilog gibt dazu eine Denkhilfe, indem er das zu lösende Problem begrifflich aufgliedert:

Soll es ein andrer *Mensch* sein? Oder eine andre *Welt*?
Vielleicht nur andre *Götter*? Oder *keine*?

Die vom Sprecher bevorzugten Alternativen sind jeweils betont ans Versende gesetzt: Veränderung der Welt und Atheismus.

4. Zur Thematik

‚Der gute Mensch von Sezuan'

Nathan und Iphigenie verkörpern ihr Ideal

Nathan und Iphigenie, die Hauptfiguren in den Dramen von Lessing und Goethe, verkörpern den *Anspruch* desjenigen Ideals, das jeweils thematisiert wird, also der Toleranz oder der Humanität. Sie führen dieses Ideal in einer *Wirklichkeit,* die ihm – bei Lessing in Gestalt der Religionskriege, bei Goethe in Form einer von Gewalt und Betrug geprägten Familiengeschichte – Widerstand entgegensetzt, durch edles Handeln zum Ziel der ‚guten Tat'. Vom ‚guten Menschen' ist nicht ausdrücklich die Rede. Von Nathan heißt es beiläufig, er sei „so gut als klug, so klug als weise" (V. 443). Iphigenie wird als „schöne Seele"

Bei Brecht wird das ‚Gutsein' selber zum Problem gemacht

(Arkas: V. 1493), „reine Seele" (Pylades: V. 1583), „hohe Seele" (Orest: V. 2143) angesprochen. Bei Brecht aber wird – wie schon der Titel verrät – das ‚Gutsein' selber von vornherein und ausdrücklich thematisiert. Das Verhältnis von *Ideal* und *Wirklichkeit* soll in einem Experiment untersucht werden (vgl. S. 117 f.). Den Wert, welcher von der Hauptfigur Shen Te, dem ‚guten Menschen von Sezuan' verkörpert wird, könnte man als *Solidarität* bezeichnen. Aber Shen Te

Nathan und Iphigenie sind durch eigene Leistung zum ‚guten Menschen' geworden

braucht sich diese Tugend nicht persönlich zu erkämpfen, wie es Nathan durch Überwindung des Hasses gegen die Mörder seiner Familie (V. 3038 ff.) oder Iphigenie durch Befreiung von dem „Fluch", der über ihrer Familie liegt (V. 1689 ff.), getan haben. Shen Te folgt viel-

Die Maske des Bösen
An meiner Wand hängt ein japanisches Holzwerk
Maske eines bösen Dämons, bemalt mit Goldlack.
Mitfühlend sehe ich
Die geschwollenen Stirnadern, andeutend
Wie sehr es anstrengt, böse zu sein.
(1942)

Akademie der Künste, Berlin
(Foto: Christian Kraushaar)

mehr einem natürlichen Bedürfnis, wenn sie „nicht nein sagen" kann (S. 12, 13/4), wenn sie mit dem neu erworbenen Tabakladen nicht etwa Gewinn machen will, sondern hofft, damit „jetzt viel Gutes tun zu können" (S. 18, 10/1). Sie erwartet beim Publikum Verständnis für ihr solidarisches Verhalten. Sie zeigt auf ihre Armen und fragt die Zuschauer: „Wie könnte man da nein sagen?" (S. 20, 5). Am Ende des ersten Bildes muss sie dem Publikum zeigen, welche Folgen diese Solidarität hat. Ihr Laden ist schon am ersten Tag kein Laden mehr. „Der Rettung kleiner Nachen" wurde von den vielen Schiffbrüchigen „in die Tiefe gezogen" (S. 29, 1–4). Die Not hat diese Schiffbrüchigen „schlecht" (S. 21, 29) und „böse" (S. 101, 23) gemacht, hat das soziale Klima verdorben. Gegen dieses schlechte Sozialklima setzt Shen Te ihr Ideal, das sie dem Publikum mit den folgenden Versen verkündet:

Shen Te ist ,von Natur aus' gut

Shen Te's Ideal des menschlichen Zusammenlebens

> Den Mitmenschen zu treten
> Ist es nicht anstrengend? Die Stirnader
> Schwillt ihnen an, vor Mühe, gierig zu sein.
> Natürlich ausgestreckt
> 5 Gibt eine Hand und empfängt mit gleicher Leichtigkeit. Nur
> Gierig zupackend muß sie sich anstrengen. Ach
> Welche Verführung, zu schenken! Wie angenehm
> Ist es doch, freundlich zu sein! Ein gutes Wort
> Entschlüpft wie ein wohliger Seufzer. (S. 101, 25–102, 1)

Der ,gute Mensch von Sezuan' tut Gutes, weil es „angenehm" ist, und meidet das Böse, weil es „Mühe" macht, „gierig zu sein". Der Mensch kann also – wenn die „Verhältnisse" nicht ein anderes Verhalten erzwingen – eigentlich gar nicht anders handeln als Gutes zu tun. Er ist nach diesem Text sozusagen ,von Natur aus' gut. Das ist eine völlige *Umkehrung des bisherigen ethischen Denkens.* Dieses ging von der realistischen Einsicht aus, dass der Mensch ,von Natur aus' weder gut noch schlecht sei, sondern vielmehr die Fähigkeit zu beidem, zum Gut- oder Schlechtsein, mitbekommen habe und seine Lebensaufgabe darin bestehe, in sittlicher *Selbstbestimmung* und *freier Wahl* die Fähigkeit zum Gutsein auszubilden und den Hang zum Schlechtsein zu bekämpfen. In der philosophischen Ethik waren bisher die ,Lernziele' formuliert, die sich die Menschen in der jeweiligen Epoche für diesen Bildungsprozess der praktischen Vernunft gesetzt hatten, z. B. das Toleranzgebot in der Aufklärung oder das Humanitätsideal in der Klassik. Nun ist es Brecht (und Marx) zuzugeben, dass die Ungerechtigkeit von gesellschaftlichen „Verhältnissen", in denen die Menschen nicht nur die Natur, sondern sich auch gegenseitig ausbeuten, einen solchen Grad annehmen kann, dass der einzelne Mensch am Gutsein gehindert wird, die Vorschriften der Ethik nicht befolgen kann, weil – wie Shen Te sagt – „alles so teuer ist" (S. 16, 27). Bei Brecht aber hat diese ethische Problematik, die sich beim Übergang

Eine Umkehrung des bisherigen ethischen Denkens

Das bisherige Menschenbild: Der Mensch wählt frei zwischen Gut und Böse

Ethische Problematik in der modernen Konkurrenzgesellschaft

von der traditionellen Autoritätsgesellschaft zum Konkurrenzsystem der modernen Wirtschaftsgesellschaft ergeben hat, zu einer Umkehrung des ethischen Denkens geführt, welche Hans Jonas als den „anthropologischen Irrtum der Utopie" bezeichnet hat. Er meint damit die Vorstellung, der ‚eigentliche' Mensch in seiner ‚natürlichen' Güte sei ‚noch nicht' da, weil die Politik erst die für ein glückliches Leben guter Menschen nötige Gesellschaft schaffen müsse. Diese Vorstellung sei aber deshalb ein Irrtum in Bezug auf den Menschen, weil man den guten Menschen nicht ohne den schlechten Menschen haben könne, weil der ganze Mensch in seiner moralischen Zweideutigkeit – entgegen dem Willen der Planer – auch in eine solche von der Politik geschaffene Gesellschaft eingehen würde. Der nun – wie es die Utopie will – endlich eindeutig gut gewordene ‚neue' Mensch könne das aber nur werden, indem er auf seine Freiheit verzichtet, in Selbstbestimmung zwischen Gut und Böse wählen zu können, d. h. als Kreatur eines diktatorischen Regimes, das ihn ständig und vollständig kontrolliert. Da aber erhebt sich die Frage, wie lange eine solche Kontrolle gelingt.

Irrtum der Utopie über die Natur des Menschen

Die Problematik des ‚neuen', des ‚utopischen' Menschen

Gute Taten bedeuten Ruin

Die Götter aber sollen nicht nur „genügend gute Menschen" finden, sondern solche, „die den Bedingungen" des Experiments „genügen" (S. 10, 26), d. h. „die ein menschenwürdiges Dasein leben können" (S. 10, 15). Shen Te macht jedoch die Erfahrung, dass sie mit ihren ‚guten Taten' in der *Wirklichkeit* nur Schwierigkeiten hat, dass es in den „Ruin" führt (S. 137, 33), wenn sie sich dem *Anspruch* ihres Ideals gemäß verhält. Ja, diese Wirklichkeit ist von der Art, dass bei ihr das schönste Erlebnis, das es für den Menschen gibt, die Liebe, zum größten Unglück wird. Als Shen Te erfahren hat, dass Sun sie gar nicht wiederliebt, sondern nur auf ihr Geld aus ist, bricht sie in Verzweiflung aus:

Liebe ist in Sezuan ein Unglück

Liebe und Gutsein sind zu teuer

> Dann ereilt einen von uns das *Unglück:* er liebt. Das genügt, er ist verloren. Eine *Schwäche* und man ist abserviert. Wie soll man sich von allen Schwächen freimachen, vor allem von der tödlichsten, der Liebe? Sie ist ganz unmöglich! Sie ist zu teuer! Freilich, sagen Sie selbst, kann man leben, *immer auf der Hut?* Was ist das für eine Welt? (S. 73, 25–31)

Die Rede von der Liebe als der „tödlichsten" Schwäche entspricht der Formel, mit der Brecht die „Tödlichkeit bürgerlicher Ethik in bürgerlichen Verhältnissen" als Thema seines Sezuan-Stücks bezeichnet hat (vgl. S. 114). Und wenn Shen Te die Liebe für „zu teuer" erklärt, bezieht sie sich auf die Frage, die sie im Vorspiel an die Götter gestellt hat: „Wie soll ich gut sein, wo alles so teuer ist?" (S. 16, 27).

Während sie auf die Enttäuschung in der Liebe mit Verzweiflung reagiert, zeigt sie Entschlossenheit, als sie fühlt, dass sie schwanger ist. Hier zeigt sie, dass sie auch über ein Verhaltensmuster verfügt, das ihrem Ideal völlig widerspricht. Sie sieht ein hungerndes Kind, das im „Kehrrichteimer" nach etwas Essbarem sucht, und bricht in die Worte aus:

Verzweiflung wird zur Entschlossenheit, wenn es um das eigene Kind geht

> (...) So werde ich
> Wenigstens das meine verteidigen und müßte ich
> *Zum Tiger werden.* Ja, von Stund an
> Da ich das gesehen habe, will ich mich scheiden
> Von allen und nicht ruhen
> Bis ich meinen Sohn gerettet habe, wenigstens ihn!
> Was ich *gelernt in der Gosse, meiner Schule*
> Durch *Faustschlag und Betrug,* jetzt
> Soll es dir dienen, Sohn, zu dir
> Will ich *gut sein* und *Tiger und wildes Tier*
> Zu allen andern, wenn's sein muß. Und
> Es muß sein. (S. 104, 1–12)

Gut sein zum eigenen Kind, wildes Tier zu allen anderen

Das Erscheinen des Proletariats in der Literatur

Auch in Goethes ,Iphigenie' ist von „Gewalt" und „List" als Mitteln der Auseinandersetzung die Rede (vgl. S. 79). Doch ist das nicht dasselbe, als wenn Shen Te von „Faustschlag und Betrug" spricht. In der ,Iphigenie' treten nur Könige und Königskinder mit ihren Höflingen auf (Ständeklausel: vgl. S. 95). Auch in Lessings ,Nathan' herrschen Krieg und Intrige (I, 5). Aber darüber wird in den oberen Rängen der Gesellschaft verhandelt (vgl. S. 43 ff.). Die Figuren des Parabelstücks von Brecht leben hingegen am untersten Rand der Gesellschaft, wo ebenfalls „Gewalt und List" das Zusammenleben bestimmen. Doch gehören sie hier nicht zur kriegerischen Auseinandersetzung zwischen Gruppen, sondern zum alltäglichen Daseinskampf, in dem es ständig ums Überleben geht. Deshalb ist die „Schule", in der Shen Te die Überlebenskunst gelernt hat, nur den Menschen am untersten Rand der Gesellschaft, dem Proletariat, vertraut. Diese soziale Gruppe erscheint zum ersten Mal in der Gestalt des Soldaten und Barbiers Woyzeck in der Literatur (vgl. S. 7 f.). Diese Gruppe hat sich erst um 1830 als Folge der sogenannten ,industriellen Revolution' herausgebildet, als viele Menschen, die durch Gewerbefreiheit, Freizügigkeit und Landflucht aus den traditionellen Sozialbindungen herausgefallen waren, nach Arbeit suchten und sich an den Rändern der schnell anwachsenden großen Städte ansiedelten. Dort lebten die Menschen in politisch noch nicht gestalteten, anarchischen Verhältnissen, in einer Welt, in der „wie durch Zufall Paläste und Hütten ver-

Brechts Figuren gehören (abgesehen von einigen aufgestiegenen Vermögens-besitzern) dem Proletariat an

Entstehung des Proletariats in der ,industriellen Revolution' um 1830

streut" liegen, wie sie der französische Politiker und Philosoph Alexis de Tocqueville 1835 im englischen Manchester kennen gelernt hat:

> In der äußeren Erscheinung der Stadt zeugt alles von der persönlichen Macht des einzelnen Menschen, nichts von der geregelten Gewalt der Gesellschaft. (Tocqueville, S. 245)

Auch im Detail stimmt die Szenerie, die Brecht für seine Hauptstadt von Sezuan, „welche halb europäisiert ist", entworfen hat, mit den Beobachtungen überein, die Tocqueville in Manchester 1835 gewonnen hat:

Nebentext zum 8. Bild *(S. 111, 3–7):*	*Alexis de Tocqueville: Notizen von seiner Reise nach England (Manchester, 5. 7. 1835)*
In den Baracken des Herrn Shu Fu hat Shui Ta eine kleine Tabakfabrik eingerichtet. Hinter Gittern hocken, entsetzlich zusammengepfercht, einige Familien, besonders Frauen und Kinder, darunter die Schwägerin, der Großvater, der Schreiner und seine Kinder.	Dort enden gewundene und enge Gäßchen, gesäumt von einstöckigen Häusern, deren schlecht zusammengefügte Bretter und zerbrochene Scheiben schon von weitem eine Art letzten Asyls ankünden, das der Mensch zwischen Elend und Tod bewohnen kann. Unter diesen elenden Behausungen befindet sich eine Reihe von Kellern, zu der ein halb unterirdischer Gang hinführt. In jedem dieser feuchten und abstoßenden Räume sind zwölf bis fünfzehn menschliche Wesen wahllos zusammengestopft … (Tocqueville, S. 246 f.)
Dialogtext im 7. Bild *(S. 104, 24 ff.):*	
Wir sind gekommen, um uns zu beschweren! Feuchte Rattenlöcher mit verfaulten Böden …	

Shen Te's Tiermetapher geht auf Hobbes zurück

Mit der Tiermetapher („Tiger und wildes Tier": S. 104, 10) erinnert Shen Te an den englischen Staatsphilosophen Thomas Hobbes (1588–1679), der solche anarchischen, vorstaatlichen Zustände als „Krieg aller gegen alle" (bellum omnium contra omnes) bezeichnet hat, in dem „der Mensch für den Menschen ein Wolf" sei (homo homini lupus). In diesem ungeordneten Zustand der menschlichen Gesellschaft herrscht das Recht des Stärkeren, überlebt man nur mit der „nötigen Brutalität" (S. 73, 20), kann man sich nicht „die allerkleinste Schwäche leisten" (S. 76, 9/10).

Auch Nichtmarxisten kommen zu ähnlichen Ergebnissen der Gesellschaftsanalyse

Was in Brechts Parabel als Bild der modernen Wirtschaftsgesellschaft angeboten wird, entspricht auch den Analysen der heutigen Situation des Menschen, die von Nichtmarxisten verfasst sind, z. B. von dem amerikanischen Ökonomen Fred Hirsch, dessen Untersuchungsergebnisse man so resümieren kann:

Unsere Wirtschaftsgesellschaft ist fast ausschließlich an Konkurrenz, Leistungswettbewerb und individueller Einkommensmaximierung interessiert. Die Verhaltenszwänge, die dadurch auf die Menschen einwirken, führen notwendigerweise zu einer allmählichen Zerstörung
5 derjenigen moralischen Normen, die in der bisherigen Generationenfolge allgemeine Geltung genossen haben. In den meisten Familien bringen die Eltern ihren Kindern auch heute noch solche Tugenden bei, wie sie in der Aufklärungszeit aufgestellt wurden, also Wahrheitsliebe, Ehrlichkeit, Uneigennützigkeit, Rücksichtnahme usw. Doch se-
10 hen die Kinder täglich, dass die Menschen durch die gegenteiligen Verhaltensweisen, also durch Lüge, Unehrlichkeit, Egoismus, Rücksichtslosigkeit usw. zum Erfolg kommen. Paradoxerweise ist aber eine auf derartigen egoistischen Prinzipien aufgebaute Gesellschaft nur so lange lebensfähig und auch für alle ihre Mitglieder einigermaßen er-
15 träglich, als diese Prinzipien durch jene Normen, die ihnen widersprechen, eingeschränkt werden, d. h. solange sich noch eine gewisse Anzahl von Menschen ehrlich und aufrichtig, uneigennützig und rücksichtsvoll, vernünftig und solidarisch verhält. Fiele dieses Widerlager weg, so würde das Chaos ausbrechen. (nach Hirsch, S. 143)

Mit Hilfe dieses Textes lässt sich die kurze Formel, mit der Brecht die „Tödlichkeit bürgerlicher *Ethik* in bürgerlichen *Verhältnissen*" als Thema seines Sezuan-Stücks angibt (vgl. S. 114), näher erläutern. Im ersten Satz führt der Autor die *Prinzipien* an, die in unserer Wirtschaftsgesellschaft für die „zwischenmenschlichen Beziehungen" (vgl. S. 117) gelten (1–3). Weiter unten nennt er die *sozialen Verhaltensweisen,* die diesen Prinzipien entsprechen (9–12). Damit sind die „bürgerlichen Verhältnisse" der Brechtschen Formel beschrieben. Was nun die „bürgerliche Ethik" angeht, so wird als Beispiel dafür im Gespräch zwischen Shen Te und den Göttern einfach der Dekalog, d. h. die Zehn Gebote, angegeben, wie er im 2. Buch Mose (Kap. 20) aufgezeichnet ist:

Der nicht-marxistische Text kann die Thema-Formel Brechts kommentieren

Shen Te:	**Bibel:**
Freilich würde ich glücklich sein, die Gebote halten zu können der Kindesliebe	V. 12 Ehre deinen Vater und deine Mutter.
und der Wahrhaftigkeit	V. 16 Du sollst nicht falsch gegen deinen Nächsten aussagen.
Nicht begehren meines Nächsten Haus, wäre mir eine Freude,	V. 17 Du sollst nicht nach dem Haus deines Nächsten verlangen.
und einem Mann anhängen in Treue, wäre mir angenehm.	V. 14 Du sollst nicht die Ehe brechen.
Auch ich möchte aus keinem meinen Nutzen ziehen und den Hilflosen nicht berauben. (S. 16, 10–15)	V. 15 Du sollst nicht stehlen.

Liegt das Problem mehr auf der Seite der ‚Verhältnisse' oder auf der Seite der ‚Ethik'?

Fred Hirsch weist dagegen auf die in der Aufklärungszeit begründete und seitdem in der bürgerlichen Gesellschaft angewandte Erziehung zu Ehrlichkeit, Rücksichtnahme, Hilfsbereitschaft usw. hin (6–9). Wo Brecht die Unvereinbarkeit von *Ideal* („Ethik") und *Wirklichkeit* („Verhältnisse") feststellt und daraus den Schluss zieht, dass die ‚Verhältnisse' verändert werden müssen, diagnostiziert Hirsch einen geschichtlichen Prozess einer „allmählichen Zerstörung" (4) der überlieferten Normen. Im Gegensatz zu Brecht sieht er das Problem aber weniger auf der Seite der ‚Verhältnisse' als vielmehr auf dem Gebiet der ‚Ethik'. Er ist der Meinung, dass die auf „egoistischen Prinzipien aufgebaute Gesellschaft" (13) ohne die traditionelle Ethik längst in die Anarchie geraten wäre. Denn sie sei bisher nur deshalb noch „lebensfähig und auch für alle ihre Mitglieder einigermaßen erträglich" (14/5), weil viele Menschen sich immer noch „ehrlich und aufrichtig, uneigennützig und rücksichtsvoll, vernünftig und solidarisch" verhielten (17/8). Die Unterschiedlichkeit der Konsequenzen, welche der Ökonom und der Dichter aus ihren Analysen ziehen, erklärt sich dadurch, dass die Thematik des Sezuan-Stücks über den Dramenschluss hinausreicht.

Der Ökonom und der Dichter ziehen unterschiedliche Konsequenzen

Die offene Parabel

Die Thematik setzt sich aus der Parabel in die Wirklichkeit fort

Während in der Aufklärungsparabel dem Leser auch die Lösung des Problems gegeben wurde (vgl. S. 115 f.), ist Brechts Parabel zur Wirklichkeit hin offen (vgl. S. 117). Die Lösung zu finden, wird dem Zuschauer aufgegeben. Er muss also auch das Thema zum – vorläufig noch unbekannten – Ende bringen. Einige Anregungen werden im Epilog gegeben:

> Was könnt die Lösung sein?
> (…)
> Soll es ein andrer *Mensch* sein? Oder eine andre *Welt*?
> Vielleicht nur andre *Götter*? oder *keine*?

Wo ist die fehlende Lösung zu suchen?

Es soll also um ‚Veränderung' gehen. Das könnte eine Veränderung der „bürgerlichen Verhältnisse" („eine andre Welt"), aber auch die Frage betreffen, welchem veränderten Anspruch der neue Mensch („ein andrer Mensch") unter den veränderten Verhältnissen zu genügen hat, welche Ethik („andre Götter") an die Stelle der „bürgerlichen Ethik" treten soll. Die letzte Frage („oder keine") lässt sich mit Hilfe des Exil-Gedichts ‚Was nützt die Güte' verstehen (Hervorhebungen von E. H.):

1   Was nützt die *Güte*
    Wenn die Gütigen sogleich erschlagen werden, oder es werden erschlagen
    Die, zu denen sie gütig sind?

    Was nützt die *Freiheit*
    Wenn die Freien unter den Unfreien leben müssen?

    Was nützt die *Vernunft*
    Wenn die Unvernunft allein das Essen verschafft, das jeder benötigt?

2   *Anstatt* nur gütig zu sein, *bemüht euch*
    Einen Zustand zu schaffen, der die Güte ermöglicht, und besser:
    Sie *überflüssig* macht!

    Anstatt nur frei zu sein, *bemüht euch*
    Einen Zustand zu schaffen, der alle befreit
    Auch die Liebe zur Freiheit
    Überflüssig macht!

    Anstatt nur vernünftig zu sein, *bemüht euch*
    Einen Zustand zu schaffen, der die Unvernunft der einzelnen
    Zu einem schlechten Geschäft macht!

Hier wird nach dem ‚Nutzen‘, d. h. nach dem Gebrauchswert dreier Ideale der in der Zeit der Aufklärung begründeten „bürgerlichen Ethik" gefragt. Der Sprecher im Gedicht schätzt diesen Gebrauchswert gering ein, die *Wirklichkeit* spreche gegen den ‚Nutzen‘ von Güte, Freiheit und Vernunft, sie sei nicht vereinbar mit dem *Anspruch* dieser Werte. Der Sprecher macht einen Gegenvorschlag („anstatt") und fordert auf, neue ‚Verhältnisse‘ herzustellen („bemüht euch,/Einen Zustand zu schaffen"), welche die traditionelle ‚bürgerliche Ethik‘, also auch den ‚guten Menschen von Sezuan‘, schlicht „überflüssig" machen. Soll das heißen, dass der Dichter *das Böse* d. h. Gewalt, Unterdrückung und Sinnlosigkeit, nicht als Möglichkeit sieht, die in der menschlichen Natur angelegt ist, sondern es allein als Folge ‚falscher‘ gesellschaftlicher ‚Verhältnisse‘ auffasst, nach deren Beseitigung sozusagen alle ethischen Probleme gelöst sind? Sollen dann wirklich Werte wie „Güte", „Liebe zur Freiheit", „Vernunft" nicht mehr benötigt werden, also „überflüssig" sein? Wie der Zuschauer des Parabelstücks vom Epilogsprecher an die eigene Lebenswirklichkeit verwiesen wird („Verehrtes Publikum, los, such dir selbst den Schluß!"), so lässt der Sprecher im Gedicht den Leser mit der Aufforderung, „einen Zustand zu schaffen", der die Werte „überflüssig", die Unvernunft „zu einem schlechten Geschäft macht", allein. Wie soll der Leser eine solche Veränderung bewerkstelligen? Wie soll solch ein Zustand überhaupt aussehen? Die Gesellschaft und der Einzelne in ihr befinden sich ja immer im geschichtlichen Prozess der Veränderung. Die Möglichkeiten, die der einzelne Mensch hat, auf diesen Prozess einzuwirken, sind vorgegeben und begrenzt durch den be-

Veränderung der Verhältnisse statt Verwirklichung von Werten

Das Böse ist die Folge ‚falscher‘ Verhältnisse

Geschichte ist sowieso ständige Veränderung der Verhältnisse

sonderen Aufbau der Gesellschaft, deren Mitglied er ist, und durch die Funktionen, die er darin ausübt:

> Und welche dieser Möglichkeiten er auch ergreift, seine Tat verflicht sich in die von anderen; sie löst weitere Handlungsketten aus, deren Richtung und vorläufiges Ergebnis nicht von ihm, sondern von der Machtverteilung und dem Spannungsaufbau dieses ganzen bewegten Menschengewebes abhängen. (Elias, S. 76 f.)

Aus diesem Sachverhalt ergeben sich viele Fragen, auf die Brecht keine Antwort gibt. Es bleiben vielmehr – wie der Epilogsprecher richtig sagt – „alle Fragen offen".

5. Handlungsstruktur

Der Bilderbogen

Nach Art eines Bilderbogens komponiert

Mit seiner ‚epischen Technik' will Brecht bestimmte Zustände „zwischenmenschlicher Beziehungen" verfremden und dadurch vom Zuschauer „entdecken" lassen. Diese Entdeckung vollzieht sich „mittels der Unterbrechung von Abläufen" (vgl. S. 127. Deshalb ist das Stück „nach Art eines Bilderbogens konstruiert" (Ueding, S. 134). Darauf macht schon Brechts Arbeitsweise aufmerksam. Er hatte sich einen großen Bogen Papier genommen und auf ihm in zehn Spalten die Einfälle zu den geplanten zehn Szenen notiert. Die Überschriften dazu lauteten:
(1) die überschwemmung
(2) notwehr und annonce
(3) liebe
(4) der flieger soll fliegen
(5) sieg der liebe
(6) die hochzeit
(7) mutterfreuden
(8) die tabakfabrik
(9) das gerücht
(10) der prozess (bei Hecht 3, S. 116 f.)

Montage von Einzelteilen

Die Komposition erfolgt also – der ‚Stationentechnik' der Dramen der Sturm-und-Drang-Zeit vergleichbar – nach dem Montageprinzip, d. h. durch den Aufbau des Stücks in Einzelteilen (vgl. S. 122), die „sorgfältig gegeneinander" gesetzt sind, wie Brecht sich ausdrückt.

Geld als Leitmotiv

Die notwendige Kontinuität des Handlungszusammenhangs erreicht *Kontinuität durch*
Brecht durch eine Art von Leitmotivtechnik. Von Anfang an geht es *Leitmotivtechnik*
im Handlungsablauf um bestimmte Geldbeträge. Eine Art Exposi-
tion gibt Shen Te in ihrem Eingangsmonolog (S. 18, 5–15), in dem die
fast ausschließlich wirtschaftliche Thematik auffällig ist, weil sie mit
der Distanzierung der Götter („In das Wirtschaftliche können wir
uns nicht mischen“: S. 16, 28/9) kontrastiert. Hier wird mitgeteilt,
dass Shen Te das Startkapital von 1000 Silberdollar in einen Tabak-
laden investiert hat. Eine Schlüsselfunktion für die Handlung hat der *Schlüsselfunktion*
Betrag von 200 Silberdollar, den die Hausbesitzerin Mi Tzü im Vor- *des Darlehens von*
aus als Halbjahresmiete von Shen Te verlangt (S. 39, 10). Nach ihrer *dem alten Ehepaar*
Liebesromanze wird Shen Te dadurch, dass das alte Teppichhändler-
ehepaar sie an die Mietforderung erinnert, auf den Boden der Tatsachen zurückgeholt. Die beiden Alten, die Shen Te mögen und ihr vertrauen, leihen ihr das Geld (S. 59, 12). Dieser Geldbetrag von 200 Silberdollar wird nun zum Prüfstein für die Liebesbeziehung. Denn als
die Mutter ihres Geliebten um Geld für die in Aussicht genommene
Fliegerstelle in Peking nachsucht, stellt Shen Te ihr die von den beiden Alten geliehenen 200 Silberdollar, ohne an die Folgen zu denken,
zur Verfügung (S. 63, 11). Im fünften Bild erfährt sie aber, dass dieses
Geld für eine Bestechung verwendet werden soll, und bittet Yang Sun *Das Geld soll für*
deshalb, mit dem Betrag die Miete zu bezahlen und den Tabakladen *eine Bestechung*
zu übernehmen (S. 69, 20). Die Alten hatten Shen Te das Darlehen *verwendet werden*
auf Treu und Glauben gegeben:

> Schriftliches ist aber zwischen uns natürlich nicht nötig. (S. 59, 14)

Als sie Sun an ihre Verpflichtung gegenüber dem alten Ehepaar erinnert (S. 71, 5), zieht dieser aus dem Fehlen eines schriftlichen Darle-
hensvertrages die gegenteilige Konsequenz, verkauft der Hausbesitzerin die verpfändeten Tabakvorräte und vertröstet seine Geliebte
mit den Worten:

> Vielleicht bekommen wir bis übermorgen woanders mehr. Dann kön-
> nen wir sogar die 200 zurückzahlen (S. 71, 23).

Sun hat die Probe also nicht bestanden. Als Shen Te ihn in der Maske *Sun besteht die*
des Shui Ta zur Rückzahlung auffordert, reagiert er gar nicht (S. 72, *Probe nicht*
12). Im Gespräch mit Shu Fu, der bei Shui Ta um seine Kusine, den
„Engel der Vorstädte“, wirbt, wird der Betrag wieder erwähnt:

> Lieber Herr, diese Güte hat meine Kusine an einem einzigen Tag
> 200 Silberdollar gekostet (S. 74, 23).

Die beiden Alten bangen um ihr Geld

Weil sie aber nicht von Sun loskommt, wird auch Shen Te moralisch schuldig. Auf dem Weg zur Hochzeit trifft sie die alte Frau des Teppichhändlers und erfährt von ihr, dass ihr Mann „vor Aufregung und Sorge" um sein Geld krank geworden sei. Shen Te verspricht eine schnelle Rückzahlung (S. 81, 10). Die Hochzeitsfeier im 6. Bild beginnt dann mit einem Gespräch zwischen Mutter und Sohn Yang über eben diese 200 Silberdollar (S. 83, 11), während die Braut immer noch hofft, dass Sun auf die Fliegerstelle verzichten wird (S. 83, 30 ff.). Aber der Betrag ist nicht mehr verfügbar, die Hochzeit findet nicht statt, da der Vetter natürlich nicht kommen kann. Energisch fordert Shen Te die 200 Dollar zurück (S. 88, 32). Sun ahnt, dass es da noch ein Nachspiel geben wird (S. 89, 32). Zunächst aber verliert Shen Te wegen dieses Geldbetrages ihre ganze Existenz (S. 96, 8), verschwindet dann aber, als sie merkt, dass sie schwanger ist, ganz hinter der Maske des Vetters und gründet mit Hilfe des Blankoschecks, den ihr Shu Fu zur Verfügung stellt (S. 97, 13), eine Tabakfabrik. Sun wird aufgrund ihrer Anzeige angeklagt und muss in der Fabrik die 200 Dollar abarbeiten (S. 112, 12 ff.). Doch Shen Te kommt um ihre Schuld nicht herum. Ihre Rückzahlung der 200 Silberdollar erfolgt zu spät:

Die Rückzahlung erfolgt zu spät

> Sie haben ihr Geld zu spät zurückgekriegt. Jetzt haben sie ihren Laden verloren, weil sie ihre Steuern nicht bezahlen konnten (S. 118, 19).

So hat sich Shen Te's Ahnung erfüllt, die sie auf der Hochzeit dem Publikum offenbarte:

> Er ist schlecht und er will, dass auch ich schlecht sein soll (S. 89, 33/4).

Das Konfliktdrama

Shen Te's Konfliktsituation zwischen Liebe und Solidarität

Die Rede, welche Shen Te auf der Hochzeitsfeier an das Publikum hält, zeigt sie in einer Konfliktsituation, wie sie für die Handlung eines herkömmlichen Dramas kennzeichnend ist:

> Hier bin ich, die ihn liebt, und er wartet auf den Vetter. *Aber* um mich sitzen die Verletzlichen, die Greisin mit dem kranken Mann, die Armen, die am Morgen vor der Tür auf den Reis warten, und ein unbekannter Mann aus Peking, der um seine Stelle besorgt ist. Und sie alle beschützen mich, indem sie mir alle vertrauen. (S. 89, 34–90, 6).

Hier ist Shen Te nicht mehr der naive ‚gute Mensch', der nicht Nein sagen kann (S. 12, 13/4), nicht mehr nur die Figur, die einen bestimmten ‚Gestus' von „zwischenmenschlichen Beziehungen" zu zeigen hat (vgl. S. 124 ff.), sondern ein Charakter, wie ihn der Zuschauer aus

dem traditionellen Theater kennt, ein Mensch, der über die „Erkenntnis des Guten und Bösen" verfügt (AT 1. Mose 2,9) und konkret zwischen Gut und Böse zu entscheiden hat. Der durch das Leit-
motiv des 200-Dollar-Darlehens bezeichnete Handlungsstrang, der
sich durch den ‚Bilderbogen' hindurchzieht, hat die Form einer herkömmlichen Tragödie, in welcher die Hauptfigur, der Protagonist, in
der Auseinandersetzung mit einem Gegenspieler, dem Antagonisten,
in einen Konflikt gerät und am Ende schuldig wird. Shen Te scheitert
in dem Versuch, ihre Liebe zu Sun mit der Verpflichtung den ihr an-
vertrauten Menschen gegenüber zu verbinden. Es gelingt ihr zwar, zu
verhindern, dass dem „unbekannten Mann aus Peking" seine Fliegerstelle genommen wird, wie Sun es geplant hatte (S. 68, 29 ff.), doch
kann sie ihre Verpflichtung gegenüber der „Greisin mit dem kranken
Mann", der sie die Rückzahlung des Darlehens versprochen hatte
(S. 81, 10/1), nicht mehr rechtzeitig erfüllen, so dass die beiden ihre
Existenz verlieren. Diese Handlungsstruktur mit ihrer Spannung zwischen „Freiheit und Bindung, Wille und Entscheidung", die im „Akt
des Sich-Entschließens" dramatisch verwirklicht wird (Szondi, S. 14),
ist als rein dramatische Struktur in die epische Struktur eingebaut.

*Shen Te muss zwi-
schen Gut und
Böse entscheiden*

*Eine rein drama-
tische Linie in der
epischen Dramen-
struktur*

6. Die Personen der Handlung

In den Personen des Sezuan-Stücks mischen sich verschiedene Kon-
zepte dramatischer Figurengestaltung.

*Mischung
verschiedener
Figurenkonzepte*

Figuren als ‚Gestus' sozialer Verhaltensmuster

Am nächsten kommen die Verhaltensweisen der Figuren Brechts
Theorie der ‚epischen Technik', wenn sie die Funktion haben, einen
‚Gestus' zu zeigen, d. h. ein Muster „zwischenmenschlicher Beziehungen" vorzuführen. Das ist z. B. der Fall, als Shui Ta das Verhaltensmuster vorstellt, mit dem man bei einer Preisverhandlung Erfolg
hat (vgl. S. 124 f.). In einem weiteren Beispiel zeigt Shui Ta, wie man
sich „mit der Behörde auf guten Fuß" stellt (S. 37, 2/3), um von ihr
„als Stütze der Ordnung" angesehen zu werden (S. 40, 32). Er hilft
nämlich der Polizei, einen Diebstahl aufzudecken, und wird dabei die
ganze Großfamilie los, die Shen Te's Laden zugrunde gerichtet hat.
(S. 36, 9–37, 34). Ein anderes Beispiel wird im achten Bild geboten,
als Mutter Yang vom Aufstieg ihres Sohnes zum Aufseher in der Tabakfabrik erzählt und mit Hilfe von Rückblenden veranschaulicht.
Da werden mehrere Methoden gezeigt, wie der aufstiegswillige Mit-

*Figuren stellen
einen gesellschaft-
lichen ‚Gestus' dar*

arbeiter sich beim Chef beliebt macht, sein Vertrauen gewinnt, Konkurrenten ausschaltet und schließlich als Aufseher das Arbeitstempo, d. h. die Produktionsleistung steigert (vgl. S. 121 f.).

Komödientypen

Komödienhafte Elemente

Die komödienhaften Elemente des Stücks weisen auf den Spielcharakter des Bühnengeschehens hin (vgl. S. 119 f.) und sind durch Brechts Auffassung begründet, dass „Theater" darin bestehe, „daß lebende Abbildungen von überlieferten oder erdachten Geschehnissen zwischen Menschen hergestellt werden, und zwar zur Unterhaltung" (Kleines Organon § 1). Schon Shen Te's Hosenrolle ist ein solches Element, das auch im Sinne der Komödie ausgeführt wird (vgl. S. 120 f.):

Die Hosenrolle

> Der Typus ist: ‚Das Mädchen verkleidet sich als Mann, um dem Geliebten unerkannt sich nähern zu können und seine Gefühle für sie zu erforschen. (Giese, S. 95)

Diese Erforschung findet im 5. Bild statt, als Sun „unter uns Männern" (S. 68, 22) seine wahren Gefühle verrät und seinen lieblosen Charakter zeigt. Auch die typenhafte Ausführung vieler Figuren erinnert an die Komödie, die auf antike Vorbilder zurückgeht. So entspricht Yang Sun dem Typ des Angebers, wie ihn Plautus (um 250–184 vor Chr.) in seinem ‚Miles gloriosus' gestaltet hat. Die Shin ähnelt dem Typ der intriganten Dienerin, der Colombine, Shu Fu dem des verliebten Alten, dem Pantalone der ‚Commedia dell'arte', der italienischen Stegreifkomödie des 16. Jahrhunderts. Ein Komödienmotiv ist auch das allmähliche, über das ganze erste Bild verteilte Zusammenkommen der Großfamilie. Zuerst kommt das „ältliche Paar" mit dem Neffen (S. 19, 21), dann der Bruder und die Schwägerin der Frau (S. 24, 4 ff.), schließlich der Großvater mit seinem Enkel, der „wie ein Scheunendrescher" frisst (S. 26, 8 ff.). Danach erscheint „nur noch die Nichte" (S. 26, 14). Die Frau beschreibt den Teufelskreis der Armut mit dem ironischen Chiasmus:

Typen aus der Komödientradition

Das allmähliche Erscheinen der achtköpfigen Familie

> Je *schlechter* es ging, desto *mehr* wurden wir.
>
> Und je *mehr* wir wurden, desto *schlechter* ging es.
> (S. 26, 18–20)

Shen Te und Yang Sun als Charaktere

Auf der Ebene der Parabel verkörpert Shen Te die unverdorbene mit-
menschliche Solidarität mit den Hilfsbedürftigen, die nur durch die
Verhaltenszwänge der „bürgerlichen Verhältnisse" dazu gebracht
wird, in die Rolle des Vetters Shui Ta zu schlüpfen. Sie hat in dieser
Funktion geradezu franziskanische Züge, ähnelt in ihrem Verhalten
dem umbrischen Mönch Franz von Assisi (1181–1226), dem ‚kleinen
Armen' (poverello):

*Shen Te, eine
franziskanische
Figur*

Shen Te	Franz von Assisi
Und in der Frühe hielt ich seinen Rock gegen das Licht: da sah ich die Wand durch. Wenn ich sein schlaues Lachen sah, bekam ich Furcht, aber wenn ich seine löchrigen Schuhe sah, liebte ich ihn sehr. (S. 98, 4–8)	Sein Herz schmolz geradezu vor Teil-nahme an armen und kranken Men-schen, und konnte er ihnen nicht in äußerer Tat zu Hilfe kommen, so er-wies er ihnen die Teilnahme seines guten Herzens. Als wahrhafter Christ sah er, selbst ein Armer, in al-len Armen das Bild des Herrn, und wenn ihm solche begegneten, gab er ihnen aus freien Stücken dasjenige, was man ihm selber zur Fristung des Lebensunterhaltes gegeben hatte; ja, er pflegte zu sagen, man müsse es ih-nen in solcher Gesinnung geben, als gehöre es ihnen von Rechts wegen zu eigen …
Ich habe mir mit dem Geld einen Ta-bakladen gekauft. Gestern bin ich hier eingezogen, und ich hoffe, jetzt viel Gutes tun zu können. (S. 18, 9–11)	
Sie sind ohne Obdach. Sie sind ohne Freunde. Sie brauchen jemand. Wie könnte man da nein sagen? (S. 20, 3–6)	
	(Bonaventura: Legenda maior)
Die Shin: Sind Sie verrückt, auch noch den Wagen mit dem Letzten, was Sie haben, wegzuschenken?	Als er einem Armen seinen Mantel geschenkt hatte, sagte er: „Ich will nicht ein Räuber sein. Man müsste es uns als Diebstahl anrechnen, wenn
Shen Te zu Wang: Nimm den Wagen da, verkauf alles und geh mit dem Geld zum Arzt. Ich schäme mich, daß ich bei dir so versagt habe. (S. 101, 5–7)	wir einem, der noch bedürftiger ist als wir, nicht geben wollten, was wir haben. (II Celano 2, S. 54)

Auf der Ebene des dramatischen Konflikts sind die Figuren der Shen
Te und Yang Sun als gegensätzliche Charaktere ausgeführt und als
Heldin und Gegenspieler aufeinander bezogen. Beide versagen in der
Prüfung, die sie wegen der geliehenen 200 Silberdollar zu bestehen
haben, aber aus unterschiedlichen Gründen. Shen Te wird wegen ihrer unbedachten Freigebigkeit gegenüber Yang Sun und seiner Mutter schuldig, zu der ihre Liebe sie verführt hat:

*Shen Te als Heldin
und Yang Sun als
Gegenspieler auf
der Ebene des dra-
matischen Konflikts*

> Sun hat wie ein kleiner Hurrikan in Richtung Peking meinen Laden
> einfach weggefegt und mit ihm alle meine Freunde. (S. 81, 25 ff.).

Sun aber versündigt sich an Shen Te durch seinen rücksichtslosen
Egoismus.
Die Figurenkonzepte von Gestus, Typus und Charakter wechseln im
Stück je nach der Darstellungsabsicht, die der Dichter mit den einzel-
nen „Stückchen im Stück" (vgl. S. 122) jeweils verfolgt.

7. Zu Sprache und Stil

Vielfalt der
Sprachformen und
Stilmuster

Zur ‚epischen Technik' gehört auch eine Vielfalt von Sprachformen
und Stilmustern, in die oft auch nach dem Montageprinzip Zitate eingebaut werden (vgl. S. 123 f.). Diese Vielfalt entspricht der Absicht,
die der Dichter mit der ‚epischen Technik' verfolgt. Denn „an die
Stelle der dramatischen Zielgerichtetheit tritt die epische Freiheit zum
Verweilen und Nachdenken" (Szondi, S. 118). Folgende Spielarten
lassen sich unterscheiden:

Sprachform als ‚Gestus'

Sprachliche
Verhaltensmuster
typischer zwischen-
menschlicher
Beziehungen

Manche Sprachformen stellen Verhaltensmuster zwischenmenschlicher Beziehungen dar, die für die Konkurrenzgesellschaft bezeichnend sind. Das gilt z. B. für den taktischen Sprachgebrauch des Shui
Ta bei der Preisverhandlung mit dem Schreiner (vgl. S. 125 f.) und
auch seinen geschickten ‚Smalltalk' mit dem Polizisten (S. 36, 17 ff.). Im
achten Bild verwenden Frau Yang und ihr Sohn zahlreiche Wendungen
aus dem Vokabular der ‚Bewerbung um einen Arbeitsplatz', z. B.:

> … was ein guter Arbeiter ist, *der keine Arbeit scheut.* (S. 113, 26/7)
> … verstehen, *was die Firma benötigt.* (S. 115, 3)
> … keine Anfeindung, keine Schmähung … hielten meinen Sohn von
> der *Erfüllung seiner Pflicht* zurück. (S. 115, 28 ff.)

Der selbstgerechte
Besitzbürger

Die Haltung der eitlen Selbstgerechtigkeit des Besitzbürgers ohne
Verständnis für sozial schwache Mitmenschen kommt im Redestil
des Shu Fu dadurch zum Ausdruck, dass der Stil persönlicher Äußerung durch Gebrauch von Passivformen vermieden wird:

> Nein, hier *wird nicht* eine unglückliche Lage *ausgenutzt,* hier *wird kein*
> *Vorteil* aus einer Enttäuschung *gezogen.* Verständnis und Hilfe *wird ge-*
> *boten* … *(S. 78, 1 ff.)*

Bei Sun verrät die Wortwahl den Gestus des männlichen Überlegenheitswahns:

> Haben Sie schon einmal von der Macht der Liebe oder dem *Kitzel des Fleisches* gehört? Sie wollen an ihre Vernunft appellieren? Sie hat *keine Vernunft!* Dagegen ist sie zeitlebens mißhandelt worden, *armes Tier!* Wenn ich ihr die *Hand auf die Schulter* lege und ihr sage „Du gehst mit mir", *hört sie Glocken* und kennt ihre Mutter nicht mehr. (S. 72, 28–34)

Der Gestus der stets aufgehaltenen Hand drückt sich in der Sprache der Shin aus: „Und ob! Es kostet freilich eine Kleinigkeit." (S. 119, 4).

Sprachform zur Charakterisierung einer Beziehung

Wie problematisch Shen Te's Liebesverhältnis zu Yang Sun ist, deutet sich von Anfang an in der unterschiedlichen Sprechweise der beiden Figuren an. Der Kontrast bleibt auch erhalten, wenn Sun mit Shui Ta spricht:

Sun	Shen Te
Nein, ich sage dir ja, du kannst es nicht verstehen, also kannst du es nicht verstehen (S. 46, 28).	Ich glaube, ich verstehe es doch (S. 46, 27).
Ach, du gehst nicht auf den Strich, du hast einen Laden (S. 48, 1).	Ich habe einen Laden, aber zuvor bin ich auf die Straße gegangen (S. 48, 3).

Der gleiche Unterschied zeigt sich auch in den Dialogen zwischen Sun und Shui Ta:

Sun	Shui Ta
Kipp nicht aus den Schuhen, Alter. Ich komme schon nach Peking (S. 72, 1/2).	Ach so, auch diese Summe müßte erst aufgetrieben werden? (S. 71, 33/4).
Wollen wir sagen, weil ich die Hand am Busen habe? Stopf's in deine Pfeife und rauch's! (S. 73, 4).	Meine Kusine ist Ihnen ergeben, weil… (S. 73, 3).

Shen Te bzw. Shui Ta sind an einer Verständigung interessiert, während Sun rechthaberisch reagiert und sich vulgär ausdrückt.
Wenn man Suns prahlerische, mit Selbstmitleid gemischte Selbstdarstellung (S. 46, 9-26) mit Shen Te's Erzählung von dem „Kranich mit einem lahmen Flügel" aus ihrer Kinderzeit (S. 46, 30-47, 2) vergleicht, die ihr dabei eingefallen ist, sieht man den Unterschied im Temperament der beiden. Sun hat keinen Humor und kein Gespür für Shen Te's menschliche Werte, vor allem nicht für ihre originale Fantasie.

Sun: Hast du etwa einen Freund?
Shen Te (zögernd): Einen Vetter.

Kulturstiftung Meiningen, G. Dietel

Sprache der Lyrik

Originelle Bildersprache

Diese Fantasie zeigt sich vor allem in den lyrischen Partien der Figurenrede von Shen Te. Was für Vorteile es bringen kann, mit den Mitmenschen Geduld zu haben, veranschaulicht sie am Beispiel des Pfirsichbaums, den man nicht zu früh abernten darf (S. 23, 1/2). Als sie in der Maske des Shui Ta die Hausbesitzerin Mi Tzü wegen der Miet-

vorauszahlung zu beruhigen versucht, setzt sie diese Gabe taktisch
ein:

> (Dieser Mieter) wird sich *die Haut von den Fingern arbeiten,* Ihnen die
> Miete pünktlichst zu bezahlen, er wird alles tun, alles opfern, alles ver-
> kaufen, vor nichts zurückschrecken und dabei *wie ein Mäuschen sein,*
> *still wie eine Fliege,* sich Ihnen in allem unterwerfen… (S. 39, 26 ff.)

Die Bilder haben hier die Form der rhetorischen Figur der Hyperbel
(Übertreibung). In der Bildersprache wetteifert Wang mit seiner
Wohltäterin. Wo Shen Te ihren Laden als *„der Rettung kleiner Nachen"*   *Shen Te's Laden in*
bezeichnet, der „in die Tiefe gezogen wird", weil „zu viele Versin-   *zwei verschiedenen*
kende" sich an ihn klammern (S. 29, 1–4), gebraucht Wang das Bild   *Bildern als Asyl*
von schutzsuchenden Tieren im Winter: *charakterisiert*

> Kaum war da eine *windgeschützte Stelle*
> Kam des ganzen winterlichen Himmels
> Zerzaustes Gevögel geflogen und
> *Raufte um den Platz,* und der hungrige Fuchs durchbiß
> Die dünne Wand, und der einbeinige Wolf
> Stieß den kleinen Eßnapf um. (S. 54, 9-14)

Nicht nur in der Wortwahl, sondern auch in der Syntax ist die Spra-   *Lyrik in einem*
che der Lyrik im Stück von besonderer Art. Als Shen Te am frühen   *komplizierten*
Morgen nach der Liebesnacht mit Sun zurückkehrt, will sie dem Pub-   *Satzgefüge*
likum vermitteln, dass man die Welt mit anderen Augen sieht, wenn
man liebt. Das tut sie in einer langen hypotaktischen Periode, welche
sonst in der Erlebnislyrik nicht zu finden ist:

> Ich sage euch,
>   die Häusermassen sind in der Frühe wie Schutthaufen,
>   *in denen* Lichter angezündet werden,
>   *wenn* der Himmel schon rosa und noch durchsichtig,
>   *weil* ohne Staub ist… (S. 57, 19–22)

Shen Te beschließt den Passus mit einem Zitat („wie die Dichter sin-   *Ein Zitat wird mit*
gen") aus den Schlussversen des Gedichts ‚Die Morgendämmerung'   *anderer Stimmung*
(Le crépuscule du matin) von Charles Baudelaire (1852), deren mor-   *verbunden*
bide Stimmung völlig ins Gegenteil verkehrt wird:

Brecht

Ich sage euch, es entgeht euch viel,
wenn ihr nicht liebt und eure Stadt seht
in der Stunde, wo sie sich vom Lager
erhebt wie ein nüchterner alter Hand-
werker, der seine Lungen mit frischer
Luft vollpumpt und nach seinem
Handwerkzeug greift… (S. 75, 23–27)

Baudelaire

Fröstelnd in ihrem rosigen und grünen
Kleid stieg langsam die Morgenröte
über der leeren Seine auf, das mürri-
sche Paris rieb sich die Augen aus und
griff nach seinem Werkzeug wie ein alter Handwerksmann.
(Übersetzung: Friedhelm Kemp)

Sätze mit gleicher Abfolge der Satzglieder

Auffällig ist Brechts Vorliebe für den biblischen ‚Parallelismus membrorum‘, einen mehrfach streng parallelen Satzbau mit gleicher Abfolge der Satzglieder, welcher geeignet ist, eine kleine Variation, auf die es ankommt, deutlich herauszuheben:

> Ich will mit *dem* gehen, den ich liebe.
> Ich will nicht ausrechnen, was es kostet.
> Ich will nicht nachdenken, ob es gut ist.
> Ich will nicht wissen, ob er mich liebt.
> Ich will mit *ihm* gehen, den ich liebe. (S. 80, 15–19)

Der Fünfzeiler macht den Entscheidungsprozess transparent

Durch das wegen seiner Einfachheit erstaunliche Kunstmittel, zwischen der ersten und der fünften Zeile von dem verallgemeinernden „dem“ zu dem persönlichen „ihm“ überzugehen, wird der innere Vorgang der Entscheidung für den Geliebten in dem Fünfzeiler abgebildet. Die Liebe ist stärker als wirtschaftliche, moralische und psychologische Überlegungen, stärker als jedes Risiko, das Shen Te durchaus bedenkt.

Rhetorische Figuren

Chiasmus, Hyperbel, Figura etymologica, Antithese, Trikolon usw.

Zu Brechts kunstvollem Umgang mit Sprache gehört auch die häufige Verwendung von Figuren aus der Tradition der literarischen Rhetorik. So gebraucht er einen *Chiasmus,* um den Teufelskreis der Armut zu veranschaulichen (vgl. S. 156); eine *Hyperbel* legt er Shui Ta als taktisches Mittel in den Mund, als er mit Mi Tzü über die Miete verhandeln muss (vgl. S. 161). Eine *‚figura etymologica‘*, d. h. ein Spiel mit Wörtern aus der gleichen Stammgruppe, steht in den Schlussversen des vierten Bildes. Yang Sun soll als Flieger „den *Freunden* im fernen Land die *freundliche* Post“ bringen (S. 64, 9/10). *Antithesen* finden sich vor allem im letzten Bild und im Epilog:

> Warum ist *auf die Bosheit ein Preis gesetzt* und warum *erwarten den Guten*
> so harte *Strafen* (S. 139, 24–27),

Widerspruch zwischen Absicht und Ende des Stücks

fragt Shen Te die Götter. Der Epilogsprecher gibt zu, dass der Schluss des Stücks („ein *bitteres* Ende“) dem Vorhaben seiner Produzenten („vorschwebte uns: die *goldene* Legende“) widerspreche. Diese sähen nun betroffen, dass der „Vorhang *zu* und alle Fragen *offen*“ seien. Das *Trikolon*, d. h. eine Folge von drei gleichartigen Satzgliedern, liebt Brecht besonders. Shui Ta beteuert der Hausbesitzerin gegenüber, der Mieter werde „*alles* tun, *alles* opfern, *alles* verkaufen …“, um die Miete bezahlen zu können (vgl. S. 161). Shu Fu trifft über seinen Nebenbuhler Yang Sun die Feststellung:

> Er ist *nichts*. Es gibt ihn *nicht*. Er ist *nicht* vorhanden, Shin. (S. 78, 17/8)

Und die Shin fasst Shen Te's Katastrophe in die Worte zusammen:

> Also alles hin! Kein Mann, kein Tabak, keine Bleibe! (S. 96, 12/3)

Jeder Leser kann mühelos weitere Beispiele rhetorischer Figuren finden.

8. Interpretationsansätze

Unter den zahlreichen Interpretationsansätzen zu Brechts Parabelstück vom ‚Guten Menschen von Sezuan' lassen sich zunächst zwei Gruppen von standpunktbezogenen Deutungen unterscheiden, *marxistische* und betont *bürgerliche* Auslegungen. Aus den distanziert kritischen Arbeiten kann man ebenfalls zwei Abteilungen bilden, solche, die sich mit dem *Gattungsproblem* befassen, ob man das Stück als Komödie oder Tragödie ansehen soll, und solche, welche das Drama von der Tradition des *Welttheaters* aus interpretieren.

Gruppierung der Interpretations- ansätze

Marxistische Interpretation

Marxisten deuten den fehlenden Schluss der Dramenhandlung als rhetorische Strategie der Ellipse, bei welcher der Rezipient auf Grund der Textvorgaben leicht die Lücke ausfüllen könne:

Der fehlende Schluss ist eine Scheinlücke, d. h. eine ‚Ellipse'

> Es scheinen alle Fragen offen geblieben. In einigen Arbeiten über das Stück wird auch tatsächlich von einer mehrdeutigen Tendenz der Parabel gesprochen. In Wirklichkeit hat Brecht ein Kunstmittel angewandt, ähnlich wie bei seinem Gedicht ‚Der Schneider von Ulm'. Das vorgegebene oder verhüllte Fragment entspricht der „syntaktischen Figur der Ellipse, die nicht vollendet in sich ruht, sondern dynamisch den Leser oder Hörer auffordert, das fehlende Glied zu ergänzen". Die insistierte Antwort entspricht der marxistischen Auffassung Brechts, daß in einer veränderbaren Welt sehr wohl Verhältnisse geschaffen werden können, unter denen es möglich ist, „gut zu sein und doch zu leben"... (Hecht 4, S. 155)

Das hier als Muster genannte Svendborger Gedicht ‚Der Schneider von Ulm' (1939) hat den tödlichen Flugversuch eines Ulmer Bürgers zum Inhalt, der 1592 mit seinem selbst angefertigten Fluggerät vom Turm des Münsters abstürzte. Das Gedicht beginnt mit dessen Worten an den Bischof:

Das Gedicht vom ‚Schneider von Ulm' ist ein irreführendes Beispiel für die ‚offene Parabel'

> Bischof, ich kann fliegen
> Sagte der Schneider zum Bischof.
> Paß auf, wie ich's mach!

Die Antwort des Bischofs lautet:

> Der Mensch ist kein Vogel
> Es wird nie ein Mensch fliegen.

Ein Missverständnis von Brechts ‚epischer Technik'

Diese Antwort wiederholt er, als er vom Tod des Schneiders erfährt. Da die Geschichte diese Behauptung inzwischen widerlegt hat, kann jeder Leser die dritte fehlende Strophe ohne Schwierigkeit hinzufügen. Es gibt also für das Verständnis des Gedichts ein gemeinsames „Vorwissen", das Dichter und Leser verbindet, wie es bei der Aufklärungsparabel der Fall war (vgl. S. 115 f.). Ein solches auf Tatsachen beruhendes „Vorwissen" kann es aber beim Sezuan-Drama nicht geben. Das würde ja auch der ‚epischen Technik' der ‚offenen Parabel' (vgl. S. 128 f.) widersprechen. Dieses dramaturgische Konzept von Brecht haben jene Interpreten offenbar nicht verstanden, welche meinen, der Dichter habe durch das „Kunstmittel" der Ellipse dem Zuschauer vorschreiben wollen, wie er die Lücke auszufüllen habe. Die Fortsetzung der Parabelhandlung soll ja nach Brechts Konzept von den Zuschauern draußen in der Welt der Praxis durch gesellschaftliche Veränderung verwirklicht werden, von der noch niemand wissen kann, wie sie aussehen wird (vgl. S. 118).

Bürgerliche Auslegung

Die marxistische Kapitalismuskritik habe sich als ‚wirklichkeitsblind' erwiesen

Entgegen denjenigen nichtmarxistischen Stimmen, welche die in dem Stück gebotene Analyse der zwischenmenschlichen Beziehungen in der modernen Wirtschaftsgesellschaft für zutreffend halten (vgl. S. 148 ff.), geht Wolf-Egmar Schneidewind von der Feststellung aus, dass sich die marxistische Kapitalismuskritik angesichts des Zusammenbruchs der sozialistischen Gesellschaften Osteuropas 1989 als „wirklichkeitsblind" erwiesen habe. Die traditionelle Ethik aber sei immer noch unwiderlegt:

> Nicht „ein andrer Mensch", nicht „eine andre Welt" oder „andre Götter", wie es im Epilog heißt, sondern der ‚alte Mensch' – biblisch gesprochen: der ‚alte Adam' – ist gefordert. Gefordert ist auch eine Ethik, die die Dialektik von Gut und Böse in der Natur des Menschen, seine prinzipielle Entscheidungsfreiheit und seine autonome Verantwortlichkeit akzeptiert. (bei Sowinski, S. 83)

Deshalb wird vorgeschlagen, Brechts Parabelstück „nicht nur vor dem Hintergrund der historischen Ereignisse des Exils zur Zeit des Nationalsozialismus und der Existenz im ‚real existierenden Sozialismus‘, sondern auch im Hinblick auf die gegenwärtige Situation der bürgerlichen Welt und die Wende zu einer positiven Philosophie der Bürgerlichkeit" zu diskutieren (bei Sowinski, S. 84). Dazu bemüht Schneidewind den Philosophen Odo Marquard (geb. 1928), der an die Stelle der vom gesellschaftlichen Widerspruch zerrissenen Shen Te eine „positiv erfahrene Entzweiung" als soziale Lebenspraxis setzen möchte, die das Individuum davor schützt, in die totale Gesellschaft oder in die totale Vereinzelung, d. h. ins Kollektiv oder in die Single-Existenz, zu geraten. Aus einem Vortrag von Odo Marquard über ‚Nachmetaphysisches Denken‘ zitiert Schneidewind den folgenden Passus:

Brechts Stück wird für wichtig erachtet, um eine ‚Philosophie der Bürgerlichkeit‘ zu begründen

> Die moderne – die bürgerliche – Welt ist weder Paradies noch Inferno, sondern geschichtliche Wirklichkeit. So ist sie nicht der Himmel auf Erden und nicht die Hölle auf Erden, sondern die Erde auf Erden. Indem sie das – diesseits der Illusionen – sichtbar werden läßt, ist die Philosophie ... die nötigste aller Friedensbewegungen, die für den Frieden mit der eigenen Wirklichkeit, der vorhandenen Vernunft, dem ‚bürgerlichen Leben‘ in der bürgerlichen Welt eintritt. (bei Sowinski, S. 83 f.)

Erst wenn man, so Schneidewinds These, dem Stück mit dem „Mut zur eigenen Bürgerlichkeit" begegne, d. h. ihm weder kritiklos zustimme noch es vorschnell verdamme, könne man ihm heute gerecht werden. Er meint, dass Brecht aus der Figur der Shen Te mehr gemacht habe als ein „bloßes Demonstrationsobjekt für die behauptete Nutzlosigkeit der Güte in einer kapitalistischen Gesellschaft". Er hält sie vielmehr für „eine Idealisierung des Menschlichen oder genauer gesagt des Weiblichen in der Tradition der Antigone oder Iphigenie" (bei Sowinski, S. 99).

Shen Te in einer Reihe mit Antigone und Iphigenie

Zum Gattungsproblem

Wie eine solche Einschätzung der Shen Te-Figur zustande kommen kann, hat Friedrich Dürrenmatt in seinem Vortrag ‚Theaterprobleme‘ (1955) verständlich gemacht:

Der Dichter Brecht ist dem marxistischen Dramaturgen Brecht ‚durchgebrannt‘

> Brecht ist nur konsequent, wenn er in seine Dramaturgie jene Weltanschauung einbaut, der er, wie er meint, angehört, die kommunistische, wobei sich dieser Dichter freilich ins eigene Fleisch schneidet. So scheinen seine Dramen manchmal das Gegenteil von dem auszusagen, was sie auszusagen behaupten, doch kann dieses Mißverständnis nicht immer dem kapitalistischen Publikum zugeschoben werden, oft ist es einfach so, daß der *Dichter Brecht* dem *Dramaturgen Brecht* durchbrennt.

Shen Te ein bürgerliches, kein proletarisches Individuum

In diesem Zusammenhang ist auch die Kontroverse zu sehen, die sich um die Frage ‚Tragödie oder Komödie‘ dreht. Interpreten, die mit der marxistischen Position vertraut sind, gehen davon aus, „daß Brecht im ‚Guten Menschen von Sezuan‘ ein bürgerliches (und kein proletarisches) Individuum in den Mittelpunkt gestellt hat" (Schmidt bei Hecht 1, S. 131). Was auf den ersten Blick in der Shen Te-Handlung als *tragisch* erscheint, müsse dem Angehörigen einer nachbürgerlichen Generation *komisch* vorkommen. Denn es beträfe einen bürgerlichen Menschen, dessen Lage durch veränderbare, ja in den sozialistischen Ländern bereits überholte „Verhältnisse" bedingt sei. Sowohl die Hochzeitsszene als Parodie auf die bürgerliche Eheschließung (vgl. Giese, S. 80 ff.) wie Shen Te's Hosenrolle und andere Elemente der traditionellen Komödie (vgl. S. 156 f.) seien Merkmale, die das Verständnis des Stücks als Komödie nahe legten. Die Existenzspaltung als Folge widersprüchlicher gesellschaftlicher „Verhältnisse" sei – für sich genommen – zwar „ein durchaus ernstes Motiv", könne aber unter dem Gesichtspunkt der Veränderbarkeit solcher „Verhältnisse" insofern zu einem komischen Motiv werden,

Die Komödienmotive des Stücks

Der Gesichtspunkt der Veränderbarkeit der „Verhältnisse" ist entscheidend

> als es enthüllt, wie vornehmlich die moralischen Grundwerte, die doch die bürgerliche Gesellschaft legitimieren sollen, als Postulat nur aufrecht erhalten werden, weil sie in der bürgerlichen Realität verkehrt werden müssen. (Giese, S. 96)

Dagegen betont Reinhold Grimm die tragischen Elemente des Stücks. Er fragt zunächst, ob nicht auch dann, wenn sich die gesellschaftlichen Verhältnisse ändern, „die verzweifelte Tragik Shen Te's bestehen" bleibe, was es „dem scheiternden Einzelmenschen" nütze, „wenn die Gesellschaft (nach Jahren, Jahrzehnten, vielleicht Jahrhunderten) den ‚entsetzlichen Widerspruch‘ löst". Und für die Revolution selbst gelte:

> Bei der Änderung der Welt gibt es für Brecht ‚nur blutbefleckte Hände oder abgehauene Hände‘ – mit anderen Worten: die Lösung des Widerspruchs führt in einen ausweglosen tragischen Zwiespalt. (bei Buck, S. 165 f.)

Es kommt darauf an, ob man das Stück „symbolisch" oder als „Gleichnis" versteht

Gegen diese tragische Deutung wendet Jan Knopf wiederum ein, dass sie auf einer Rezeption beruhe, die das Bühnengeschehen als realistisch nachgeahmtes Geschehen wahrnehme, statt es als Parabelstück anzuschauen – oder mit Brechts eigenen Worten: die es „symbolisch" statt als „Gleichnis" nehme (vgl. S. 114):

> Die Doppelrolle ist lediglich ein ästhetischer Kunstgriff, sichtbar zu machen, was die Realität selbst (oft) nicht sichtbar macht, sondern bewußt verdeckt... (Knopf 1, S. 209 f.)

Das Sezuan-Stück als Welttheater

„Das Parabelstück ‚Der gute Mensch von Sezuan'… soll" – so meint Fischer-Lichte – „den Satz überprüfen, daß ein guter Mensch immer und unter allen Umständen gut sein und gut handeln kann, da dies allein von seinem freien Willen abhängt". Aufgrund dieser Auslegung der Versuchsanordnung (vgl. S. 117 f.) stellt sie das Stück in die europäische Tradition des Welttheaters. Denn jener Satz entspreche der These, welche der spanische Dichter Pedro Calderón de la Barca (1600–1681) in seinem geistlichen Spiel (auto sacramental) ‚Das große Welttheater' „exemplifiziert" habe. In ihm werde „das Gesetz der Gnade jedem Einzelnen soufliert":

Mit einer leichten Änderung der Versuchsanordnung wird das Stück in die Tradition des Welttheaters gestellt

> Sollst, wie Dich, den Nächsten lieben,
> Tue recht, Gott über euch.

Goethe habe dann diese These im ‚Faust' aufgegriffen. Im ‚Prolog im Himmel' lasse er den Herrn sagen:

> Ein guter Mensch in seinem dunklen Drange
> Ist sich des rechten Weges wohl bewußt. (V. 328/9)

Diese Worte führen immerhin die Götter in Wangs Traum im Munde (S. 95, 4–6). Nun kommt Fischer-Lichte auf die Unterschiede zu sprechen:

> In diesen beiden Dramen ist es Gott, der das Schauspiel des menschlichen Lebens als Regisseur in Szene setzt und am Ende des Spiels sein Urteil über die Akteure fällt. (Fischer-Lichte, S. 231)

Bei Calderón und Goethe ist Gott der ‚Spielmeister'

Brecht habe zunächst vergleichbare Rahmenbedingungen geschaffen, indem auch bei ihm die *Spielregeln* von einer göttlichen Instanz festgelegt würden, von ihr auch der *Handlungsanstoß* ausgehe (das Geldgeschenk an Shen Te) und am Ende ein *Urteil* gesprochen werde. Während die Gottheit bei Calderón und Goethe aber im Himmel bleibe, steigen Brechts Götter auf die Erde hinab, wo sie Gewalt vonseiten der Menschen erleiden (S. 130, 4–9); während Gott bei jenen wisse, dass der Mensch auf dieser Welt gut sein kann, müssen Brechts Götter erst den Beweis dafür liefern; während Gott in den beiden alten Stücken Gnade gewährt, werden Brechts Götter am Ende selbst zu Angeklagten, weil ihre „Gebote tödlich" seien. Wie ihre Flucht ins Nichts eine *Umkehrung* des antiken ‚Deus ex machina' darstellt, der einst die Auflösung des Problems brachte, so habe Brecht auch das Schema des Welttheaters umgekehrt: Nicht der Mensch wird von Gott gerichtet, sondern „die göttlichen Gebote und die Einrichtung der Welt" auf die Probe gestellt (so Fischer-Lichte, S. 232).

Brecht schafft zunächst vergleichbare Rahmenbedingungen

Brechts Veränderungen des Welttheaterschemas haben die Form der Umkehrung der tradierten Muster

Brecht konnte die Spannung zwischen Gut und Böse nicht ironisch aufheben

Gert Ueding ist der Meinung, dass Brecht sein Stück als Widerlegung des Goetheschen Faust-Dramas konzipiert habe, und fragt, welche Folgen die Inszenierung einer abstrakten Gesellschaftstheorie für die Handlungsstruktur des Stücks gehabt habe. Dadurch habe sich Brecht der Möglichkeit beraubt, welche Goethe in den Dimensionen des Welttheaters hatte, den Antagonismus von Gut und Böse ironisch aufzuheben und durch den Widerspruch die Handlung in Gang zu halten. Brechts Götter dürften ja nach marxistischer Theorie nur ein Produkt falschen Bewusstseins der Menschen von ihrer Soziallage sein. Daher geschehe auf der Bühne nichts „außer der Wiederholung des Gleichen", nämlich der Demonstration des Satzes, dass der Mensch unter „bürgerlichen Verhältnissen" nicht zugleich „gut sein" und „menschenwürdig leben" könne. Es gebe daher keine Entwicklung der Figuren, keine dramatische Steigerung und keinen dialektischen Umschlag, keine Peripetie, wie sie ein Drama erfordere:

> Das Böse hat keine andere Funktion, als das Gute zu widerlegen. Der realistische, skrupellose, seine Empfindungen beherrschende Shui Ta bleibt die abstrakte Antithese zur gutmütigen, idealistischen, weichen Shen Te. (Ueding, S. 133)

Deshalb frage sich der Zuschauer, wie sich denn Sezuan überhaupt verändern lasse:

> In welche Richtung sollte diese Veränderung gehen, wenn sie sich nicht mehr am „guten Menschen" orientieren kann? (Ueding, S. 135)

Keine Beziehung zur Geschichte

Ueding beklagt den „Schematismus der dem Stück zugrunde liegenden Fabel", welche „eine völlige Suspension der Geschichte" bewirke, und folgert daraus:

> So zeigt sich spätestens an dieser Stelle, daß dem ‚Guten Menschen von Sezuan', ungeachtet aller atheistischen Proklamationen, ein religiöses Denkmodell zugrunde liegt: die Erwartung einer neuen Welt und ihre voraussetzungslose Konstruktion als die völlig andere Welt, zu der es aus dieser schlechtesten aller möglichen keine Brücke zu schlagen gibt. (Ueding, S. 141)

Ueding möchte auf jeden Fall den Eindruck vermeiden, dass er keinen Respekt vor der literarischen Leistung des Dramatikers Brecht habe, und beschließt deshalb seine Interpretation mit dem Satz:

Der Rang des Stücks liegt in seinen ‚Ungereimtheiten'

> Nur wer den ‚Guten Menschen von Sezuan' in seiner ganzen unversöhnbaren Vielspältigkeit, in seiner ästhetischen und intellektuellen Brüchigkeit und als kunstvolle Kombination des Heterogenen auffaßt..., dem wird der Epilog beredt und der erfaßt den Rang des Stückes – in seinen Ungereimtheiten. (Ueding, S. 144)

9. Vergleichsaspekte

Für den Vergleich geben wir hier die Gesichtspunkte an, in denen sich Brechts Parabelstück von den beiden Dramen des 18. Jahrhunderts unterscheidet:

1. Fragen zur Thematik

1.1 *Wie wird der 'gute Mensch' charakterisiert?*

Shen Te wird als „der beste Mensch von Sezuan" eingeführt, weil sie „nicht nein sagen kann" und sich bemüht, allen Notleidenden zu helfen. Sie kann aber auch „zum Tiger werden", um ihr Kind vor Hunger und Elend zu bewahren. Sie ist gut von *Natur* aus und schlecht unter dem Zwang der *Verhältnisse.*

1.2 *Worin besteht seine 'gute Tat'?*

Shen Te teilt alles, was sie hat, mit den Armen. Die Shin wirft ihr vor, dass sie nicht rechnen könne, d. h. die Folgen ihres Handelns nicht überschaue. Bei Brecht geht es um den *Widerspruch* zwischen Selbst- und Nächstenliebe: Ist Shen Te *zu sich selbst* gut, kann sie es nur *auf Kosten der anderen,* will sie *zu den anderen* gut sein, kommt *sie selbst* zu kurz.
(Vgl. Nathans ökonomische Klugheit beim Hilfespenden!)

1.3 *Wie sind Gegenfiguren zum 'guten Menschen' gezeichnet?*

Gegenfiguren sind einmal die Armen, die Shen Te's Hilfsbereitschaft rücksichtslos ausnutzen, dann die Besitzbürger Shu Fu und Mi Tzü mit ihrer Selbstgerechtigkeit, schließlich Yang Sun, der Vater ihres Kindes, der sie egoistisch ausbeutet. Für die Parabel aber ist *Shui Ta der entscheidende Gegenspieler,* Shen Te's 'zweites Ich', das ihr das Überleben ermöglicht. Die Frontlinie zwischen dem 'guten Menschen' und seinem Widersacher läuft hier mitten durch die Hauptfigur selbst hindurch.

1.4 *Welche Bedeutung hat das Handeln des 'guten Menschen' für das Zusammenleben?*

Shen Te zeigt in ihrem Verhalten, dass Güter und Dienstleistungen in der Gesellschaft zwischen Besitzenden und Bedürftigen solidarisch geteilt werden müssten, um der allgemeinen Not entgegen zu steuern. Doch vermag ihr hilfreiches Verhalten *nichts zu einer Verbesserung der „Verhältnisse"* beizutragen.

1.5 *Wie ist die Realisierbarkeit des Ideals zu beurteilen?*

Shen Te's Neigung, „zu schenken" und „freundlich zu sein", durch die sie ständig ihre wirtschaftliche Existenzgrundlage gefährdet, kann nicht zu einem allgemeinen Gesetz sozialen Verhaltens gemacht werden. Denn auf diese Weise können die zum Überleben der Gesellschaft notwendigen Güter und Dienstleistungen nicht produziert werden.

1.6 *Wie lebt das Ideal in unserer Gegenwartskultur weiter?*
In Artikel 14 (2) unseres Grundgesetzes heißt es von der Sozialpflichtigkeit des Privateigentums: „Eigentum verpflichtet. Sein Gebrauch soll zugleich dem Wohle der Allgemeinheit dienen".

2.   Fragen zur literarischen Form

2.1 *Für welches Publikum ist das Stück geschrieben?*
Brecht hat für ein breites Publikum geschrieben, welches das Stück verstehen kann, auch wenn es nicht alle stilistischen Feinheiten, rhetorischen Figuren und literarischen Anspielungen wahrnimmt. Das erreicht er durch eine raffinierte Einfachheit seiner sprachlich-stilistischen Mittel.

2.2 *Wie kommt die didaktische Tendenz zur Geltung?*
Die epische „Technik der Verfremdungen des Vertrauten" ist von Brecht mit der Absicht verwendet, dass der Zuschauer „mit dem Urteil dazwischen kommen", d. h. aus den dargestellten Vorgängen und Zuständen lernen kann. Die verschiedenen V-Effekte sollen ihm helfen, selbst zu ‚entdecken', was der Stückeschreiber ihm beibringen will.

2.3 *Wie ist das Gattungsproblem gelöst?*
Im Unterschied zu Lessing und Goethe, welche die Formen, die in der literarischen Tradition bereit lagen, für ihre Zwecke genutzt haben, hat Brecht mit seiner ‚epischen Technik' eine eigene Dramenform entwickelt.

2.4 *Welche Funktion hat die räumliche und zeitliche Distanzierung der Handlung?*
Mit der Verlegung der Handlung in ein fiktives Sezuan zur Zeit der ersten industriellen Revolution, in der es „schon Flieger und noch Götter" gibt (AJ 2, 7, 40), erreicht Brecht den für eine Parabel nötigen Grad von Vereinfachung und Verallgemeinerung der gesellschaftlichen „Verhältnisse", die der Zuschauer in seinem Stück ‚entdecken' soll.

2.5 *Wozu dient das Handlungsschema der Wiedererkennung?*
Dadurch, dass Shen Te sich im letzten Bild die Maske des Shui Ta vom Gesicht reißt, wird – ganz im Sinn der epischen Verfremdungstechnik – dem Publikum der gesellschaftliche Widerspruch

zwischen der „Tödlichkeit bürgerlicher Ethik" und den „bürgerlichen Verhältnissen" begreiflich gemacht.

(Bei Lessing und Goethe bleibt das Schema dagegen im Rahmen der Familienzusammenführung, d. h. in der antiken Tradition.)

2.6 *Worin besteht die Problematik des Dramenschlusses?*

Das Abbrechen der Handlung „bei einem Stand allgemeiner Verwirrtheit und ungeklärter Verhältnisse" (Walter Hinck) gehört zu den Kunstmitteln der epischen Technik. Das Ensemble beantwortet nicht die Fragen des Zuschauers, sondern gibt ihm die Fragen des Dichters als ‚Hausaufgabe' auf den Heimweg mit.

Zusammenfassung und Überblick

Der Vergleich der drei Dramen hat es möglich gemacht, den historischen Weg, auf dem sich unsere Gegenwartskultur entwickelt hat, genauer ins Auge zu fassen. Zugleich konnte man erkennen, in welcher Weise sich dieser Weg in literarischen Kunstwerken zu spiegeln vermag. Die wichtigsten Erkenntnisse sollen hier noch einmal zusammengefasst werden.

1. Die drei Dramen in ihrer Epoche

Aufklärung entsteht im absolutistischen Staat der Neuzeit

(1) Zu den politischen Voraussetzungen der *Aufklärung,* die durch Lessings ‚Nathan' repräsentiert wird, gehört der neuzeitliche absolutistische Staat, wie er sich aus der Reformation und den dadurch ausgelösten Religionskonflikten des 30-jährigen Krieges (1618–48) entwickelt hat. Er war durch eine enge Verbindung von Kirche und Staat gekennzeichnet („Allianz von Thron und Altar"). Nach dem Wegfall der korporativen Freiheiten des Mittelalters mit ihren vielfältigen persönlichen sozialen Beziehungen des Einzelnen verblieb dem Untertan des absolutistischen Landesherrn nur ein kleiner Binnenraum individueller Freiheit, in dem er mit seiner Familie ein Privatleben führte.

Im privaten Freiheitsraum wird eine ungeahnte literarische Tätigkeit entfaltet, die zur bürgerlichen Öffentlichkeit wird

In diesem privaten Freiheitsraum entwickelte er nun eine lebhafte intellektuelle und literarische Tätigkeit, in welcher er sowohl die kirchliche Orthodoxie wie auch den absolutistischen Staat zum Gegenstand kritischer Erörterung machte. Diese Kritik wurde in dem Maße, in welchem sich der private Freiheitsraum zu einer bürgerlichen Öffentlichkeit ausweitete, die Voraussetzung für die Entstehung des modernen Verfassungsstaates. Diesen Prozess hat Jürgen Habermas in seiner Habilitationsschrift ‚Strukturwandel der Öffentlichkeit' (1961) beschrieben und dabei die Literatur des 18. Jahrhunderts als Vorform der politischen Öffentlichkeit nachgewiesen.

> Die politische Öffentlichkeit sei aus der literarischen Öffentlichkeit hervorgegangen. Denn die Literatur habe dem Staat die Bedürfnisse der Gesellschaft bekannt gemacht. (nach Habermas § 4)

Die Kritik richtet sich zuerst gegen die Autorität der Kirche

Die Autoren der Aufklärungsepoche – wie Lessing – waren fast alle Pfarrerssöhne, die neben anderen Fächern immer auch Theologie studiert hatten. Im Staatsdienst gab es nur wenige Stellen für Universitätsabsolventen, während die Kirche viele studierte Leute benötigte. So nahm die literarische Öffentlichkeit gerade vom Pfarrhaus ihren Ausgang, ihre Kritik richtete sich zunächst gegen die kirchliche Autorität. Daraus erklärt sich, dass im ‚Nathan' die *Wirklichkeit* der Religionsgeschichte thematisiert und ihr als *Ideal* ein Menschenbild entgegengesetzt wird, dem das den drei Religionen gemeinsame Liebesgebot zugrunde liegt. Die politischen Konsequenzen, die sich daraus für die weltliche Autorität des Staates ergeben würden, hat Lessings Gegner Goeze mit Scharfsinn erkannt.

Das Menschenbild als Zielbild der Erziehung

Das Menschenbild des „Nathan':

Die Angehörigen der verschiedenen Völker, Kulturen und Religionen respektieren sich gegenseitig in ihrer Andersartigkeit (Toleranz).

Sie wähnen sich nicht im alleinigen Besitz der Wahrheit, sondern bemühen sich durch Anstrengung ihrer Vernunft um Erkenntnis der Wahrheit (Geist der Kritik).

Religion besteht für sie nicht aus Dogmen, die fraglos angenommen werden müssen, sondern verwirklicht sich im sittlichen Handeln im Sinne der Nächstenliebe (Vorrang der Ethik).

Dabei gehen sie von der Überzeugung aus, mit ihrem Handeln den Willen der göttlichen Vorsehung zu erfüllen und so mitzuhelfen, dass die verbesserungsbedürftige historische *Wirklichkeit* ihrem *Ideal* näher kommt, dass alle Menschen in gegenseitigem Verständnis, Nächstenliebe und in Frieden zusammenleben (Geschichtsoptimismus).

---

(2) Zum Angriff auf die andere Autorität, den Staat und seine Politik, hat Goethe angesetzt, doch nicht, indem er – wie Lessing bei seiner Kritik an der kirchlichen Orthodoxie – sich theoretisch mit ihr auseinander setzte. Er begab sich vielmehr tätig mitten in den Staatsapparat hinein, um in der Praxis zu zeigen, wie man es besser machen kann. Lessing war Theologe, Goethe Jurist und Naturforscher. Lessing wuchs im kinderreichen Pfarrhaus einer sächsischen Kleinstadt von 4000 Einwohnern auf. Der Vater vertrat die lutherische Orthodoxie. Goethe war der Sohn eines wohlhabenden Kaiserlichen Rats in Frankfurt am Main, das damals 36 000 Einwohner zählte. Die Stadt war seit 1240 Messeplatz, seit 1375 Freie Reichsstadt und von 1562 bis 1792 Krönungsstadt des ‚Heiligen Römischen Reiches deutscher Nation' (vgl. v. Wilpert, S. 331). Sicher spielen diese Unterschiede in der sozialen Herkunft der beiden Dichter eine bedeutsame Rolle bei der Tatsache, dass Goethe die Frage nach dem rechten Menschenbild nun aus der Geschichtstheologie in die Anthropologie verlegt. Goethe fragt nicht mehr – wie Lessing – nach der wahren Religion und danach, was Gott mit dem Menschen vorhat. Und er gibt

Unterschiede der sozialen Herkunft zwischen Lessing und Goethe

Die Wende im Menschenbild von der Geschichte zur Natur des Menschen

die Antwort nicht – wie Lessing – als eine „auf der Bühne präsentierte Theodizee der Geschichte" (vgl. S. 59). Er erkennt vielmehr, dass die „fundamentale Frage nicht die Frage nach der Geschichte des Menschen ist, sondern die Frage nach seiner Natur" (Odo Marquard). Und er gibt die Antwort – ähnlich wie Kant in seiner 1772 zuerst gehaltenen Vorlesung ‚Anthropologie in pragmatischer Absicht abgefaßt' – in seinem Drama, indem er in Iphigenie einen Menschen zeichnet, der sich selber Ziele setzt, nach diesen handelt und in seinem Handeln seine Fähigkeit zur Selbstbestimmung beweist. Gerade in der Auseinandersetzung mit Pylades gibt Iphigenie ein Vorbild für diese innere Unabhängigkeit, die man damals als *„sittliche Autonomie"* bezeichnet hat.

Das Menschenbild der ‚Iphigenie':

Der Mensch ist, wie die Taten seiner Vorfahren zeigen, zu den schlimmsten Verbrechen an seinen Mitmenschen fähig, wenn er nicht der Vernunft gehorcht, sondern sich der Herrschaft seiner Triebe überlässt. Er vermag aber auch, wenn er der „Stimme der Wahrheit und der Menschlichkeit" folgt, Frieden unter den Menschen zu stiften (Mittelstellung zwischen ‚Gottheit' und ‚Tierheit').

Das Böse beherrscht ihn, wenn er sich aus „Übermut" (Hybris) den Göttern gleich wähnt, das Gute kann er tun, wenn er ein Ideal vor Augen hat (d. h. an gütige Götter glaubt: V. 354 ff. und 1716/7), das ihm Kunst und Literatur vermitteln (Notwendigkeit einer ästhetischen Erziehung).

Der Mensch bleibt unter dem alten „Fluch" von immer wiederholter, gegenseitiger „Gewalt und List", wenn er – wie Pylades – nur den eigenen Vorteil bedenkt und andere Menschen mit „falschem Wort" betrügt. Er kann dem Fluch nur entgehen, wenn er dem Mitmenschen mit „Vertrauen" begegnet und ihm die „Wahrheit" sagt (Reinheit des Herzens).

Dabei ist er bereit, ein Wagnis einzugehen und um den Preis des eigenen Lebens alles ‚auf eine Karte zu setzen' (V. 1914 ff.), damit der andere die Freiheit hat, das Vertrauen zu erwidern (Vertrauensvorschuss).

Der epochale Einschnitt um 1830

Drei Dimensionen des traditionellen Menschenbildes sind fraglich geworden

(3) Der Wandel des Menschenbildes von den Dramen des 18., des Aufklärungsjahrhunderts, bis zu Brechts Parabelstück im 20. Jahrhundert ist durch den epochalen Einschnitt geprägt, der um 1830 in der europäischen Kulturgeschichte erfolgt ist (vgl. S. 8). Nach diesem Datum sind nicht nur alle Aussagen über die Geschichte des Menschen, sondern auch über die Natur des Menschen zutiefst fraglich geworden. Diese Fragen betreffen vor allem drei – besonders für den Dramatiker wichtige – Dimensionen des traditionellen Menschenbildes:

– die Vorstellung von einer mit sich selbst identischen autonomen *Persönlichkeit,*

– die Anerkennung von gewissen objektiven *Werten,* nach denen sich alle Menschen in ihren Entscheidungen zu richten haben, also einer „Metaphysik der Sitten" (Kant), und
– die Voraussetzung der menschlichen *Willensfreiheit.*

Die empirische Psychologie beginnt *das kontinuierliche Ich* in einen Komplex von Sinnesempfindungen, Stimmungen, Gefühlen, Eindrücken, Erinnerungen usw. aufzulösen, die sich in der Vorstellung des Menschen nur spiegeln, aber keine geistige Einheit bilden. Marx definiert „das menschliche Wesen" als „das Ensemble der gesellschaftlichen Verhältnisse" (6. These über Feuerbach). Die *Werteethik* ist einer Denkweise zum Opfer gefallen, welche sich aus der Vorherrschaft der exakten Naturwissenschaften in der wissenschaftlich-technischen Zivilisation der Moderne erklärt. Die Eigenart der naturwissenschaftlichen *Methode* aber besteht darin, dass man eine Welt aus Experimentalergebnissen, Theorien und Fakten aufbaut, sich aber allen Sinn- und Wertfragen gegenüber neutral verhält. Im Laufe der Zeit ist nun aus dieser methodischen Haltung eine „ontologische These" (Hans Jonas) geworden, d. h. ein *Weltbild* und ein *Menschenbild.* Darin spielen die Sinn- und Wertfragen keine Rolle mehr, weil man sie nicht exakt beantworten könne. Mehr als subjektive Vermutungen oder Wunschvorstellungen könne es auf diesem Gebiet nicht geben.

Das naturwissenschaftliche Weltbild schließt Sinn- und Wertfragen aus

Schließlich hat Schopenhauer in seinem Werk ‚Die Welt als Wille und Vorstellung' (Band I, 1819; II, 1844) das alte Menschenbild geradezu umgekehrt, indem er nicht mehr Geist und Bewusstsein, sondern den Leib, die Triebe und das Unbewusste für die wesentlichen Merkmale des menschlichen Wesens erklärte. Diese Auffassung wurde dann als ‚Monismus' zur allgemein verbreiteten Weltanschauung im gebildeten Bürgertum, die deren Erfolgsautor Ernst Haeckel 1899 auf die kurze Formel brachte:

> Der menschliche Wille ist ebenso wenig frei als derjenige der höheren Tiere, von welchen er sich nur dem Grade, nicht der Art nach unterscheidet... (Die Welträtsel, 7. Kap.)

Da Brecht sich mit seinem Konzept des ‚epischen Theaters' ausdrücklich an der naturwissenschaftlichen Methode orientiert, nimmt es nicht Wunder, dass er die durch ihren Erfolg verursachten Probleme in sein Menschenbild übernimmt. Zur Frage des identischen Selbst hat er sich schon 1926 in einem Interview so geäußert:

Brechts Einstellung zum identischen Selbst, zur Werteethik, zur Willensfreiheit

> Auch wenn sich eine meiner Personen in Widersprüchen bewegt, so nur darum, weil der Mensch in zwei ungleichen Augenblicken niemals der gleiche sein kann. Das wechselnde Außen veranlaßt ihn beständig zu einer inneren Umgruppierung. *Das kontinuierliche Ich ist eine Mythe.* Der Mensch ist ein immerwährend zerfallendes und neu sich bildendes Atom... (bei Hecht 2, S. 189)

Dass er die überlieferte *Werteethik* für eine Irreführung der Menschen durch die Herrschenden hält, hat er in seinem Gedicht ‚Verurteilung antiker Ideale' (etwa 1943) mit diesen Zeilen bekundet:

> O Stumpfsinn der Größe vergangener Zeiten
> O steinerne Standbilder der Geduld
> Klagloses Ertragen vermeidbarer Leiden
> Glaube an unvermeidbare Schuld!

Mit einem einzigen Vierzeiler werden alle abendländischen Vorbilder, Helden und Heilige zu Dummköpfen erklärt! Zur Frage der *Willensfreiheit* genügt es, auf die Arbeitsjournalnotiz zu verweisen, in der Brecht von seinem Vorhaben spricht, die Handlungsweisen der Figuren so bloßzulegen, „daß die *sozialen Motoren* sichtbar werden", von denen sie bewegt werden (AJ 2. 8. 40; vgl. S. 117). Diese Elemente eines neuen Menschenbildes ohne verantwortliches Subjekt, ohne Werteorientierung und ohne freien Willen sind in Brechts Stück aber mit Elementen des alten Menschenbildes (Zehn Gebote, guter Wille) kombiniert, sodass es zu einigen „Ungereimtheiten" (Ueding; vgl. S. 168) kommt:

Altes und neues Menschenbild stoßen zusammen

Das Menschenbild in Brechts Parabelstück:

Der *natürliche* Mensch hat das spontane Bedürfnis so zu handeln, wie es die Zehn Gebote vorschreiben (S. 6, 10 ff.). Wenn die „Verhältnisse" in der *Wirklichkeit* diesem Bedürfnis nicht im Wege stehen würden, wäre Shen Te also die Verkörperung des *Ideals* der Nächstenliebe (Moralische Eindeutigkeit des Menschen: vgl. S. 146).

Der *empirische* Mensch aber kann *nicht* in *Selbstbestimmung* frei zwischen Gut und Böse wählen, sondern er muss, um nicht selbst völlig ausgebeutet zu werden, die Mitmenschen ausbeuten, wie es Shen Te in der Maske des Vetters Shui Ta zeigt. Denn er lebt in *Selbstentfremdung*. Der Widerspruch zwischen Gut und Böse liegt nicht in der Willensfreiheit des Menschen, sondern in dem Gegensatz zwischen den bösen „Verhältnissen" und der natürlichen Güte des Menschen (Bösesein als äußerer Handlungszwang).

Dass es formulierte Gebote und eine ethische Überlieferung gibt, ist ein Indiz dafür, dass die Welt, in welcher der von Natur aus gute Mensch leben muss, eine *Region der Unmenschlichkeit* ist. Wenn man die „Verhältnisse" entsprechend ändern würde, könnte sich die natürliche Güte des Menschen frei entfalten und jedes Humanitätsideal überflüssig machen (Anthropologischer Irrtum der Utopie: vgl. S. 146).

Während in der traditionellen Ethik der Mensch sich anstrengen muss, um das *Ideal* in der unvollkommenen *Wirklichkeit* im Rahmen des Möglichen zu realisieren, heißt es hier, dass „die Götter... den Guten nun einmal *die gute Welt schulden*" (S. 66, 11 ff.). Deshalb müssen sie (d. h. die Instanzen, welche die Einhaltung der Gebote zu überwachen haben) sich vor den Menschen dafür verantworten, dass sie die Gebote als Rechtfertigungsideologie missbrauchen (Umkehrung der Theodizee; vgl. S. 31).

2. Der Wandel der Dramenform

Das neuzeitliche Drama der geschlossenen Form, wie wir es in Lessings ‚Nathan' und Goethes ‚Iphigenie' vor uns haben, entstand in der Epoche der Renaissance. Als der Mensch nach dem Zerfall des mittelalterlichen Weltbildes nach einem poetischen Medium suchte, in dem er sein neues Bewusstsein, das durch Zuwendung zur Welt und Befreiung von alten Denkverboten gekennzeichnet war, zum Ausdruck bringen konnte, schuf er eine neue Form des Dramas. Es war der Versuch, ein Bild seiner Lebenswirklichkeit „aus der Wiedergabe des zwischenmenschlichen Bezuges allein aufzubauen" (Szondi, S. 14). Das Bild des Menschen in diesem neuen Drama aber war das Bild eines *Individuums,* das in einer Auseinandersetzung mit den Mitmenschen über einander widerstreitende *Werte* aufgrund seiner *Selbstbestimmung* zu einer *freien Entscheidung* zu gelangen vermochte. Die Handlung, in der diese Entscheidung im dramatischen Dialog zustande kam, „war der Akt des Sich-Entschließens". Indem der Mensch diesen Akt öffentlich vollzog,

Zu Beginn der Neuzeit entsteht das allein durch den Dialog bestimmte Drama

Seine Elemente sind das selbstbestimmte Individuum, der Wertekonflikt und die freie ethische Entscheidung

> wurde sein Inneres offenbar und dramatische Gegenwart. Die Mitwelt aber wurde durch seinen Entschluß zur Tat auf ihn bezogen und gelangte dadurch zu allererst zu dramatischer Realisation. Alles, was diesseits oder jenseits dieses Aktes war, mußte dem Drama fremd bleiben… (Szondi, S. 14)

So entstand die geschlossene Form des Dramas, die allein durch den Dialog bestimmt war. Die anderen Formelemente der Tradition wie Prolog, Epilog, Chorlieder oder Erzählung des Mythos durch den Chorführer wurden ausgeschaltet. Daher unterschied sich der neue Dramentyp grundlegend von der antiken Tragödie, vom mittelalterlichen geistlichen Spiel und auch vom barocken Welttheater. Er galt bis ins späte 19. Jahrhundert als die eigentliche Form des Dramas, wie sie Gustav Freytag 1863 in seinem Pyramidenbild für den Handlungsablauf eines fünfaktigen Stücks veranschaulicht hat.

Für die Krise, in die das Drama dieser geschlossenen Form gegen Ende des 19. Jahrhunderts geriet, war die *thematische Wandlung* verantwortlich, die sich aus dem Wandel des Menschenbildes ergeben hatte. Denn nun waren die *zwischenmenschlichen Beziehungen* im Zuge der modernen Produktionsweise der technischen Naturausbeutung höchst problematisch geworden (vgl. S. 117). Dadurch aber wurde das Drama als Form selbst in Frage gestellt, in der ja das Funktionieren dieser Beziehungen vorausgesetzt ist, damit der *Dialog* zur Darstellung ethischer Auseinandersetzung und Entscheidung verwendet werden kann. Das ist nun nicht mehr möglich. Daher entwickelt

Thematische Wandlung führt zur Wandlung der Form

*Der zwischen-
menschliche Bezug
als Ganzes wird
nun im Drama zum
Thema gemacht*

Brecht eine Form, mit deren Hilfe er die neue Problematik der zwischenmenschlichen Beziehungen auf die Bühne bringen und vom Zuschauer ‚entdecken' lassen kann (vgl. S. 117 ff.). Dazu muss er aber von den gesellschaftlichen Zuständen und Vorgängen mehr geboten bekommen, als der bloße Dialog darstellen kann. Kurz: Es muss dem Zuschauer zusätzlich noch etwas von ihnen erzählt werden. Das dramatische Theater muss, um die gesellschaftliche Wirklichkeit zu „entlarven", zum „epischen" Theater werden:

> Die dramatische Form beruht auf dem zwischenmenschlichen Bezug;
> die Thematik des Dramas bilden die Konflikte, die dieser entstehen
> läßt. Hier dagegen wird der zwischenmenschliche Bezug als Ganzes
> thematisch, aus der Unfragwürdigkeit der Form gleichsam in die Fragwürdigkeit des Inhalts versetzt… (Szondi, S. 120 f.)

3. Die Gegenwartsbedeutung der drei Dramen

*Epochengebunden-
heit ist kein
Hindernis für die
Aktualität eines
Stücks*

Alle drei Dramen zeigen Merkmale ihrer Epochengebundenheit. Lessings ‚Nathan' weist auf die beginnende Krise des absolutistischen Staates hin, die durch die Forderung nach Trennung von Kirche und Staat veranlasst wird. In Goethes ‚Iphigenie' wird im Zeitalter der dynastischen Erbfolgekriege – verhüllt in einen griechischen Mythos – das Ideal einer Friedenspolitik aufgerichtet. In Brechts Sezuan-Stück spiegeln sich die Weltwirtschaftskrise und das Aufkommen der faschistischen Gewaltherrschaft am Ende des bürgerlichen Zeitalters, das mit dem Zweiten Weltkrieg in die Katastrophe gerät. Doch braucht die Epochengebundenheit eines Werkes kein Hindernis dafür zu sein, dass es einem neuen historischen Kontext neue Bedeutung und Aktualität gewinnt.

*Brechts Stück ist
wegen der
Beschreibung der
Wirklichkeit
aktuell*

Die Gegenwartsbedeutung unserer drei Dramen verteilt sich auf den dialektischen Spannungsbogen von *Ideal* und *Wirklichkeit*. Brechts Darstellung der aus der Ordnung geratenen zwischenmenschlichen Beziehungen in der kapitalistischen *Wirklichkeit* entspricht durchaus den Analysen heutiger Sozialwissenschaftler (vgl. S. 148 ff.). Auch sie stellen fest, dass unser System einer reinen Konkurrenzwirtschaft und Leistungsgesellschaft die Menschen aggressiv macht. Statt mit ihren Mitmenschen solidarisch zu sein, sind sie – wie die Figuren in Brechts Stück – nur darauf aus, ihre Mitmenschen auszunutzen, zu übertrumpfen und auszustechen. In der politischen Ordnung jedoch, welche für diese Gesellschaft rechtsverbindlich ist, gelten immer noch die *Ideale* des 18. Jahrhunderts, mit denen einmal das heute in die Krise geratene bürgerliche Zeitalter eingeleitet wurde. Auffällig oft findet man nämlich Gedanken und Formulierungen aus Lessings ‚Nathan‘ und Goethes ‚Iphigenie‘ in den Menschenrechtsartikeln moderner Verfassungen und politischer Deklarationen wieder. Beispiele sind etwa die ‚Allgemeine Erklärung der Menschenrechte‘ der Vereinten Nationen vom 10. 12. 1948 oder unser ‚Grundgesetz für die Bundesrepublik Deutschland‘ vom 23. 5. 1949. Dafür nur einige Textbelege:

Die Dramen von Lessing und Goethe gestalten das Ideal, das immer noch unsere politische Ordnung bestimmt

– Zur Gleichstellung von Mann und Frau:

Ich bin so frei geboren als ein Mann.
(Iphigenie, V. 1858)

Mann und Frau sind gleichberechtigt.
(Grundgesetz Art. 3 (2))

– Zum Rechtsschutz des einzelnen Menschen gegen Machtmissbrauch der Obrigkeit:

Ein König, der Unmenschliches verlangt,/Findt Diener genug, die gegen Gnad und Lohn,/Den halben Fluch der Tat begierig fassen … Er aber schwebt durch seine Höhen ruhig/Ein unerreichter Gott im Sturme fort.
(Iphigenie, V. 1812 ff.)

Die eigentliche und wichtigste Aufgabe einer Verfassung ist, den Machtmißbrauch durch lückenlosen Rechtsschutz zu verhindern: Wird jemand durch die öffentliche Gewalt in seinen Rechten verletzt, so steht ihm der Rechtsweg offen.
(Grundgesetz Art. 19 (4))

– Zur Achtung der Menschenwürde:

Du glaubst, es höre/Der rohe Skythe, der Barbar, die Stimme/Der Wahrheit und der Menschlichkeit, die Atreus,/Der Grieche, nicht vernahm.
(Iphigenie, V. 1936 ff.)

Die Würde des Menschen ist unantastbar. Sie zu achten und zu schützen ist Verpflichtung aller staatlichen Gewalt.
(Grundgesetz Art. 1 (1))

– Zur Gleichheit vor dem Gesetz:

Verachtet/Mein Volk so sehr Ihr wollt. Wir haben beide/Uns unser Volk nicht auserlesen. Sind/Wir unser Volk? Was heißt denn Volk?/Sind Christ und Jude eher Christ und Jude/ Als Mensch? Ah! Wenn ich einen mehr in Euch/Gefunden hätte, dem es genügt, ein Mensch/Zu heißen!
(Nathan, V. 1306 ff.)

Niemand darf wegen seines Geschlechtes, seiner Abstammung, seiner Rasse, seiner Sprache, seiner Heimat und Herkunft, seines Glaubens, seiner religiösen oder politischen Anschauungen benachteiligt oder bevorzugt werden.
(Grundgesetz Art. 3 (3))

– Zur Rede- und Meinungsfreiheit:

Zum Beispiel: wenn uns Gott/Durch einen seiner Engel, – ist zu sagen,/Durch einen Diener seines Worts, – ein Mittel/Bekannt zu machen würdiget, das Wohl/Der ganzen Christenheit, das Heil der Kirche,/Auf irgendeine

Jeder hat das Recht, seine Meinung in Wort, Schrift und Bild frei zu äußern und zu verbreiten und sich aus allgemein zugänglichen Quellen ungehindert zu unterrichten. (Grundgesetz Art. 5 (1))

ganz besondre Weise/Zu fördern, zu befestigen: *wer darf/Sich da noch unterstehn, die Willkür des,/Der die Vernunft erschaffen, nach Vernunft/Zu untersuchen?* (Nathan, V. 2480 f.)

Alle Menschen sind frei und gleich an Würde und Rechten geboren. Sie sind mit *Vernunft* und *Gewissen* begabt und sollen einander im Geiste der *Brüderlichkeit* begegnen. (Menschenrechtserklärung der Vereinten Nationen Art. 1)

Universalität der Idee der Menschenrechte

Die Menschenrechte und ihre außen- und innenpolitische Bedeutung

Wenn diese in den Dramen des 18. Jahrhunderts thematisierten *Werte* wie Menschenwürde, Religionsfreiheit und Gewaltverzicht in unserem Jahrhundert nicht nur zum Inhalt von Verfassungen, sondern sogar internationaler Vereinbarungen werden konnten, hat sich die von Nathan zu Beginn der Ringerzählung geäußerte Hoffnung erfüllt: „Möcht' auch doch die ganze Welt uns hören!" (V. 1894/95). An diese *Universalität der Werte,* auf welche die Dichter und Denker der Aufklärungsepoche *Anspruch* erhoben haben, knüpft sich nun die Hoffnung vieler Politiker von heute, die nach einem gemeinsamen Wertekonsens suchen, auf den sich eine Ordnung der internationalen Beziehungen gründen ließe. Diesen Wertekonsens glauben sie in dem Konzept der *Menschenrechte* gefunden zu haben, wie es im 18. Jahrhundert entwickelt und in der ersten amerikanischen ‚Verfassung 1776 institutionalisiert wurde. Die Vision von der ‚einen Welt', die der Germanist Oskar Seidlin hatte, als er am Ende des Zweiten Weltkrieges die ‚Iphigenie' las (vgl. S. 102), ist also inzwischen zu einem ‚Strategiepapier' der Politiker bei der Alltagsarbeit zur Ordnung der internationalen Beziehungen geworden. Wenn aber diese Politiker das *Ideal* der Menschenrechte, wie es bei Lessing und Goethe poetischen Ausdruck gefunden hat, bei ihren Verhandlungen als gemeinsame Grundlage von Vereinbarungen anbieten, haben sie es auch immer mit der *Wirklichkeit* zu tun, die Brecht in seinem Sezuan-Stück dargestellt hat. Es stellt sich nämlich dabei jedes Mal auch die Frage, wie es innerhalb der beteiligten Nationen jeweils mit den zwischenmenschlichen Beziehungen bestellt ist, d. h. ob bei ihnen die Menschenrechte innenpolitisch geachtet werden. So kann man also allen drei in diesem Buch verglichenen Dramen eine erhebliche Gegenwartsbedeutung zuerkennen.

Gesamtliteraturverzeichnis

1. Literatur zu Lessings ‚Nathan der Weise‘

Gotthold Ephraim Lessing: Nathan der Weise. Ein dramatisches Gedicht in fünf Aufzügen, Reclam UB 3, Stuttgart 1984

Gotthold Ephraim Lessing: Die Erziehung des Menschengeschlechts und andere Schriften, Reclam UB 8968, Stuttgart 1987

Gotthold Ephraim Lessing: Werke in acht Bänden, hg. von Herbert G. Göpfert, München: Hanser 1979 (zitiert G mit Band- und Seitenzahl)

Albrecht: Wolfgang Albrecht: Gotthold Ephraim Lessing, Sammlung Metzler 297, Stuttgart/Weimar 1997

Arendt: Dieter Arendt Gotthold Ephraim Lessing: Nathan der Weise, von Dieter Arendt, Grundlagen und Gedanken zum Verständnis des Dramas, 4. Aufl. der Neubearbeitung, Frankfurt am Main: Diesterweg 1990

Bark: Joachim Bark: Gotthold Ephraim Lessing, Leben und Werk, dargestellt von Joachim Bark, Editionen für den Literaturunterricht, Stuttgart: Klett 1986

Barner: Wilfried Barner u. a.: Lessing. Epoche – Werk – Wirkung. Arbeitsbücher zur Literaturgeschichte, 6. Aufl. München: Beck 1998

Bauer: Gerhard und Sybille Bauer (Hg.): Gotthold Ephraim Lessing, Wege der Forschung, Band 211, 2. Aufl., Darmstadt: Wissenschaftliche Buchgesellschaft 1968

Bohnen: Klaus Bohnen (Hg.): Lessings ‚Nathan der Weise‘, Wege der Forschung, Band 587, Darmstadt: Wissenschaftliche Buchgesellschaft 1984

Demetz: Peter Demetz: Gotthold Ephraim Lessing ‚Nathan der Weise‘, vollständiger Text, Dokumentation, Reihe ‚Dichtung und Wirklichkeit‘ 25, Ullstein-Buch 5025, Frankfurt am Main/Berlin 1966 (S. 121–158 auch bei Bohnen)

v. Düffel: Peter von Düffel (Hg.): Gotthold Ephraim Lessing ‚Nathan der Weise‘, Erläuterungen und Dokumente, Reclam UB 8118, Stuttgart 1984

Eibl: Karl Eibl: Gotthold Ephraim Lessing ‚Nathan der Weise‘. In: Harro Müller-Michaels (Hg.): Deutsche Dramen. Interpretationen, Band 1, Athenäum Taschenbuch 2162, Königstein/Taunus 1985, S. 3–30

Göbel: Helmut Göbel (Hg.): Lessings ‚Nathan‘. Der Autor, der Text, seine Umwelt, seine Folgen, Wagenbach Taschenbuch 43, Berlin 1986

Jens: Walter Jens: In Sachen Lessing, Reclam UB 7931, Stuttgart 1983 (darin S. 104–132 über den ‚Nathan‘)

Klüger: Ruth Klüger: Katastrophen. Über deutsche Literatur, Göttingen: Wallstein 1994 (darin S. 189–227 über den ‚Nathan‘ unter der Überschrift „Kreuzzug und Kinderträume“)

Koebner: Thomas Koebner: Nathan der Weise (1779). Ein polemisches Stück? In: Lessings Dramen. Interpretationen, Reclam UB 8411, Stuttgart 1987, S. 138–206

Kröger: Wolfgang Kröger: Gotthold Ephraim Lessing, Reihe ‚Literaturwissen‘, Reclam UB 15 206, Stuttgart 1995

Kuschel: Karl-Josef Kuschel: Vom Streit zum Wettstreit der Religionen. Lessing und die Herausforderung des Islam, Reihe ‚Weltreligionen und Literatur‘, Band 1, Düsseldorf: Patmos 1998

Niewöhner: Friedrich Niewöhner: Veritas sive Varietas. Lessings Toleranzparabel und das Buch Von den drei Betrügern, Bibliothek der Aufklärung V, Heidelberg: Lamberg Schneider 1988 (Habilitationsschrift)

2. Literatur zu Goethes ‚Iphigenie auf Tauris‘

Euripides: Iphigenie bei den Taurern. Tragödie, deutsch von J. J. G. Donner, neubearbeitet von C. Woyte, Reclam UB 737, Stuttgart 1982

Johann Wolfgang von Goethe: Werke. Hamburger Ausgabe in 14 Bänden, hg. v. Erich Trunz, 9., neubearbeitete Auflage, München: C. H. Beck'sche Verlagsbuchhandlung 1981; band-, seiten- und textidentisch damit ist die Taschenbuchausgabe München: Deutscher Taschenbuch Verlag 1998 (zitiert HA mit Band- und Seitenzahl)

Johann Wolfgang von Goethe: ‚Iphigenie‘ auf Tauris‘. Ein Schauspiel, mit Materialien. Ausgewählt und eingeleitet von Bernhard Nagl, Editionen für den Literaturunterricht, hg. v. Dietrich Steinbach, Stuttgart: Klett 1988 (ohne Verszählung)

Adorno: Theodor Adorno: Zum Klassizismus von Goethes Iphigenie, in: Noten zur Literatur, suhrkamp taschenbuch wissenschaft 355, Frankfurt am Main 1981, S. 495–514 (Adorno betrachtet das Stück als „Zivilisationsdrama")

Borchmeyer 1: Dieter Borchmeyer: Joh. Wolfg. Goethe: Iphigenie auf Tauris. In: Harro Müller-Michaels (Hg.): Deutsche Dramen. Interpretationen, 2 Bände, Athenäum Taschenbücher 2162 und 2163, Band 1, Königstein/Taunus 1985, S. 52–86

Borchmeyer 2: Dieter Borchmeyer: Iphigenie auf Tauris. In: Walter Hinderer (Hg.): Goethes Dramen. Interpretationen, Reclam UB 8417, Stuttgart 1992, S. 117–157 (B. deutet das Thema „Wahrheit" als Befreiung vom Erbzwang des Bösen)

Borchmeyer 3: Dieter Borchmeyer: Weimarer Klassik. Porträt einer Epoche, Weinheim: Beltz Athenäum 1994 (zur ‚Iphigenie‘ S. 148-159)

Boyle: Nicholas Boyle: Goethe. Der Dichter in seiner Zeit, Band 1 1749–1790, aus dem Englischen übersetzt von Holger Fliessbach, München: Beck 1995

Bruford: Walter H. Bruford: Die gesellschaftlichen Grundlagen der Goethezeit, Ullsteinbuch Nr. 3142, Frankfurt am Main/Berlin/Wien 1979 (Deutsch zuerst Weimar 1936), mit Literaturhinweisen von Reinhardt Habel und Register

Conrady: Karl Otto Conrady: Goethe. Leben und Werk, München/Zürich: Artemis & Winkler 1994 (zur ‚Iphigenie‘ S. 437–446)

Eberhardt: Hans Eberhardt: Goethes Umwelt. Forschungen zur gesellschaftlichen Struktur Thüringens, Weimar: Hermann Böhlaus Nachfolger 1951

Fischer-Lichte: Erika Fischer-Lichte: Geschichte des Dramas, 1. Band: Von der Antike bis zur deutschen Klassik, UTB 1565, Tübingen: Francke 1990 (zur ‚Iphigenie‘ S. 322–333)

Hackert: Joachim Angst und Fritz Hackert (Hg.): Joh. Wolfg. Goethe, ‚Iphigenie auf Tauris‘, Erläuterungen und Dokumente, Reclam UB 8101, bibliografisch ergänzte Ausgabe, Stuttgart 1978, 1984

Hinck: Walter Hinck: Theater der Hoffnung, suhrkamp taschenbuch 1495, Frankfurt am Main 1988 (zur ‚Iphigenie‘ S. 166–171: Orests Heilung markiert die Wende zur subjektiven Religiosität als Voraussetzung der Autonomie)

Holst: Günther Holst: Johann Wolfgang Goethe: Iphigenie auf Tauris, Grundlagen und Gedanken zum Verständnis des Dramas, 8. Aufl., Frankfurt am Main: Diesterweg 1991

Jauß: Hans Robert Jauß: Die Partialität des rezeptionsästhetischen Zugangs (Racines und Goethes ‚Iphigenie‘). In: H. R. Jauß: Ästhetische Erfahrung und literarische Hermeneutik, suhrkamp taschenbuch wissenschaft 955, Frankfurt am Main 1991, S. 704–735

Jeßing: Benedikt Jeßing: Johann Wolfgang Goethe, Sammlung Metzler 288, Stuttgart 1995

Klotz: Volker Klotz: Geschlossene und offene Form im Drama, 12. Aufl., München: Hanser 1992 (K. untersucht in seiner Dissertation von 1960 Goethes ‚Iphigenie‘ als Musterbeispiel für die geschlossene Form)

Krippendorff: Ekkehart Krippendorff: „Wie die Großen mit den Menschen spielen“. Versuch über Goethes Politik, edition suhrkamp NF 1486, Frankfurt am Main 1988 (Goethe habe mit seiner Politik ein Vorbild für Kleinmachtpolitik geben wollen: „Weimar als Modell“; jetzt mehr dazu in: E. K.: Goethe. Politik gegen den Zeitgeist, Frankfurt am Main: Insel 1999)

Lohmeier: Dieter Lohmeier, Kommentar zur ‚Iphigenie‘ im 5. Band der Hamburger Ausgabe, S. 418–459

Matussek: Peter Matussek: Goethe zur Einführung, Hamburg: Junius 1998 (zur ‚Iphigenie‘ vor allem S. 103 ff. und S. 115 ff.)

Müller: Udo Müller: Johann Wolfgang von Goethe, Iphigenie auf Tauris, Klett Lektürehilfen, 5. Aufl., Stuttgart 1992

Rasch: Wolfdietrich Rasch: Goethes Iphigenie auf Tauris als Drama der Autonomie, München: Beck 1979

Rothe: Wolfgang Rothe: Der politische Goethe. Dichter und Staatsdiener im deutschen Spätabsolutismus, Göttingen: Vandenhoeck und Ruprecht 1998 (R. nimmt eine Gegenposition zu Krippendorff ein)

Rothmann: Kurt Rothmann: Johann Wolfgang Goethe, Reihe ‚Literaturwissen‘, Reclam UB 15201, Stuttgart 1994 (zur ‚Iphigenie‘ S. 97–106)

Seidlin: Oskar Seidlin. Goethes Iphigenie – „verteufelt human?“, in: Von Goethe zu Thomas Mann. Zwölf Versuche, Kleine Vandenhoeck-Reihe 170, 2. Aufl., Göttingen 1969, S. 9–22

Sengle: Friedrich Sengle: Das Genie und sein Fürst: Die Geschichte der Lebensgemeinschaft Goethes mit dem Herzog Carl August von Sachsen-Weimar-Eisenach. Ein Beitrag zum Spätfeudalismus und zu einem vernachlässigten Thema der Goetheforschung, Stuttgart: Metzler 1993

v. Wilpert: Gero von Wilpert: Goethe-Lexikon, Kröners Taschenausgabe Band 407, Stuttgart 1998

3. Literatur zu Brechts ‚Der gute Mensch von Sezuan‘

Bertolt Brecht: Der gute Mensch von Sezuan. Parabelstück, edition suhrkamp 73, 12. Aufl., Frankfurt am Main 1995 (Textbelege des Stücks werden mit Seiten- und Zeilenzahl der Ausgabe edition suhrkamp 73 zitiert. Dabei sind Leerzeilen (Durchschüsse) nicht mitgezählt.)

Bertolt Brecht: Gesammelte Werke, Werkausgabe in 20 Bänden, Frankfurt am Main: Suhrkamp 1967, (1–7 Stücke, 8–10 Gedichte, 11–14 Prosa, 15–17 Schriften zum Theater, 18/19 Schriften zur Literatur und Kunst, 20 Schriften zur Politik und Gesellschaft)

Bertolt Brecht: Kleines Organon für das Theater (1948), GW Band 16, S. 659–708

Brech: Ursula Brech: Bert Brecht, Der gute Mensch von Sezuan, Klett Lektürehilfen, Stuttgart 1987

Buck: Theo Buck (Hg.): Zu Bertolt Brecht. Parabel und episches Theater, Reihe Literaturwissenschaft – Gesellschaftswissenschaft (LGW), Band 41, Stuttgart: Klett-Cotta 1979

Elias: Norbert Elias: Die Gesellschaft der Individuen, hg. v. Michael Schröter, Frankfurt am Main: Suhrkamp 1987

Fischer-Lichte: Erika Fischer-Lichte: Geschichte des Dramas, 2. Band: Von der Romantik bis zur Gegenwart, UTB 1566, Tübingen: Francke 1990 (zum ‚Guten Menschen von Sezuan' S. 230–238)

Giese: Peter Christian Giese: Das ‚Gesellschaftlich-Komische'. Zu Komik und Komödie am Beispiel der Stücke und Bearbeitungen Brechts, Stuttgart: Metzler 1974

Hecht 1: Werner Hecht (Hg.): Materialien zu Brechts ‚Der gute Mensch von Sezuan', edition suhrkamp 247, Frankfurt am Main 1968, 10. Aufl. 1980

Hecht 2: Werner Hecht (Hg.): Brecht im Gespräch. Diskussionen, Dialoge, Interviews, edition suhrkamp 771, Frankfurt am Main 1975

Hecht 3: Werner Hecht (Hg.): alles was Brecht ist... Begleitbuch zu den gleichnamigen Senderreihen von 3sat und S 2 Kultur, Fakten – Kommentare – Meinungen – Bilder, Frankfurt am Main: Suhrkamp 1997

Hecht 4: Werner Hecht, Hans-Joachim Bunge, Käthe Rülicke-Weiler: Bertolt Brecht. Sein Leben und Werk, Berlin: Volk und Wissen 1969

Hinck: Walter Hinck: Die Dramaturgie des späten Brecht, Palaestra: Untersuchungen aus der deutschen und englischen Philologie und Literaturgeschichte, Band 229, 6., durchgesehene Aufl., Göttingen: Vandenhoeck & Ruprecht 1977

Hirsch: Fred Hirsch: Social Limits to Growth, Cambridge/Massachusetts: Harvard University Press 1976 (deutsch: Die Grenzen des Wachstums, Reinbek bei Hamburg: Rowohlt 1980)

Keller: Werner Keller (Hg.): Beiträge zur Poetik des Dramas, Darmstadt: Wissenschaftliche Buchgesellschaft 1976

Kesting: Marianne Kesting: Bertolt Brecht, rowohlts monographien 37, Hamburg 1959, Neubearbeitung der Bibliographie 1988, 33. Aufl. 1992

Knopf 1: Jan Knopf: Brecht-Handbuch Theater. Eine Ästhetik der Widersprüche, Stuttgart: Metzler 1980

Knopf 2: Jan Knopf (Hg.): Brechts guter Mensch von Sezuan, suhrkamp taschenbuch materialien 2021, Frankfurt am Main 1982

Knopf 3: Jan Knopf: Bertolt Brecht, Der gute Mensch von Sezuan, Grundlagen und Gedanken zum Verständnis des Dramas, 5. Aufl., Frankfurt am Main: Diesterweg 1991

Müller: Klaus-Detlef Müller (Hg.): Bertolt Brecht. Epoche – Werk – Wirkung, Arbeitsbücher zur Literaturgeschichte, München: Beck 1985

Payrhuber: Franz-Josef Payrhuber: Bertolt Brecht, Reihe ‚Literaturwissen', Reclam UB 15 207, Stuttgart 1995

Sowinski: Bertolt Brecht, Der gute Mensch von Sezuan, Interpretation von Wolf-Egmar Schneidewind und Bernhard Sowinski, Oldenburg Interpretationen, Band 31, München 1992

Szondi: Peter Szondi: Theorie des modernen Dramas (1880–1950), edition suhrkamp 27, Frankfurt am Main 1963

Tocqueville: Siegfried Landshut (Hg.): Alexis de Tocqueville, Das Zeitalter der Gleichheit. Eine Auswahl aus dem Gesamtwerk, Kröners Taschenausgabe, Band 221, Stuttgart 1954

Ueding: Gert Ueding, Der gute Mensch von Sezuan, in: Walter Hinderer (Hg.): Interpretationen. Brechts Dramen, Reclam UB 8813, Stuttgart 1995

Völker 1: Klaus Völker: Brecht. Kommentar zum dramatischen Werk, München: Winkler 1983

Völker 2: Klaus Völker: Bertolt Brecht. Eine Biographie, Reinbek bei Hamburg: Rowohlt 1988